利津文史研究丛书

红色印记

山东省全境解放第一县利津

政协利津县委员会
中共利津县委党史研究中心 编

中国文史出版社

图书在版编目（CIP）数据

红色印记 / 政协利津县委员会，中共利津县委党史研究中心编. -- 北京 ：中国文史出版社，2023.12

ISBN 978-7-5205-4522-8

Ⅰ. ①红… Ⅱ. ①政… ②中… Ⅲ. ①中国共产党－地方组织－党史－利津县 Ⅳ. ① D235.524

中国国家版本馆 CIP 数据核字 (2023) 第 232825 号

红色印记

责任编辑：梁　洁
装帧设计：郑州飞燕文化传播有限公司

出版发行：中国文史出版社
社　　址：北京市海淀区西八里庄路 69 号　邮编：100142
电　　话：010-81136606　81136602　81136603（发行部）
传　　真：010-81136677　81136655
印　　装：郑州新海岸电脑彩色制印有限公司
经　　销：全国新华书店
开　　本：787mm × 1092mm　1/16
印　　张：17.5
字　　数：200 千字
版　　次：2024 年 8 月 北京第 1 版
印　　次：2024 年 8 月 第 1 次印刷
定　　价：96.00 元

编审委员会

序

XU

为庆祝中华人民共和国成立75周年，利津县政协和县党史部门组织编写了《红色印记》一书，生动反映了清末至新中国成立期间利津人民的奋斗、牺牲和创造，全面再现了当地党组织团结带领人民为谋求民族独立、人民解放而不屈不挠、英勇斗争的光辉历史。该书的出版，对于深入学习贯彻习近平总书记视察山东重要讲话精神，推动党史学习教育常态化长效化，推动全社会学好党史、用好党史，从党的历史中汲取智慧和力量，具有十分重要的意义。

今年二月党中央印发的《党史学习教育工作条例》指出："开展党史学习教育，用党的历史教育人、启迪人、感化人、鼓舞人，是牢记党的初心使命、坚定理想信念、推进自我革命的重要途径，是新时代坚持和发展中国特色社会主义、以中国式现代化全面推进中华民族伟大复兴的必然要求。"如何在实践中贯彻落实好《条例》，如何准确、明晰地把党的历史讲清楚、说明白，让每一名党员干部都学有所思、学有所悟、学有所得，是摆在我们面前的一个重要课题。本书从这种问题意识出发，把党的历史、人民的奋斗以有限的篇幅，通俗易懂地呈现出来，是一部提纲挈领、有质有文、颇有新意的力作。

在实现中华民族伟大复兴的历史进程中，一代代利津优秀儿女，跟着中国共产党前赴后继、忘我奋斗，留下了大量具有重要历史价值和时代意义的珍贵资料。翻阅全书，可以看到党在利津播撒革命星火，组织开展革命活动，展开对敌斗争，最终实现了利津解放。这些内容是利津革命先辈不怕牺牲、不懈奋斗的生动写照和坚守初心、勇担使命的光辉印证。相信读者阅读本书后会有所感悟、有所教益。

编纂党史著作不仅仅是回头看，更重要的是向前行，是为了从辉煌历史中寻找"红色密码"，为谱写中国式现代化山东篇章提供历史镜鉴和精神动力。本书以平实的语言，集中展现了党在利津进行新民主主义革命所锤炼磨砺、孕育锻造的老渤海精神、治黄精神、支前精神等革命精神，生动反映了广大党员干部在应对各种困难挑战中所独具的顽强拼搏、无私奉献、自力更生、团结协作等优秀品质。利津县第一位中共党员李竹如自家门框上“马列传天下、世界要大同”的对联，革命妈妈郭景林“千千万万八路军战士，都是我儿子”的豪言壮语，山东全境解放第一县——利津等县解放后，毛泽东主席在《解放日报》的报道稿上批示“此文写得生动、又有内容，可以发表。”这些形象生动、感人至深的内容，既是历史的记载，更是现实的启迪。这些宝贵的精神财富历久弥新，为党团结带领利津人民群众奋进新征程、建功新时代，提供了丰厚的历史滋养和精神力量，必将在薪火相传中发扬光大，以新的精神伟力创造新的时代价值。

历史长河奔腾不息，新征程开辟新天地。推进中国式现代化建设任务艰巨，前景壮阔。让我们牢记习近平总书记的谆谆教诲，学党史、感党恩，传承红色基因，赓续红色血脉，以伟大的历史主动精神，爬坡过坎、攻坚克难，坚定信心、团结奋斗，坚定不移朝着强国建设、民族复兴的宏伟目标奋勇前进，奋力创造无愧时代、不负人民的新的业绩和更大荣光。

山东省委党史研究院院长 赵国卿

2024 年 7 月

前言

QIANYAN

利津县位于山东省东北部，渤海湾西南岸，靠近黄河入海口的左侧。它东依黄河，东北濒临渤海，东南与东营市垦利区、东营区和滨州市博兴县隔河相望，西与滨州市滨城区、沾化区毗邻，北接东营市河口区；全县总面积1665.6平方公里，2023年常住人口23.91万人。

利津具有深厚的历史文化底蕴。自古以来，这里就是商贾云集的水陆交通枢纽，被誉为“小济南”。利津古城，犹如一只凤凰，故而得名“凤凰城”。利津还是黄河入海的必经之地，自明代开始，即吸引了大量移民来此居住和开发，多元的移民文化形成了利津人民开放包容的性格。

利津的历史悠久。早在周秦时代，县境西南部已有古陆地存在。春秋战国时期，曾以“渠展之盐”而著称。隋代，置永利镇，属蒲台县。唐宋时期，属渤海县永利镇。金明昌三年升镇为县，因邑有东津码头，故以“永利”“东津”合名为“利津”，时属山东东路滨州刺史郡，至今已有800多年的历史。元明时期，属山东济南府之滨州。清代至民国初期，属山东武定府（道）。

抗日战争时期，利津城是山东八路军解放的第一座县城，解放利津城战役也是清河、渤海军区自成立以来发起的首次城市攻坚战，并且取得了空前的胜利，因而具有极其重要的战略意义和革命历史意义。

利津城解放后，全县也很快获得解放。1944年9月，中共利津县委建立；10月，利津县人民临时代表大会召开，宣布正式成立利津县抗日民主政府。同月，奉上级命令，将利津县划分为两个县，利津县、垦利县开始分别建置。新中国成立后，渤海区撤销，利津县归属新成立的惠民专区。1958年11月，利津县撤销，并入沾化县，归属淄博专区。1961年10月，恢复利津县建制，又重新划归惠民专区。1983年10月东营市成立后，利津县又划归东营市管辖。

利津县的党组织从无到有、从小到大、从弱到强，经历了无数的风风雨雨和艰难曲折；一代代共产党人始终初心不改、矢志不渝，团结带领勤劳、朴实、善良的利津人民前仆后继、勇往直前，为争取民族独立、人民解放、国家富强浴血奋斗，谱写了一曲曲可歌可泣的英雄乐章，绘就了一幅幅波澜壮阔、气势恢宏的历史画卷。

忆往昔，展未来，让我们永远铭记历史，用智慧和勇气扬起新时代的风帆，继续谱写出前不负古人、后无愧于千秋万代的历史新篇章！

为弘扬革命传统、传承红色基因和庆祝中华人民共和国成立75周年、利津解放80周年，利津县政协文史委与县委党史研究中心合作编撰出版了《红色印记》一书。该书主要反映的是清末至新中国成立期间利津人民不懈奋斗的革命历史，特别是在中国共产党领导下进行的民族解放斗争和新民主主义革命的光辉历程。

习近平总书记指出："要认真学习党史、国史，知史爱党知史爱国。要了解我们党和国家事业的来龙云脉，汲取我们党和国家的历史经验，正确了解党和国家历史上的重大事件和重要人物。这对正确认识党情、国情十分必要，对开创未来也十分必要，因为历史是最好的教科书。"《红色印记》以时间和事件为经纬，主要辑录了利津地区"家门口"的革命活动、英烈事迹、革命前辈的回忆文章等鲜活生动的史料，真实地再现了利津人民在党的领导下不屈不挠、英勇斗争的光辉历程。本书既是一本铭记革命历史、弘扬革命传统、传承红色基因的工具书，更是一本对党员干部群众进行革命传统教育和爱国主义教育的乡土教材。

知其史方能励其志，励其志方能尽其责。让我们一起回首那激荡人心的红色岁月，传承红色精神，坚定理想信念，在习近平新时代中国特色社会主义思想指引下，不断凝聚起奋进新时代的磅礴力量，不忘初心、牢记使命，认真较真抓落实、激情创业争一流，全面开启高水平现代化强县的新征程吧！

目录

MULU

第一章
清末民初反帝反压迫斗争

近代以来，由于西方列强入侵、封建统治腐败，中国逐渐沦为半殖民地半封建社会。山河破碎，生灵涂炭，中华民族遭受了前所未有的苦难。

帝国主义侵略、腐朽政府压榨、各种苛捐杂税以及抓兵派差等，不断地激发起利津人民的反抗意识，推动他们开展各种反帝反封建斗争。清末民初，百姓自发地爆发了义和团、反苛捐杂税、反验契等正义斗争。尽管这些斗争遭到清政府的镇压，但也彰显了利津人民觉醒的力量，有力地打击了封建王朝和北洋军阀政府的统治。

一、反教会斗争和义和团运动的兴起

1840年，西方列强通过发动鸦片战争，用坚船利炮打开了中国的大门。之后清政府被迫签订一系列不平等条约，使西方列强得以获得割地、赔款、开放通商口岸和传教等特权。尤其是1844年签订的中美《望厦条约》、中法《黄埔条约》等，准许各国传教士在各通商口岸设立教堂并自由传教。教会势力在中国迅速膨胀，很多恶霸无赖也依仗教会为非作歹。到戊戌变法前后，中国境内的外籍传教士达到3200人，建立了40多个教区和60多个教会，入教信徒超过80万人，教堂更是遍布中国各地，几乎无处不有。当时，天主教在山东设立了北、南、东3个教区，分别在济南、兖州、烟台建立了3个总堂，教会在全省107个州县中的72个州县进行活动，其基层活动据点多达1002个，教徒有8万人之多。而且许多教会还建立了武装，一些传教士霸占房屋田地、侮辱妇女、鱼肉乡里，有的传教士甚至是间谍。教会势力成为帝国主义列强侵略山东的一支特殊力量，引起各地人民对帝国主义和教会势力的无比仇恨，反洋教斗争在全国各地不断发生。

20世纪初，天主教开始传入利津，传教士们利用自由传教的特权，在利津建立教堂，许多人披着慈善的外衣，非法募款，甚至将地痞流氓和无赖引入教会。这些人加入教会后，以教会作为避护，任意欺压百姓。一些传教士竭尽所能地包庇他们的恶行，甚至颠倒黑白，插手诉讼，诬陷贫民，而一些地方官员因害怕教会势力，也不敢公正办案，甚至偏袒教会一方。这些教会和教徒犯下的种种罪行，激起了民众对洋教的极大仇恨，引发了多次反教会斗争。其中尤以义和团运动影响最大。

义和团原名义和拳，起源于山东、直隶一带，该运动最早发生于19世纪末，以“扶清灭洋”为口号，旨在反对西方传教士及中国教徒所进行的大规模群众性暴力运动。清政府为了利用义和团，以“招抚”代替“剿灭”，并承认其合法地位。于是义和团纷纷进入天津、北京。

光绪二十四年九月（1898年10月），闫书勤与直隶威县赵三多等拳民联合烧毁了红桃园教堂，成为义和团反帝斗争兴起的标志。

光绪二十五年（1899），清政府采用山东巡抚毓贤的建议，将义和拳改名为义和团，作为民间团练使用。它之后在民族危机日益加剧的情况下，依靠宗教信仰的组织力量，汇集了各种民间秘密组织（如大刀会、拳会等），形成了一个庞大的群众性组织。

光绪二十三年（1897），义和拳传入利津。最早加入拳教的是北关的高双魁和李吉锡，他们在北关天地庙设坛场吸收教众。之后，迅速扩散到左家庄、盐窝、陈家庄、明集、店子等许多村庄。拳民主要是贫苦农民，也有一些手工业者和小商贩，均是血气方刚的青少年。当时，义和拳活动的主要目的是除暴安良、抵制官吏和不法势力的压迫，保护拳民和百姓安全。所到之处，不扰乡里，说服有钱户施送米面，勒令富户捐出银米，救济穷人。光绪二十五年（1899），县内共有拳民2300余人，其中有大师兄37人，分布在县城南北80多个村庄，反教会的口号是“反洋教，兴中华”，所到之处，捣毁教堂，查封堂口，所有洋教堂、器具等一律没收。强迫教徒签字并保证终身不再信教，先后斩杀了12名天主教徒，其中包括罪行严重、民愤极大的戴时公。光绪二十六年（1900）六月十九日，

县城居民联合义和团在王小群的店中抓获了接受英国传教士指示进城探听消息的“教民”孙花龄、孙红亮以及王小群等，把他们囚禁在城北关的大庙里。知县贺良翚闻讯后，当夜派官差将孙、王等人及义和团首领高双魁传讯到案，贺良翚表面上应付义和团，佯作审讯，并命令教徒出具永不信教的保证书，然后将3位“教民”关押在班房，暗地里却安慰“教民”说：“你们可以在这里住一段时间，待情况稍微缓和后再护送你们回家。”义和团得知这个情况后，决定再次抓捕那些“教民”。六月二十六日，恰好河北盐山义和团首领王义升率团民100人来到利津，双方合兵一处，将县衙团团包围，要求贺良翚当面交出3名“教民”。贺良翚深感恐惧，不得不交出所谓的“教民”，义和团将孙花龄、孙红亮、王小群押至县城东关外黄河岸边，斩杀后抛尸河中。随后，全县各地义和团组织查封布道堂，捣毁或焚烧堂口，没收房屋器具，命令教民反教，先后斩杀了数名民愤极大的天主教徒，那些外国传教士吓得四散逃离，乡绅官僚个个闻风丧胆。同年，袁世凯接任山东巡抚，于七月委派营长曾启勋率一个营的官兵进驻利津城，对义和团采用剿、抚并施的手段。七月五日，义和团主力成员在店子乡大盖村附近遭官兵包围，双方展开对决。义和团虽英勇善战、视死如归，但大刀长矛终敌不过官兵的洋枪、洋炮，结果造成了大量团民死伤，首领高双魁、纪云祥、綦卯等人遭到杀害，王文生等人逃往他乡。利津的义和团从此解散。

二、捻军起义与农村的抗捐抗税斗争

1840年后，在西方资本主义浪潮冲击下，我国政治经济遭受了前所未有的破坏，清王朝逐渐陷入政治分崩和经济停滞的危机中。广大劳动人民难以摆脱贫困，无法忍受帝国主义和封建势力的剥削，纷纷起来反抗。1861年至1868年，捻军[①]开始进入利津活动，民众群起响应，加入反抗清政府统治的行列。并多次发起抗捐抗税斗争和反验契斗争，在鲁北地区掀起轩然大波。

咸丰五年（1855），黄河在河南兰阳（今兰考）铜瓦厢决口改道后，河水

① 捻军是一个活跃在长江以北，皖、苏、鲁、豫四省部分地区的反清农民武装势力，“捻”是淮北方言，意思是“一股，一伙”。

穿越山东境内的运河最终汇入大清河由利津入海。这次黄河改道对山东的影响最大，沿黄数百万群众流离失所或沦为“盗贼”。改道前，黄河是阻挡捻军北进山东的重要屏障；改道后，山东成为捻军后期活动的主要区域。1860年11月初，清政府任命蒙古亲王僧格林沁为特使，负责对付山东和河南的捻军。12月中旬，这位蒙古亲王率领3500名骑兵、20000名八旗军步兵和5000名绿营军到达济宁。但很快就在济宁以西约48公里处被捻军击溃，连连遭受挫折，捻军则一路畅通无阻，对山东省府济南构成重大威胁，并最终进入山东半岛，整个山东陷入混乱之中。

捻军到达利津县后，驻利津县官兵惊恐万状，时常邑门紧闭，全城戒严。同治六年（1867），东路捻军赖文光、张乐行部到县东境活动，数月后撤走。翌年，捻军张乐行之子张宗禹部再到县西境活动，政府派兵镇压，被捻军击毙百余人。同年8月，政府又派重兵追剿，捻军转战西去。此间山东的赋税连年增加，收成则因自然灾害而减少。农民的不满很快被煽动起来，这直接催生了山东沿黄灾民的反抗活动。据传，在捻军和其他农民起义的影响下，官府让步，将所增赋税有所减免。

光绪二十四年（1898）的戊戌变法，是中国近代史上一次重要的政治改革。这次变法对思想解放产生了积极影响，促进了思想文化的发展，起到了推动中国近代社会进步的重要作用。戊戌变法后，新式文化事业蓬勃发展，国内出现了办学热潮。

光绪二十八年（1902），利津县成立了劝学公所，设总董1人、劝学员2人。光绪二十九年（1903），县署旧书院改为学堂，各乡村也纷纷设置蒙养学堂（后改称小学堂）。光绪三十一年（1905），利津县首次在县城建立了体操场。

尽管出现了这些新变化，但捐税仍十分繁重。官府除定期征收的各种正税外，还增加了地摊费、鼠费、火费、杂办费、河工附税、验地契费、海滩地租、海防附税等十多种。光绪二十九年（1903），知县吴士钊以“奉檄改良，实行办学堂新政”为借口，强迫各村捐地助学，一般村庄被强迫捐献土地100多亩，多者甚至高达900亩，少者也有数十亩。一年之内，“捐地义举”所得地租收入竟达到了一万两千余缗（清朝币量词）。然而，这些捐款却大部分被层层克扣，最终落入贪官污吏的腰包，很少用于办学。因此，有些捐地较多的北部村镇率先发起了抗捐活动，一些民众自发组织起来，集体抵抗捐款捐粮。

知县吴士钊问询后，以打击盗贼为名派官兵严厉追捕，共有13人被抓投入大牢。事后，吴士钊谎报案情，在奏折中写道："置十三人于法，远迩皆惊，自是相戒，不敢犯"；"经多方捕治，境内以安"。是年秋，县城及乡镇的商贩联络外地小商客共30多人，在东关码头的商船上秘密聚会，商讨抗税事宜，不料被官府查获，数人被捕，余皆弃船逃散。

中华民国建立后，清帝退位，但政权很快被代表大地主、大买办阶级利益的北洋军阀首领袁世凯所掌握。1914年1月，为缓解政府财政困难、加强田房权属管理、增加税额，袁世凯以大总统名义颁布《验契条例》，命令全国验契，由土地田房所有者持契申报，经申请登记确权后，由政府发给执照或权利证书，并规定：所有查验卖契、典契，每张交查验费一元、注册费一角。为此，全国多地农民掀起反验契斗争。利津县垦丈局在查验地契的名义下，强收农民垦田，出租盘剥，从而引起公愤。不久，盐窝区黄路台村刘芳田率民众千余，手持长矛和大刀奋起反抗，他们追捕垦丈局长牛现周，并围困了县城的四个城门。县知事王元璐见势不得不答应停止验契、撤销杂税、归还垦田。事后，群众创作了《杀牛抗捐》一剧，歌颂这场斗争的胜利。受其影响，利津周边地区也相继自发地奋起抗争。其中，乐安县（今广饶县）北部农民即不堪"验契"之苦，在东齐村齐登光、齐世俊和齐敬信等带领下，聚集三四百人将王文域等众官僚包围在碑寺口村，并当场打死了县知事王文域。事后虽然齐光礼、齐树明等14人因聚众暴乱被官府处死，但县政府再也没有组织过验契。

民国3年（1914），利津大旱，农作物减产。但县政府虚报收成，仍要求农民按八成年景缴纳赋税，农民处于极度贫困境地，甚至出现卖儿鬻女的情况。次年春荒，买河村村民王荀率先将自家所有粮食捐给贫民，但杯水车薪，多数穷苦百姓仍无法糊口。于是，王荀组织了邻近几个村庄的200多户贫民逐村吃"大户"（富户），连吃数村，他还强迫富商、豪绅开仓放粮，救助贫民。富商和豪绅们既恨又怕，纷纷上告，县衙调遣官兵驱散了王荀领导的贫民。1915年4月，王荀率领300余贫民，手持各种农具包围了县城，县知事黄立猷因害怕立即下令关闭城门。同年秋天，黄立猷被撤职。

这个时期的抗捐抗税斗争都是自发的、分散的，没有像义和团那样形成大规模的群众运动。但它却在不同程度上打击了统治者，鼓舞了利津人民的斗志，唤醒了他们对社会问题的认识和反思，培养了他们的阶级意识，并为新兴社会力量的崛起提供了条件。

三、各种会道门组织

会道门是“会门”和“道门”的合称，是一种带有宗教和封建迷信色彩的民间秘密结社。其形成于明代中后期，活跃和发展于清代，兴盛于北洋军阀时期和南京国民政府前期。

早期的会道门是由封建王朝时期的秘密教门发展演变而来。他们一般用师徒传承的方式建立组织，以被曲解、改造的儒、道、释三教教义、学说作为维系内部团结的工具。到了民国时期，秘密教门逐渐蜕变为会道门，在政治和社会层面沦为落后、反动的组织。

利津县的民间会道门势力大、分布广，其历史记载可以追溯到清代。如，顺治年间就有圣贤教的记载。此外，光绪年间还有义和拳等。至民国时期，利津县会道门发展迅猛，数量众多，成分复杂。据史料记载，利津县的会道门主要包括义和拳、一贯道、圣贤道、后天道、道德学社、九宫道（铁板会、红枪会、小红门、大刀会）、一主香、皈一道、老君道、大灵山、同山社、一心天道、隆华兴教会等13种，共有382处护场、坛口、堂口、佛场、社口等，道首及大小办道人员共计566人，其中道首115人、男女道徒10924人，分布全县460余个村庄。

活动范围大，人数较多的圣贤道，又称为好好道、娃娃道、三会、万道归一道。自清同治年间（1874）至1923年间，先后由海丰县（无棣县）道首王义名、滨县籍家村护场齐名堂、蒲台县旧镇村护场王文良、沾化县来刘村法官刘维成、商河县藏家店护场刘洪茂等五支逐渐发展到利津县城、三里庄、马家夹河、屠户张（北张）、张窝、前林等村，并蔓延至全县。有大护场2处、坛口150处、佛场200处，有大小道首300人、男女道徒9113人。

一贯道，在1923年前由沾化县商家村以典师傅张兰庆为首传入，逐渐发展到县城、店子、盐窝等6个村，设5处坛场，共有10名道首和225名男女道徒。

后天道，于1923年前由招远县大郎家村以开法师崔其亮、郎年丰为首传入，先发展到后崔村，后又发展到崔家、冯家、于家、潘家等10余个村，设10处坛口，共有20名道首、620名男女道徒。

除以上3种，其他各种会道门因组织不够健全，人员也比较少。

利津县的会道门主要有两种组织形式：一种是根据民众共司需求以及外界宣传和武术师傅的影响而组织起来的，其中以买河村的红枪会最具代表性；另一种是由地方乡绅组织为主导，实际上是民团形式的民间教门，其首领通常是地方乡绅或有威望的人物，广大会众多为普通民众。在社会动荡和政治不稳定时期，地方乡绅和富豪迫切需要保护自身财产和生命安全，由于具备较强的经济实力和社会声望，他们通常会以民间教门的形式将民众组织起来，如左家庄的民团组织就属于这种。

民国12年（1923），为应乱防匪买河村成立了“红枪会”，王荀被推为会长，周洪祥、董来明分别为大师兄、二师兄，共有100多名青壮年入会。红枪会以“平妖孽，保良民，替天行道”作为旗号，以大刀长矛为武器，设坛练武，同时也念符咒、讲法术。以此来统一人心。实际上，念符咒、讲法术是假，练武保民是真。在那兵荒匪患、朝不保夕的年代，买河村的红枪会如一星火种，遍燃利津三区，几乎村村都成立了红枪会。不到一年，全区入会青年即达3000多人，王荀被选为总会长，黄路台村的刘方田为副会长。一时间，红缨飞舞，习武之风盛行，还真把一些散匪、盗贼镇住了。

这一时期的各会道门成分复杂，组织松散，很多还具有浓厚的封建色彩，破坏性、落后性明显，甚至策划地区叛乱进行反人民的活动。但也有部分会道门具有朴素的爱国情怀，在抗战期间有过抗日的行为。例如，抗日战争时期流行在沾利滨、蒲利滨三边一带的“铁板会”，经过共产党和八路军的积极争取工作，最终大多数会众都改变了立场，站到抗战一边。

第二章
民国时期的战乱与匪患

1911年，孙中山领导的辛亥革命推翻了清王朝统治，建立了中华民国，结束了统治中国两千年之久的封建君主专制制度，开创了完全意义上的近代民族民主革命，极大地推动了中华民族的思想解放，以巨大的震撼力和影响力推动了中国社会变革。但是，袁世凯上台后，在帝国主义和国内反动势力的支持下，建立起北洋军阀统治，破坏民主共和，复辟帝制。袁世凯死后，北洋军阀又分化为直、皖、奉三大派系，致中国陷入四分五裂的军阀割据和军阀混战中。各路军阀为维护其统治，满足其军费开支，不断增加苛捐杂税，有的地方田赋竟然增长50%、盐税增加两倍以上，以致老百姓门口的对联也由“民国万岁，天下太平”改为“民国万税，天下太贫”。由于长期军阀割据、战乱匪患不断，各地农村俨如一个个兵匪王国。再加上这一时期天灾连绵，救灾艰难，广大农村遍地灾荒，人民生活极度贫困，广大农民食不果腹、衣不蔽体，终日挣扎在死亡线上。

一、军阀统治下的百姓生活

辛亥革命失败后，中国在北洋军阀的统治下，社会矛盾进一步激化。据1922年北洋政府统计，当时全中国人口为447，154，953人，其中农民为380，081，909人，占全国人口的85%；农村大地主数量相对较少，一般为军阀地主或前清贵族；中等地主千亩以上土地的有二三万人，小地主百亩以上土地的是中等地主的10倍；大多数农民要么是自耕农，要么是佃农。军阀割据时期，苛捐杂税重压于民，兵乱匪患猖獗，天灾连年不断，社会危机日益加深，大众生活陷入苦难的深渊。

农业及资本主义工商业的发展

利津县地处黄河尾闾、渤海之滨，县境西南部为古陆地，隋代置“永利镇”，金明昌三年十二月（1193年1月）升镇为县，因邑有东津码头，故称“利津”。

民国初期，因得黄河水运之利和荒洼垦殖，利津经济社会有所发展。但自民国5年（1916）始，由于大小军阀割据，兵匪横行，人民生活连遭战乱匪祸之苦。

农业是利津县的传统产业，一般以种粮、棉为主，但受生产关系的束缚，生产力十分低下。民国时期因军阀混战影响，农村经济逐渐萧条。据《利津县志》记载，到民国11年（1922），全县共有农民27640户、耕地36万亩。农作物种植方面，大豆占40%、高粱占25%、小麦占7%、玉米占7%，其他还有棉花、花生、芝麻、绿豆、小豆、黍稷等。

垦务在利津县是一项重大农事。历史上因黄河泥沙不断淤积，使退海之地变成了一片又一片可耕荒洼地，时称“利津洼”。自清代末期始，“各地人民争相垦殖”，县署“提倡垦务，任人拓地开荒”，外地到利津洼垦殖谋生的百姓纷至沓来，聚族而居，垦务日渐发展，民国元年（1912），盐窝设有垦务分局，负责土地清理、签发准入许可等工作。至民国24年（1935），全县土地开垦面积总计74300余亩。随着新垦土地增加，人均占有土地数量较大，加之新淤地土壤肥沃，粮棉产量可观，很快成了新老垦殖户赖以生存的米粮川。

商业发展以县城为中心。城内有坐商百余家，其中，仅扈、宋、闫、高、王、林6家即在县城开设商号16处，如“中和堂”“广增玉”“裕庆昌”“同丰祥”等，主要经营粮食、农产品、榨油和酿造，兼营五金、杂货、布匹、棉花、面粉等。一些中小商号则专营一项业务。城内商店主要集中在“大隅首”“小隅首”“衙门前”和“庠门首”，其次在东西大街、三眼井和南街。至民国8年（1919），全县共有商店7家、杂货铺25家、钱行22家、银楼7家、药店21家、皮货店2家、鞋铺4家、酒行2家。每年秋粮上市时，各大商号低价收购大豆、棉花、花生等大宗农产品，然后通过黄河水路南运到济南、周村、潍县等地，北去渤海运往青岛、烟台、龙口、天津、营口等地。最远销往河南和山西等地。

在民国17至20年（1928—1931）的军阀混战时期，大商号为争夺市场，囤积居奇，故意提高价格来操纵市场，甚至以放高利贷等方式来压榨当地劳动人民。中小商号受到大商号的剥削和排挤，有的歇业，有的倒闭。一些富豪、绅士和地主甚至非法占有农村土地，采取强制手段收购农民的土地，导致农民失去了本应属于他们的生存和发展空间。其中，部分豪强还购买武器，组建民团镇压那些反抗他们的群众。加之战乱和土匪的侵袭，商业逐渐衰败，利津农村经济更是陷入了极度的困顿，劳动人民只能在贫困中艰难生存。

战祸连年，民不聊生

1916年，张怀芝被袁世凯封为济武将军，督理山东军务。袁世凯死后，又被皖系任命为山东督军兼省长。张怀芝督鲁期间，吏治黑暗，贿赂成风。除了直接向民众搜刮外，还公开贪污受贿、卖官鬻爵，甚至与日本人相勾结从中获取红利。一切差缺递补事宜均由其亲信一手经办，不行贿难获任命。对内却以专横残暴著称。

自民国开始，山东田赋征税改为折价，地丁银及租课每1两折征洋2.2元，漕米每1石折征洋6元，全年一般征洋500万元。张怀芝为增加收入不仅加征附捐，命原先靠近运河诸县每人缴纳河工捐，作为修堤之用，同时又改征收地丁附捐，在全省普遍征收，1918年又加征警备队附捐、巡警附捐。张怀芝的横征暴敛，激起了山东各界人民的反抗。

民国5年（1916），各路军阀纷争，波及利津。每次兵到之处，强取豪夺，横行乡里，许多无辜百姓被迫背井离乡。而那些奋起反抗的民团往往势单力薄，无法与之抗衡。原本宁静和谐的村庄沦为战火四起的战场。

1928年，军阀张宗昌余股黄凤岐部200余人撤逃到利津北部，与土匪“四大团”的孙振友、张和源勾结在一起，打家劫舍，为非作歹。同年5月13日，兵匪合股袭击左家庄，该村民团依仗坚实围墙和四门土炮在靳德胜的指挥下奋起自卫，坚守一天一夜，因无外援，终寡不敌众，被敌攻破，全村惨遭洗劫，十室九空，70多人被杀。这就是骇人听闻的“血洗左家庄”事件。

民国19年（1930），山西军阀阎锡山部被山东军阀韩复榘所败，晋军冯某某部两个营500余人退至利津县西境的店子乡褚官村一带，与县警备队勾结在一起，组织战备。他们在城乡抓丁派夫，抢粮夺物，挖掘战壕，构筑防御工事，据守黄河北岸。韩复榘部某团800余人追击晋军，至黄河南岸（利津县河东二区，现属垦利区）小街村驻扎。由于沿河各渡口船只早被晋军控制，韩部无法渡河，于是双方在利津城附近两岸摆下战场，天天鸣枪放炮，相互攻击，各有伤亡，两岸居民苦不堪言。如此相持半个多月，晋军败退西逃，韩部返回济南，战事始停。

驻防在利津城的军阀部队宋高堂部，不仅在县城敲诈勒索横行霸道，还经常以剿匪为名到乡下去祸害老百姓。1938年9月30日，店子街红枪会会长牟砚田组织双堂乡8个村的会员和农民群众450余人，准备抗击宋高堂部，给其以教训，不料被坏人告密走漏风声。10月8日，当红枪会40余会员去店子街聚会时，突遭宋部包围，当场有两名会员中弹身亡，数人被绑架，2人惨遭杀害。红枪会会长牟砚田率众抵抗，与宋部进行激战，但寡不敌众，只好突围逃脱。随后，宋部继续对双堂乡进行镇压，有20余名无辜群众被捕，4人被杀害。红枪会的斗争虽然失败了，但却有力地打击了军阀的反动气焰。

军阀的恶行不仅给个别乡村造成巨大破坏，还对整个社会秩序和百姓的生命安全构成极大威胁。而且许多军阀常常联合土匪，形成强大的武装力量，肆意抢掠。

洪涝、蝗灾等自然灾害

历史上河患和蝗灾，给利津的百姓带来了巨大的苦难。据《利津县志》记载，清末民初，河患和蝗灾尤为严重。据统计，民国时期共发生6次大规模的蝗灾、3次大型海潮、8次黄河决溢和11次旱涝。每逢大旱之年常伴有蝗虫肆虐，整个县域“赤地百里，飞蝗遍野，禾稼殆尽，人们陷入了岁大饥，甚至互相食人的惨境”。每当黄河决口，房屋倒塌，人畜死亡，农田损失无法估量，百姓遭受了难以言表的苦难。仅民国10年（1921）宫家决口，就有超6万人无家可归，淹及利津210个村、沾化80个村、滨县50个村，受灾面积达1350平方公里。除了这些突发性灾害外，黄河三角洲地区还伴随着土壤盐碱化和沙化等问题。“春天白茫茫，冬天水汪汪，夏天收蛤蟆，秋天收蚂蚱”，这句民谣形象地概括了利津一年四季主要的自然灾害。

二、社会动荡　匪患四起

民初时期，政局混乱，社会动荡，很多人趁机占山为王，导致全国各地匪患猖獗，难以清剿，尤其是山东、河南和四川等地更为严重。这些地方，许多土匪的实力不输当地官兵和地方军阀。

当时的土匪，有的是为了活命、混口饭吃才迫不得已落草为寇，有良心的土匪从不为难穷人，他们打家劫舍、劫富济贫，这样的土匪被称为“义匪”；但除此之外绝大多数土匪穷凶极恶、心狠手辣，他们无视法律、不分穷富，烧杀抢掠，无恶不作，使本来日子就不好过的穷苦百姓生活更加艰难。

自古“山东出响马，河南出蹚将”。民国时期，山东的匪患已发展到空前严重的程度，土匪活动之猖獗、分布之广泛仅次于河南。据当时报刊披露，山东百余县几乎都有土匪活动，各地股匪多者千人、少者数十人，忽聚忽散，纵横数百里，架人勒赎，抢女做妾，稍不如意即杀人放火、鸡犬不留，人民备受匪患之苦。

这一时期，地处黄河入海口的利津县东北部沿海一带，匪患也日益严重，其中，尤以“四大团”最为猖獗，先后制造了“血洗左家庄”“火烧十六户”“拔毁民坝黄河决口”等惨案，影响从乡村蔓延至城镇，从普通民众延及官府的政治和军事活动，甚至对固有的乡风民俗都带来了不小的触动。

利津东北部沿海一带，民间称“利津洼”。这里土地广袤、苇蒲浩荡、河汊纵横、人迹罕至，成为土匪啸聚的理想之所，来此垦荒种地者时常遭到劫掠，周边百姓也常常遭到土匪的惊扰和抢劫，“绑票”“撕票”事件时有发生。盘踞这里的土匪武装主要有“撸叶子”（匪首姓耿）、“灯笼子”（匪首姓赵）、“雪花子”（匪首姓白）、“跟头子”（匪首姓张）、“三虎头子”（匪首姓王）、“二大头”和“玄连长”等，其中以股匪“撸叶子”耿文俊部人枪最多。

为对抗官府、抵御土匪、保家护院，利津县的许多村庄都成立了“红枪会”“铁板会”等民间组织，首领中以王荀、牟砚田最负盛名。王荀（1863—1929），字允亭，利津县买河村人。1923年，王荀结识了寿光县的周洪祥（绰号“周铁头”）和潍县的董来朋两位“红枪会”师傅。同年冬，他将周、董二人请到村里，设坛吸引村民入会传授武功，率先成立“红枪会”并任会长。其他乡的一些地主豪绅为抵御土匪，也纷纷将宅院筑成寨子，配备火枪、土炮、打手等，日夜防范。甚至县城城门也经常关闭数日不敢开启。城内各大商号在商会的组织下，也联合起来成立商团进行自卫，修筑高墙、哨楼，以防土匪偷袭。

土匪“四大团”火烧十六户惨景

据《利津县

续志民国志·卷九》记载："民国初年，岁多歉收，利津北洼始有土匪劫掠之案。匪首姓卞名杰三，曹州人。初入利津警备队，后因事裁撤，遂啸聚十余人为匪，杀人放火，无恶不作。自陈家庄起事，挨次波及罗家一带，富户俱被扰害。后又有股匪李四等继起。民国13年，匪徒较前尤多，假冒官长名号，挨户勒捐，抗违者处以极刑。在小口子地一夜剐害一家九命。……匪伙初时逍遥河干，继乃驰骋海上，商船渔船俱归其应用，登陆则潜伏芦苇深处，挖壕打棚聚居其中，官兵亦无法寻捕。民国19年春，匪徒纠合百余人，蜂拥而出，火烧谢家灶，攻破滨县城，游弋于蒲台、博兴及广饶之间，一月之内遍扰五县。"

民国时期，利津境内的土匪多达数十股。较大的匪首，民国12至15年（1923—1926）有李四、裴凤伍、张秀川、李子文等；民国16至23年（1927—1934），出现了以孙振友（绰号"二大头"）、张和源（绰号"先生老三"）、徐国栋（绰号"先生老四"）、刘国祯（绰号"八千岁"）为首的四股土匪势力，他们所率匪徒均有百余人，号称"四大团"，其活动范围主要在利津三区、四区和沿海一带（现垦利区境内）。民国18年（1929）正月，大股土匪由东南窜至利津县烟火台境和郑家庄境（现均属于垦利区），两地乡长召集民团数百人前往防御，在老鹳赵村相拒数日。农历二月初五拂晓，匪徒用计抄后路，四面包围，火烧附近村庄，两地民团拼死抵抗，团丁阵亡56人，伤24人，许多群众惨遭杀害，尸横遍野。六月一个凌晨，"四大团"匪首刘国祯、张和源等率兵300余人，趁十六户村民外出剿匪之际突袭该村，对百姓采取报复行动，纵火数十起，烧死村民50余人，烧毁房屋2000余间。民国23年（1934）七月，活动于沾化、利津一带的匪首王功臣、李子文、任富贵等聚匪百余人，在利津西北部海面，武装劫持了英商太古洋行"顺天轮"船1艘，制造了震惊中外的"顺天轮"事件。民国24至27年（1935—1938），又有徐杰臣、高庆元、丁廷杰为首的土匪团伙，在利津东北洼结伙，到陈家庄一带抢劫，打败了驻守在陈家庄的地方兵，焚毁民房数十座，占据十余日后撤走。民国27年（1938），这三个匪团被国民党地方部队刘景良部收编，改为民团。

面对匪情，北洋军阀及国民党地方政府主要采取两种手段：一是剿灭，二是收编。但许多收编后的土匪仍恶性不改，一有机会又复为害。

“四大团”横行时，国民党利津县县长赵松曾试图以协商方式对“四大团”进行收编。然而，匪首们却认为收编限制太多，非但不听从命令，还强行进城。政府无力阻止，只好被迫承认，并委任孙振友为总团长，调其直属一团驻守县城，命张和源团驻守城东关、徐国栋团驻守河东巴家集、刘国祯团驻防沿海一带。后来，“四大团”之间争权夺利，张和源被孙振友暗害，盛江被委任为新团长。刘国祯团在沿海一带私设征收处，横征暴敛。

1930年9月，韩复榘主政山东后，省政府以剿匪为名派第20师59旅118团一举将孙振友、盛江两团包围，俘获其部下70余人。地处沿海与河东巴家集的刘国祯、徐国栋两团见势不妙，立即闻风潜逃。被俘的孙振友、盛江被押解到德州后，利津四区永和乡的豪绅捐资10万元，贿赂第118团团长滕运荣将他们赎回，组成水上保安团，继续由刘、徐领导，孙振友任团长，长期驻扎在永和乡一带。1931年8月，118团再次到利津，消灭了水上保安团，孙振友、刘国祯被押解至济南处决。

三、震惊中外的“顺天轮”被劫案

1934年6月17日夜晚，利津东北部沿海发生了一起震惊中外的大劫案——英商“顺天轮”被劫案。劫案发生后，英、日两国政府反映强烈，国民政府在巨大的压力下，严令追剿劫匪、解救人质。一时间，京、津、沪等地各大报纸均以显要位置纷纷报道此案。6月20日，天津《大公报》《益世报》分别以《大沽口外惊人劫案——顺天轮被匪骑劫，中外旅客数十人被掳，各方派舰侦匪无端倪》《大沽海面一幕惊人恶剧——处女航中，英商顺天轮遭骑劫》为标题率先报道此案。之后，京、沪等地各大报纸也纷纷报道，英国《伦敦日报》等相继转载。

“顺天轮”是英国太古商行新造的一艘轮船，轮船载重1500吨，此次航行是它的首航，原计划从天津塘沽港出发，然后抵达上海。船上97名中外旅客中，有前北洋政府内务总长孙丹林和服侍人员、8名北洋大学学生、英国驻青岛领事韩得利、上海“宏利人寿保险公司”经理尼克尔、英籍水舰队长路思和伊尔德以及日本商人山本等，另有数名妇女和儿童。众匪劫船得手后，在路上他们又顺手牵羊劫得5艘渔船，拖于“顺天轮”尾后。

18日17时许，众匪分数批将“顺天轮”上大部分旅客及部分得力船员用渔船接走，在黄河入海口神仙沟以南茫茫无际的芦苇荡中弃船登陆。

众劫匪挟人质消失得无影无踪之后，“顺天轮”也搁浅在神仙沟以南的烂泥中。驻烟台的美舰“泊浦”号、“比德”号与驻威海卫的英舰“卫赤”号、“瓦特”号接讯后，立即疾驶前来援救。19日晨，“顺天轮”终于抵达烟台港。此案经报纸披露后，震惊中外。

参加劫轮的这伙土匪是久居入海口一带的惯匪，为首的是吴德胜、任富贵、傅瑞伍及其小老婆薛氏（绰号“黑牡丹”）等。

追溯此案起因，还须从1930年说起。当年，国民党政府因忙于调兵遣将对中共中央苏区革命根据地进行“围剿”，放松了对北方各省的控制。新到任的山东省政府主席韩复榘认为，这是他在山东巩固和扩大地盘的好时机，便派部下国民党第20师59旅前去黄河三角洲地区驻防。名曰“驻防”，实则是想控制这块风水宝地。然而，令韩复榘头疼的是，那地方土匪多如牛毛。他们或隐匿海滨一带自立旗号，或依附官府“合法存在”、狼狈为奸，并一度制造过“血洗左家庄”“火烧十六户”“火烧鸽赵”等多起骇人听闻的事件。当时，这些土匪尤以沾化县吴德胜为首的县警备队和海陆两栖盗匪徐银奎（徐三）最为猖獗。此前，省政府曾于1929年秋派兵围剿徐匪，结果非但未能成功，还损兵折将。1930年韩复榘上任后，改用“怀柔”政策招抚徐三，又导致徐、吴勾结，酿成“徐匪乱城”，造成县党部机关人员全部

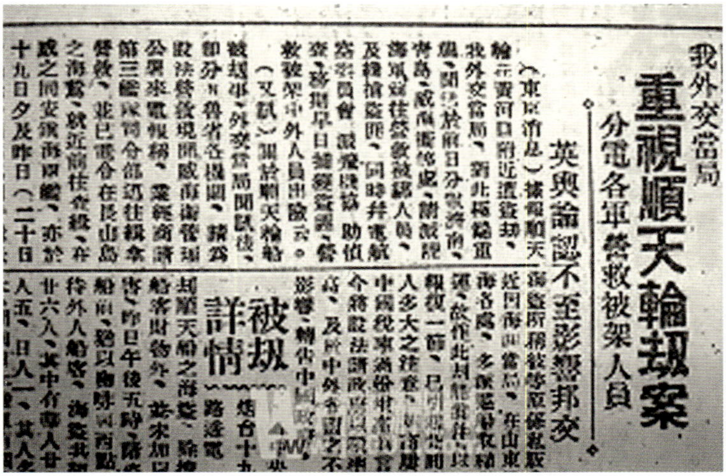
我外交當局
重視順天輪刧案
分電各軍艦救被架人員
英輿論謂不至影響邦交
被刧詳情

当时报纸关于顺天轮劫案的报道

被杀的惨祸。

韩复榘派五十 九旅旅长赵心德率3000余官兵到沾化、利津沿海一带剿匪戡乱，将司令部设在惠民县城。起初，徐三通过贿赂赵心德，得任“沾棣渔业联合会”会长，驻在下洼商埠，并乘机大量走私日货，牟取暴利，赵心德则坐地分赃。1933年冬，乡绅联名告到省府，此事败露。赵心德为推脱责任，将徐三杀死灭口，此案不了了之。之后，徐的部下王功臣等逃匿到利津沿海一带，与徐交往甚厚的吴德胜及其部属傅瑞伍、任富贵等人则逃往天津法租界，以图东山再起。

经过数月的周密侦察和策划，他们终于获悉，首航天津的英国太古洋行商船“顺天轮”号，将于6月17日下午由津返沪，并于中途在烟台港暂停。

当日下午，塘沽码头烈日炎炎，“顺天轮”号正在做开航前的准备。傅瑞伍、任富贵、罗宝元（无棣人）和傅的小老婆薛氏等一行约30人，早早乘车来到塘沽港口。他们原计划是劫持“盛京轮”，因“盛京轮”趁潮水上涨早开一个半小时，这才改变计划，将目标锁定在英国太古洋行的“顺天轮”。他们一部分人扮成阔气的商旅，薛氏扮作危急病人，将武器藏于内裤中，其他人扮作护理人员和家属，以到上海看病为由混过检查，登上了“顺天轮”。

轮船出港后，旅客的心情亦如海面，风平浪静。夜幕悄悄降临，晚10时左右，“顺天轮”已驶离大沽口约180海里，此时万籁俱寂，旅客多半已经入睡。突然，一声呼哨，预伏在轮中的众多土匪各自抽出手枪，迅速将“顺天轮”劫持。将旅客及水手囚于一室，不准行动。船长、无线电生、机械师等被锁入吸烟室，几名女乘客和3名儿童被软禁在二等大餐间内。船上的三副罗斯为救船主，被土匪打伤，肩骨折断，下颌被毛瑟枪柄击碎，腰、腿两处被击穿，当即昏了过去。翌日清晨5时许，几名海员见罗斯还活着，便把他抬到船长室，由略知医理的波林格夫人和毛林少尉进行抢救。

为掩人耳目，土匪谎称，他们是海上运私货的，是刘珍年 日部，因关税当局增派舰船、沿海严密缉查，以致无法度日，所以劫轮报复。当“顺天轮”行至黄河口北点套尔河口时，土匪将劫持的二副希兰德、机械师华德荪、上海宏利人寿保险公司经理尼克尔、英籍舰队两队长路思和伊尔德、日商山本等6名外国人和带有国府文官处聘书的前北洋政府内务总长孙丹林等20名中国乘客作为人质。

17时许，这伙土匪又将劫来的财物和中外人质全部运上抢来的5艘小船，然后在黄河入海口与羊角湾之间的一处芦苇荡中登陆，隐匿而去。

“顺天轮”因浅海水小搁浅，要等到潮水上涨才能自由航行。于是，他们拍电报向各方呼救。驻烟台的美舰“泊浦”号、“比德”号和驻威海卫的英舰“卫赤”号、“瓦特”号闻讯后，迅速赶往出事地点援救，并在附近沿海竭力搜寻匪船，但并未发现土匪踪迹。8小时后，英舰与“顺天轮”号相遇。在英舰的护送下，“顺天轮”号于19日凌晨抵达烟台港，罗斯被送往美医院救治。

“顺天轮”被劫后，6月19日晚，英国领事馆武官狄华都里连夜奔赴济南，与山东省政府主席韩复榘接洽营救英人事宜，同时向南京国民政府施压，希望尽快破案。日本当局也派出巡洋舰一艘，于20日中午由大连抵达烟台，强烈要求天津、济南当局迅速侦破此案。南京外交部当即电令山东省政府主席韩复榘和青岛市市长沈鸿烈等，要求迅速派陆海军出动，加紧缉捕匪盗、营救被劫中外人士，并请军委会航空部调派飞机前往侦察匪踪，以期迅速破案。国民党政府军政部部长兼北平军分会代委员长何应钦也致电北平英使馆表示歉意，并表示愿与各

方通力合作，以期迅速侦破此案。国民党海军第三舰队司令部也迅速派出驻长山岛的“永翔”号、“海鸥”号和驻威海的“同安”号、“镇海”号各两艘军舰前往查缉。同时，韩复榘又以长途电话饬令海防指挥部、塘大公安局和沿海各县局，昼夜派出巡船、警士从速查缉。威海卫英海军驱逐舰2艘、航空母舰1艘也前往出事地点，协同查缉。

6月20日17时，英航母的6架直升机在利津黄河入海口一带发现匪船。众匪于惶恐中先是开枪射击，后又挂出白旗作为缓兵之计。两小时后，英商尼克尔、前内务总长孙丹林被土匪释放，同时要求他们给驻济南的英领事送信，提出谈判条件。一架直升机当即将两人救护到安全地带，其他飞机仍继续巡视，搜寻被掳人质。突然，从一帆船中发出枪弹，射中一架飞机。该飞机当即以机枪回击，把炸弹投入水中，向匪盗示威，并从飞机上撒下中文传单，警告群匪立即释放所有被劫人质。过了一会儿，一舢板上悬挂出白旗，土匪们随即将4名英国人送出。之后，土匪释放了日本人山本，又用帆船将其送到塘沽，同时附上释放19名华人的条件。至此，被劫持的外国人全部脱险。

6月23日13时30分，利津县县长叶云电报省政府，劫匪在利津、沾化交界的王家、洼拉沟登陆，现藏匿于沾化境内的湾湾沟，此处全是苇塘，海舰可炮轰，陆军能包围。韩复榘获悉后，决定采取海陆夹攻的办法，对土匪进行围剿，海上由第三舰队司令谢刚哲率领“永翔”号、“海鸥”号等舰封锁海口，陆地派第一路民团指挥赵明远部和第七十四师马贯一旅进入沾化、利津境内，联合清剿土匪。

6月29日，孙丹林抵达济南，当面向韩复榘转呈了“顺天轮”劫匪致韩的信件。信中称：“于前年棣沾两县成立渔业联合会，推举徐银奎（徐三）为会长。徐以前虽行为不正，但充会长后力改前非。我等原系安善良民，为维持地方、保护桑梓治安起见，均能奋力杀敌，剿灭匪类。五十九旅旅长赵心德驻斯土，联合会绝对服从，如不信，请派员调查，我等自问并无过恶之处。后徐子平被枪决，联合会全打散，我等虽当时逃出性命，因无钱维生，无家可归，终不免一死，思之再三，只得将英国人绑走五名，暂作抵押，即祈大人开天地之恩，为我等谋一生活之路。下署含怨上叩。”并要求韩予以收编。当时的国民党中央社、济南分社也于29日发出专电报道说：“‘顺天轮’海匪又释放肉票二人，再恳省方收编。”韩则表示：“匪如不将被绑华人释放，决予痛剿。”

6月30日，赵明远率部进驻沾化海滨，并向韩报告：土匪释放两名人质后，要求先收编百人，再释放其余人质。韩即电复赵：土匪如不将其余人质全部释放，任何要求都谈不到，决计痛剿。7月4日，韩复榘与济南中央社记者谈到“顺天轮”劫案时，声称：“‘顺天轮’之海匪，仍在套尔河大苇塘内，由海陆军包围中，前与匪函，令先将乘客全放，再谈改编与否。前接赵明远电称，因连日大风雨，信尚未送到，如匪不释肉票，即痛剿。”7月5日，第三舰队海军办事处收到飞机连日剿匪情况的详细报告：7月1日，飞机飞顺家沟撒传单，发现匪船8艘，即予轰炸；缀日，匪船14艘已东窜，冒雨前往羊角沟等几处侦察，在清水沟发现匪船7艘，当即投8磅炸弹4枚，匪10余人登陆逃窜，获“江利”小火轮猎空船1艘；4日，飞机飞往清水沟轰炸匪船共4次，计投8磅炸弹12枚、2磅炸弹14枚，匪逃窜。掩护陆战队登陆，营救“肉票”2名，获匪船6艘，残匪现在协剿中。7月9日，韩复榘又声称：对“顺天轮”劫匪，决剿抚并进，一面海陆军包围，相继进剿；一面由民团赵明远部招抚。如匪先放肉票，缴械就范，拟编为水上保安团或水上警察，正接洽中。

因事件进展缓慢，7月13日，韩又致电敦促赵明远，限期肃清海匪。赵报告说：“本人已进抵大马家庄督剿，各剿匪军，已将海匪包围，即大举搜捕。”7月15日，中央社济南分社发出专电：“‘顺天轮’劫匪，由海中逃陆上，韩令陆军限期肃清，谢刚哲即由套尔河返威海。”报道又说：“劫‘顺天轮’之海匪，兼旬经第三舰队司令谢刚哲、第一路民团指挥赵明远等督率海陆军猛烈围剿，匪类以海中食物缺乏，逃之陆地。海军登岸剿匪，当感困难，故于昨日与赵氏商洽结果，由陆军负责围剿。然以连日天气酷热，海湾附近芦苇丛生，河汊错综，进剿匿匪，深感困难，至于接洽投诚及改编问题，迄无消息。除责令各船舰长驻套尔河严密布防，堵匪类四窜外，谢氏本人日将返威海。”韩表示，海军剿匪有功，将对海军给予嘉奖。7月17日，赵明远由利津抵达济南，向韩请示收编海匪。18日晨赶回，即办收编，但很长时间没有进展。

8月22日，赵明远指挥军队突袭土匪，并报告如下：

总指挥韩钧鉴：

海匪王功臣等，虽久愿投诚，外人失物迄未缴出，心志不坚，意存犹豫，若不早除，难免不无叛变之虞。乃于向日，以听候点编，诱其带领党羽齐集无棣县西山后庄（今属沾化县），乘其不意，我伏兵四面突击，该匪死力顽抗，激战两小时之久，卒被我击毙大半，余匪四散逃窜，除仍派队分头追剿，务期完全歼灭外，计是役王功臣等两杆首均被击毙（编者注：此处报告有误，王功臣并未被击毙，1938年冬在利津被沈鸿烈诱杀），其党羽伤亡56人，捕获28人，得各种枪64支，夺回外人失物留声机1架，毛毯6条，我部官长伤2员，兵士重伤5名，轻伤11名，居民亡4人，伤17人，除将伤亡官兵民众分别医治殓埋，并将夺回外人物品，另文呈缴外，谨此电禀。

职赵明远（印）

这次围剿，劫匪遭重创。王功臣、李子文等率残匪突出重围后又潜回了苇塘，挖地屋子隐藏，再也不敢公开露面。赵明远带人沿海搜索多日，终无结果。正在焦急之中，他手下的中尉副官刘景良报告说他们抓获了小匪首李老八的小老婆，摸到了线索，并自告奋勇，只带一个卫兵深入匪穴。经过几天的周折，终于找到王功臣、李子文等人。双方进行谈判，刘景良凭着三寸不烂之舌劝降了土匪，并向土匪保证既往不咎。王功臣、李子文等立即放回了被劫的剩余人质，同意接受韩复榘的收编。原属吴德胜部的任富贵、傅瑞伍等人未接受收编，分头逃往外地。刘景良立得此功，被晋升为第五专署少校副官，并负责组织“海上纵队”（后归属山东海军司令刘耀亭部，七七事变后编为“水上保安团”），自任辅导；王功臣、李子文等被委任为分队长，设防于傅家、山后等村；赵明远也被擢升为山东第五专署专员兼保安司令。“顺天轮”被劫案就此告破。

第三章

五四运动对利津的影响

北洋军阀统治前期，在中国满布阴霾的天空中，响起一声春雷，爆发了一场崇尚科学，反对封建迷信，猛烈抨击几千年封建思想文化启蒙运动——新文化运动。通过新文化运动，旧的思想观念被打破和抛弃，新的思想观念喷薄而出。五四新文化运动后，新文化运动的旗手——陈独秀与中国共产主义运动的先驱——李大钊，“南陈北李，相约建党”，社会主义、共产主义的光芒开始普照中华大地，同时也照亮了利津这块红色的沃土。

一、响应五四运动的爱国斗争

山东是辛亥革命宣布独立较早的省份之一。早在1905年，山东籍50余名留日学生就在日本参加了孙中山领导的同盟会，后陆续回国在各地宣传革命、开展革命活动，与清王朝展开殊死斗争。1908年，原利津县董集村（今属垦利区）青年董锡纯投笔从戎加入中国同盟会，后随王金铭、施从云等领导发动滦州起义，不久英勇牺牲。

綦际霖，生于1887年，利津县綦家夹河人，早年考入山东省师范学堂（济南省立第一师范前身），辛亥革命期间带头剪去发辫，与同侪揭白布大书“山东独立万岁”，参加游行示威活动，宣传推翻帝制、建立共和。毕业后，又回乡与诸生群集城内县立小学，一边教书，一边继续宣传革命，组织有志青年，唤醒民众。受民主共和理念的影响，利津县议会、参事会等国民政权相继成立，同时推行新政，改良私塾，倡办新学，发展教育，为平民子弟提供了更多入学机会。

中排左三为綦际霖

1919年，五四爱国运动首先在北京爆发，随后影响蔓延全国。8月初，五四运动的爱国浪潮传到利津。季兰芬（利津盐窝人）从济南回到家乡会同本县教师季树楠等，组织发动县城师生350余人，走上街头，打着标语、呼喊着口号，举行游行示威并登台演讲。当队伍走到商业街时，爱国师生砸毁了沿街洋行里的洋货、瓷器等货物。此后，部分知识分子开始尝试用白话文进行写作。其中，綦希

1919年5月4日，五四运动在北京爆发

平在倡导用白话文替代文言文的运动中采用了白话文写作，并开始使用现代标点符号（《民国·利津县续志·文征》）。这一举措解放了人民群众的思想，促进了全县新学堂的建设。

几天后，县城和各大集镇纷纷开始学生罢课、商人罢市活动，持续20余天，形成了全县范围的反帝反封建浪潮。同时，在外地任教的綦际霖还不断捐资在家乡兴办学校，为国育才，对学生进行反帝反封建的教育。

五四运动推动了新文化运动的发展，促进了人们的思想解放，一些先进青年更加清晰地意识到国家命运岌岌可危，他们以救国救民、改造社会为己任，纷纷撰写文章、创办刊物和社团，介绍、传播和研究国外的新思潮，积极探索拯救中国的新道路、新方案。据统计，当时全国共有400多种宣扬新思潮的刊物，绝大多数都宣称以改造社会为宗旨，提出了各种改革中国社会的新方案。受此影响，利津县的一批先进青年和知识分子也开始走出家门、走向社会，寻求救国救民真理。曾任解放军总后勤部军需大学政委的张昕在《自传》中写道：“在利津师范讲习所时，我曾读到蒋光慈著的《少年漂泊者》和鲁迅写的《坟》等作品，增加了我对富人的仇恨和对社会的不满。后来我又学过《资本论》及救亡‘七君子’的书报，因此思想趋向革命，而后参加了共产党，参加了革命队伍。”还有曾任济南军区总医院政委的安克平也在回忆录中写道：“我是在县城书院街小学上学时阅读过鲁迅的《呐喊》《孔乙己》和茅盾、闻一多、郁达夫等进步作家的书刊，对我思想影响很大。后来我还为李竹如主编的《新亚日报》写过稿。”另据早年和利津著名共产党员李毓祯在同一个国民党监狱关押的刘特夫（后任青岛市政协主席）介绍，李毓祯在狱中曾学习《共产党宣言》《辩证唯物主义》等马列著作。

五四运动后，一批爱国青年学生回到家乡，传播马克思列宁主义真理，点燃了利津劳苦大众心中革命的火焰，对后来革命活动的开展产生了积极影响。

二、早期革命活动

1921年7月，中共一大召开，标志着中国共产党正式成立。这是近代中国社会进步和革命发展的客观要求，是开天辟地的大事变。自从有了中国共产党，中国革命的面目就焕然一新了。

中国共产党在利津县的活动始于1924年。1923年10月，中共济南地方支部组织成立了山东理发业联合总会，王用章当选秘书。此后，联合总会积极开展工作，于1924年3月在利津成立分会，这是中共党组织在利津开展活动的发端。翌年4月“青岛惨案”发生后，利津县理发业分会曾发动群众，声援青岛工人的罢工斗争。

在中国共产党成立和中国历史发生巨大变化的影响下，利津县少数寻求新思想、新文化、追求真理，愿为中华民族解放、中国独立富强奋斗牺牲的青年，不断走向外地。他们中的部分人在革命思想熏陶下，实现了世界观的彻变，率先接受马克思列宁主义，成长为无产阶级先锋战士。他们返回家乡，传播马克思列宁主义真理，开展革命活动，点燃了家乡劳苦大众心中的火焰。

李竹如

县境第一名共产党员是庄科村（现属利津街道）

的李竹如。李竹如于1922年夏考入惠民省立第四中学，该校图书馆藏书丰富，号称山东省第二大图书馆，在这里他接触到了一个全新的世界。那时，山东党组织已经成立，马克思列宁主义的传播更加广泛，一些进步书刊通过各种渠道传播到校园，勤奋好学的李竹如从这些书籍中汲取营养，革命的思想逐渐萌芽，立志救国救民，唤醒劳苦大众。

1925年春节，李竹如回家过年，在自家大门和屋门上贴了几副对联。大门贴的是“马列传天下，世界要大同”，横批“天下一统”，屋门贴的是“堂堂中华担忧内争外患，小小家庭且喜老安少怀”（山东省文化丛书《陈明、李竹如》）这些与众不同的对联，展示了李竹如的内心世界，也反映出这位青年学子对马克思列宁主义的赞扬和对祖国前途命运的忧虑。此外，李竹如还经常利用假期回乡之机，给村里的年轻人读书读报，宣讲天下大事，讲中华民族的历史和前途，一股反帝、反封建、反对旧礼教的新思想如同春潮澎湃在利津县农村。

同年夏，李竹如从惠民省立四中毕业后，考入南京东南大学（国立中央大学前身）附中高中部。不久，由于时局动荡学校停办，李竹如又回到济南进入正谊中学读书。正谊中学是当时济南规模最大的私立学校，创始人之一及第一任校长是我国著名的教育家鞠思敏，这所学校相继走出了季羡林、王幼平、孙思白、王统照等许多著名人士。在这里，李竹如与一些进步同学一起学习，一起讨论时事。在谈到利津县的教育时，他提出“改造利津教育是唤起民众的根本”，并提议集资创办一份报纸，为振兴教育呐喊战斗。

李竹如老宅以及其书写的对联

1927年，蒋介石发动四一二反革命政变，无数共产党人和革命志士惨死在反动派的屠刀下，一些意志薄弱者纷纷脱离革命队伍。在这种白色恐怖下，李竹如毅然加入了中国共产党，显示出一个革命者的忠贞与坚定。

1928年，日军在济南制造了震惊中外的五三惨案，李竹如根据上级关于“部分党员转入农村开展活动”的指示，受命回家乡开展工作，以国民党员的公开身份改组了国民党利津县党部，团结进步青年反对封建恶势力和贪官污吏，推动反帝反封建运动在利津开展。为秘密开展党的工作，他积极接触县党部中的左派人士，与他们共同商议反对日本帝国主义和打倒封建势力的问题。李竹如还联合了县内的开明士绅和文化教育界进步人士，发动青年学生走上街头进行反帝反封建宣传，提出了“打倒土豪劣绅及大恶”的口号，受到劳苦大众的欢迎。

但时隔不久，国民党控制了山东，也掌控了利津县政权。他们排斥异己，打压进步力量，关上城门抓人，李竹如被列入抓捕名单之首，幸在崔玉藻等乡亲们的帮助下，他才从城墙顺绳而下逃走。

1931年秋，中共博兴特支组织领导博兴师范讲习所学生到利津县城进行过抗日演讲，开展爱国宣传活动，产生较大影响。

李毓祯是利津县十六户村人。1932年8月在济南育英中学读书时加入共产主义青年团，在校积极参加各项进步活动和爱国斗争。1933年2月，因叛徒出卖，他不幸被捕，关押在济南纬一路看守所。在这里，他得到了山东党组织负责人任作民（之前是山东省委书记）的教诲和帮助，并转为中共党员。1934年秋，李毓祯被转押到山东省第一监狱。在狱中，他与其他共产党员一起进行过七次绝食斗争，保持了共产党人应有的风骨和气节。1935年后，他又被押送到南京反省院。1937年10月，李毓祯获释出狱，返回利津家乡后，继续开展抗日宣传活动。同年12月，他进入国民党刘景良部开展抗日工作，被委任为司令部政训处长，通过职务之便采取多种形式宣传抗日救国理论，并秘密培养倾向共产党、追求政治进步的军政人员，积极发展抗战力量。不料被特务分子发觉，于是他在1938年6月上旬的一个夜晚，带领政训处工作人员和同乡赵元凤逃离虎口，奔赴冀鲁边区参加了八路军一一五师东进抗日挺进纵队，在曾国华率领的第五支

李毓祯

队（永兴支队）做民运工作。

得到李竹如教育和帮助的进步青年张昕，1937年7月回到家乡利津，受聘到三区刘村任教员。他在教师中组织“教育促进会”，推行教育试验区，积极进行抗日救亡宣传教育活动。

1937年，日本侵略军在北平附近发动卢沟桥事变，抗日战争全面爆发。日军沿津浦路南犯，当年12月侵占利津城。利津大地掀起了抗日救亡的革命浪潮。学校纷纷停课，师生走上街头游行示威，高呼“勿忘国耻”“还我东北”“打倒日本帝国主义”等口号。由爱国知识分子綦际霖任会长的利津县抗敌后援会，组织复课师生、回乡知识青年及部分平津流亡学生，组成宣传大军，奔赴利津各地，开展抗日救国宣传。县立中学的师生在文庙前搭台演出，表演话剧《收复东北》、歌剧《九一八》《放下你的鞭子》等。利津县立二高王象堃老师曾留学日本，他在课堂上讲述东北三省沦陷、日本侵华罪行，组织学生成立宣传队，在八里庄庙会、学校驻地台子庄集市等地，开展抗日宣传和募捐活动。与此同时，利津县一大批爱国知识青年，如张昕、安克平、赵干（原名赵毓琯，城区赵家夹河人）、赵凯（原名赵毓璲，城区赵家夹河人）、李岫文（大北街人）、王余音（今陈庄镇王家堐子人）等，他们满怀抗日救国热情，响应中国共产党的号召，投笔从戎，奔赴抗日斗争前线。

1940年，冀鲁边区党的活动扩大到利津县西北部地区，中望参门村的张兆义（又名张凤先）于1940年秘密加入中国共产党。在家乡，他以行医为掩护、积极从事革命活动，建立党的地下情报站，送情报，传信息，救护八路军伤病员，掩护革命干部，为沾（化）利（津）滨（县）三边抗日游击区的开辟，消灭日伪军，做了大量工作。

张兆义

李竹如、李毓祯、张兆义等利津籍早期共产党员，均在利津开展过党的活动，宣传马克思列宁主义。同时，周边地区的党组织也派人过来开展革命活动。其中，鲁西到利津的移民中，就有一些地下党员，进行秘密活动，宣传党的主张。这些活动点燃起利津贫苦大众心中的革命火焰，启迪对真理的追求，乃至对以后中国共产党利津党组织的创建、发展均产生过深刻影响。但他们在利津都没有发展党员，更无法建立党的组织。直到1941年，中共清河区党委领导的八路军山东纵队三旅，来到当地开展武装斗争，中国共产党利津党组织才得以诞生。

第四章
点燃抗日烽火

1937年7月，日本帝国主义为实现其鲸吞中国的野心，蓄意制造了卢沟桥事变，全面侵华战争由此开始。卢沟桥事变后的第二天，中共中央即向全国发出通电，指出：只有全民族实行抗战，才是中国的出路！号召全国同胞、政府和军队团结起来，筑成民族统一战线的坚固长城，抵抗日本侵略。之后，在中共的敦促和全国人民的压力下，蒋介石被迫同意将陕北的中央红军改编为国民革命军第八路军并承认共产党的合法地位，国共开始第二次合作。之后，为开展山东的抗日民族统一战线工作，毛泽东委派张经武以军事联络官的身份会晤山东省政府主席韩复榘，争取国民革命军第三集团军联合抗日，商讨释放政治犯和发动群众抗日等问题，并最终达成“三项协议”，先后释放400多名在押的共产党员、共青团员、进步青年学生及其他革命志士。同时，还通过开办政工人员训练班，为部队和地方培养约1500名抗战干部，有力地壮大了各地的抗日领导力量。

一、日军的暴行及其殖民统治

全面抗战爆发后，日军于10月初开始沿津浦铁路大举向山东进犯。10月23日，由德州向济南进犯的日军侵占陵县凤凰店（今属德州陵城区）后，对该村村民连续进行3天大屠杀，共杀害村民108人，另有邻村及过路学生200余人也惨遭杀害。村中沿街1200余间房屋被烧毁，财物被洗劫一空。11月13日，日军占领济阳城，未及时撤离的2000余守城军民被敌人用机枪扫射杀害。次日，日军又连续屠城7天，共杀害城内居民400余人，打伤致残29人，奸污妇女100多人，烧毁房屋550余间。

12月12日深夜，日伪军数百人在汉奸的带领下，乘坐10余辆坦克和汽车偷袭阳信县城。拂晓时分，敌人抵近城南刘货郎村，然后分兵两路包围阳信县城。驻守县城的华北民众抗日救国军，因未及时防备溃不成军，300余名战士英勇牺牲，救国军司令刘景良侥幸脱险。另有李援、罗广文率领的40余人一支抗日游击队，在县城北关北园子附近与敌展开战斗，打死日军指挥官1名，牺牲20余名游击队员，受伤群众有百余人。这次惨案，北园子村21名村民，加上逃难群众11人，共32人惨死在日军刀枪之下。惨案发生后，村民不敢回家居住，导致死难者尸体无人收埋，被野狗拖得遍地皆是，村内凄凉零落，村外土地荒芜，景象之惨无以复加。

在此期间，日军于11月占领沧县。12月20日，驻沧县日军一个大队500余兵力，乘4辆坦克、36辆汽车，长驱侵入利津城。驻守国民党军刘耀亭部闻讯后迅速撤至蒲台县小营一带，利津县县长薛儒华也率民团大队弃城而逃。10余日后，日军撤走。临走前，日军从天津调来伪自治联军刘佩臣部王振礼团计150余人，驻守利津县城，委任陈新荣为县知事（伪县长）。

1938年2月，原华北民众抗日救国军司令刘景良兵败后，来到利津北部台子庄、陈家庄一带发动抗战，联合地主武装薄益三、薛纯一两个团，收编徐杰臣、高庆元、丁廷杰三个团，又招收部分旧军人、旧职员及青年学生等，共同组建成军。2月下旬，刘景良率部歼灭了伪自治联军王振礼团，收复利津城。

1939年1月27日，驻济南日军派骑兵一个中队计100余人，在飞机、坦克的掩护下，驱走刘景良部，再次侵占利津城，重建伪政权，委任徐炳谦为县知事（伪县长）。日军大岛部队进城即强占了五金店刘星元的“太突永”商货仓库，逼迫刘星元拿出3000余元（可买粮食75000斤）才把货物赎出，并每天都向城内商户摊敛钱款。西街商户刘吉良，因惹怒了日军翻译，被其用秤砣打掉门牙。城内大小商户300余家，纷纷关门歇业，奔走他乡。

组建伪政权

日军二次侵占领利津城后，为巩固其殖民统治，首先组织了维持会，不久后改为伪县公署，下设区、乡、村、甲4级行政机构，陈新荣（1937）、邢少轩（1938）、徐炳谦（1939）、侯文洁（1940—1941）、赵吉甫（1942）、郝家华（1943—1944）先后被委任为县知事（伪县长）。县公署设县长1人，秘书室配备秘书、助理秘书各1人，办事员2人；下设5个科室：民政科、财政科、建设科、教育科、宣传科；另设自治指导员2人，其他职务若干；共计97人。

日军侵占利津期间，配1个中队的兵力，由宗青、奥村两个中队轮流驻防。编制为：中队下设3个分队、9个小队，共计100余人。武器有轻机枪9挺、掷弹筒9支、步枪60余支。日军除留32人常驻县城外，其余均配合伪警备队分布于陈家庄、盐窝、东堤、店子等据点。

1939年12月，日军又成立了特务队，从北京调来了训练有素的特务人员任队长。初期有队员8人，1940年2月扩充为24人，编为2个班，共有步枪8支、短枪14支，经常着便衣偷窥、刺探抗日军民情报，破坏抗日组织。

同时，日军还成立了宪兵队，共有15人，配日式手枪3支、步枪2支，驻县城，主要监视城内群众动向。

驻守利津的中、小队长以上日军军官，查知者有宗青、留下、大岛、山下田岛、小林、奥村、滕川、龟川、宫内、左滕、范世川、甘野、喜马、宫田、井上玉成、清水、井上正高、王成美五郎、寺村秀夫、小山、木木清荆、竹田、平井、竹内、吉田、樊田等。

伪军的配备情况是：设警察局1处，后又改为警察所，下辖4个系（警务、警法、保安、特务），共58人。1940年，警察所又设立4个警察分所、2个派出所，分驻在县城、小街、东堤、陈家庄、店子街、侯王庄等处，有62人；1941年，又成立了保安便衣班（“剿共”班），有26人；设特务机关新民会一处，驻县城，主要负责对亲日派的培训工作，每三个月培训一批，共培训4批，计130余人，并在店子、东堤、小街设立新民会办事处。

1939年2月，日军在县城成立保卫团（1940年4月，改称警备大队），由伪县长徐炳谦兼任团长，徐定邦任副团长，初设1个小队3个班，共32人，后又增加2个小队，共60余人。1940年4月，伪县长赵吉甫兼大队长，下辖2个中队，共190余人，大部分驻城外重点村如盐窝、店子、东堤等地，每村派30余人驻防，并开始安设据点。1941—1942年，又增加4个中队。至此，县伪警备大队共6个中队、540余人，有步枪480余支、短枪27支。除四、五中队常驻县城内，其他中队分别驻在店子、东堤、盐窝和陈家庄4个据点。

对劳工的奴役与迫害

日军占据利津期间，频繁抓捕青壮年劳力和抗日军民，强迫修碉堡、筑公路、挖封锁沟，有的甚至被送到东北、内蒙古、广东和福建等地，从事繁重的伐木、挖煤、修工事等劳役，遭受非人的待遇和奴役，给人民的生命财产造成了重大损失。

1941年，随着日本帝国主义侵略战争的扩大，特别是太平洋战争的爆发，日本对军需品和能源的迫切需求，加快了要塞工程建设，对劳动力的需求更加紧迫。于是，对劳工的掠夺进一步加强，推出了名为“劳动统制”的极端政策。在所谓“劳务新体制”下，日本侵略者使用欺骗手段招募劳工，限制劳工只能在各施工地点劳动，不准脱离或逃跑，使他们失去了人身自由，成为被强制奴役的劳工。

据史料记载，日军曾先后在东堤、店子街、侯王庄、盐窝、陈家庄、罗镇、小街、宋家庄、崔家庄、官庄、张许等地修筑碉堡、设立据点。修建了利津—盐窝—陈家庄一线的军用公路，挖掘了利津城—麻湾（蒲台）、崔家庄—徐集村、盐窝—利国镇（沾化）、崔家庄—东张村等4条宽5—6米、深2米多的封锁沟。每次修碉堡、筑公路，日军都到处抓民夫、扒民房、抢物料，祸害百姓。1940年冬，为修筑盐窝据点，共抓民夫700余人，强占了尚家祠堂，扒了刘家小学的房子，伐光了盐窝附近8个村庄的树木。第一次安设陈家庄据点时，扒了张善才、陈天才、张小坡、陈峰峙等村民的房子169间，另有20户村民遭受严重损失；修筑利津—陈家庄公路时，仅南淤村就扒掉陈福三、陈守常、许耀先等人的房屋108间。同时，被抓去的民夫不仅食不果腹，还要挨打受骂。东堤区崔家湾的少年张光起仅15岁，也被抓去当民夫，陈家庄周围村庄被抓去修筑据点的民夫，每人每天只能吃到3两高粱米饭，整日不得温饱，死伤生病者不计其数。从广饶、博兴被抓来挖沟的民夫中，有80多人活活饿死或吊死。

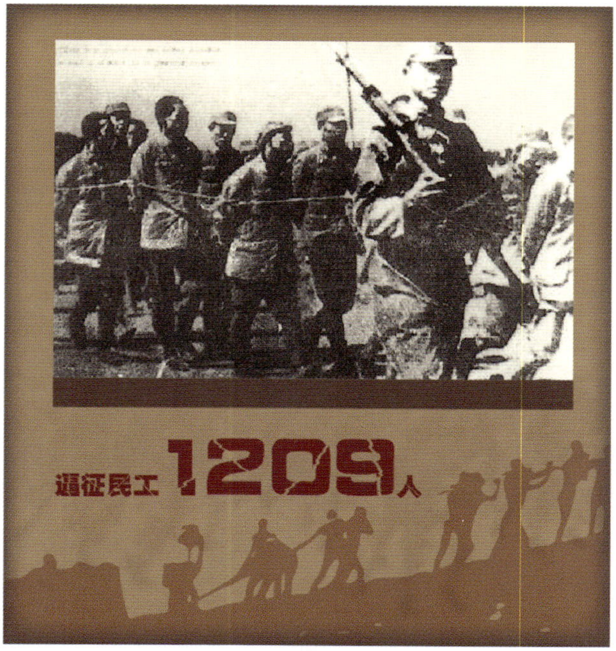

日军强征劳动力

在强征民夫劳役本地的同时，日本侵略者还将部分劳工运往东北三省等地从事修铁路、挖煤等苦力，同样是受尽折磨。无论春秋和冬季，他们只能用装过水泥的纸袋子御寒，每天劳动时间都在十几个小时以上，夏天的劳动时间更长。劳工们整天挨打挨骂，挣扎在死亡线上。

盐窝后洼村尹希俊、陈义法、王春良父子、尹太行、尹海清等8人被抓后，被送往满洲里从事挖煤和修铁路等重体力劳动，吃的是橡子面窝头和冻烂的土豆，有时还吃发霉的玉米面和树叶做的窝头，致使双腿肿胀、无法排便，后来只有尹希俊、陈义法、尹太行和尹海清侥幸逃脱，其他人都死在了那里。还有后邢村的刘俊岭、贾光荣、陈长花、马小宝、李如香等人，被送往满洲里干苦力，李如香于1943年逃脱后，参加了八路军，其他人都死在了当地。

据《利津县志》等资料记载，日军侵占利津期间，共强征和奴役劳工1209人，运往东北牡丹江、满洲里和广东、福建、内蒙古等地，造成342人死亡或失踪；强征民夫从事繁重的劳役达2923181人次。

“清乡”“蚕食”和“扫荡”

日军侵占利津后，将利津分割成“治安区”（敌占区）、“准治安区”（游击区）和“非治安区”（抗日根据地）。对“治安区”以“清乡”为主，加紧殖民统治和经济掠夺；对“准治安区”以“蚕食”为主，修筑封锁沟、墙，平毁村庄，制造无人区，防止抗日力量活动；对“非治安区”以“扫荡”为主，实行烧光、杀光、抢光的“三光”政策，企图从根本上摧毁抗日根据地军民的生存条件。

县城日军首先扒掉了旧县衙四周的房舍建筑，修筑了圆形岗楼瞭望塔，居上可观城内四街，并筑起一道4米多高的围墙，墙上和外围设有铁丝网，日军驻在院内，院外由伪军把守。至1941年，日军又在店子、侯王庄、东堤、盐窝、陈家庄、小街安设7处据点，并抓丁派夫挖掘了自盐窝至沾化利国10余公里的封锁沟。

伪政权建立后，日军又通过伪军和汉奸逼农民缴纳粮款，店子、盐窝、陈家庄的农户按照种地亩数，每户需缴纳100斤到200斤不等。四区（陈家庄）的催粮员牟少文、闫居之带人挨家挨户催逼粮款，缴纳稍慢非打即罚。民间有顺口溜说：“有人见了牟少文，吓得不死也掉魂；有人见了闫居之，吓得断了气。”

1942年后，敌人的“清乡”“扫荡”行动尤为频繁，规模也越来越大。1943年，日伪在“清乡”中，一次就杀害了67名平民，其中，在东关苗圃刺死12人、在东北关护城堤外活铡12人、在西关校场让狼狗咬死5人、在南门外活埋6人、在东关刺死4人、在城西北角刺死4人、在二郎湾刺死4人。同时，还枪杀了不与他们合作的伪军副大队长张明达、特务队长魏国臣等8人。盐窝据点的日军先后杀害平民43人；崔家庄据点的日军不仅杀害无辜平民，还枪杀了伪军队长荀连花等9人。在另一次“清乡”中，驻守县城、盐窝、陈家庄等据点的日伪军总共杀害无辜平民130余人。在1943年冬，日伪发动规模空前的“二十一天大扫荡”，垦区抗日根据地群众共有1500余人被杀害，8000多口饭锅被砸毁，30余万斤粮食和大量牲畜、家禽及其他物资被抢走。这次扫荡行动中，有的百姓被迫站在刺骨的冰水中搭成“人桥”，然后日军踏着他们的头顶过去，导致数十人当场溺亡；抓捕的百姓有的被棉布卷起来，泼上汽油点燃成为人灯；有的被活剥人皮挂在树上；有的被割去鼻子、挖掉眼睛；有的被活炸、锅煮；有的婴儿被活活摔死，手段极其残忍、凶狠。在另一次“扫荡”中，利津二区有46名平民被日军枪杀，其中该区东张村的刘马、刘栓、张根、许冠印等20名青壮年被

日军烧杀抢掠的场景画

日军抓去，全部当作“肉靶子”用刺刀刺死，惨烈之状目不忍睹。为躲避日伪“扫荡”，东堤区崔家湾村民张光义的妻子与孩子被迫逃难，被追上的日军开枪打死；村民张明阳一家4口全部被日军杀害；青年赵官到外婆家走亲，也被日军开枪打死。

除此以外，敌人还到处抓“花姑娘”，经常派汉奸翻译和伪军政人员到各村物色年轻妇女，一旦有目标就会随意按罪名抓捕、凌辱，然后再向家人勒索赎金。老百姓不仅受到欺负，还要被迫以倾家荡产来救回自己的亲人。有些妇女在被凌辱后身体落下残疾、精神崩溃，不久就离开人世。还有些被日军虐待致死。有些上吊自尽，场面极为惨烈。

“奴化教育”

日军除用武力烧、杀、夺外，为了从思想上瓦解控制和奴役中国人民，消除他们的反抗心理和爱国之情，按照驻山东日伪组织制定的所谓《山东教育主旨》，实施了一系列迷惑群众的“德化”政策，建立了一整套“奴化教育”机构，运用各种各样的卑鄙手段迷惑、拉拢一部分民族气节不坚定的人为其所用，企图从根本上瓦解中国人民的斗志，切断中国人民的文化血脉。

日军进行奴化教育

全面抗战爆发前，利津县建有初中、乡村师范各1处，分别有学生100名、50名；小学184处，有学生3980名，共有教职工288名。日军侵占利津城后，就到处张贴“大东亚共存共荣”“中日亲善”等大字标语，将此前的“平民夜校”“民众学校”“乡农学校”等均予停办，同时组织和推行其奴化教育，从县署到各区均建立起奴化教育机构。配备各类专职人员进行指导和教学工作。1942年，日伪在县城洪济寺开设“师范讲习所”1个班，学生50人，修业期2年；1943年改为“简易师范”，修业期也改为4年，1944年利津解放后停办。其间，日伪还在城乡各学校中强迫教员教日语课本，学生学日语。利津农村为抵制其教育，只好自办私塾，让学生读背“四书五经”。在日伪的殖民统治下全县只剩有高级小学4处，初级小学12处，在校学生370名，民族教育大幅度萎缩。

1940年，日伪成立了“宣抚班”（后改为“新民会”）。该班成立初期，赈济乞丐，为穷人治病不收费，宣传所谓的“怀柔政策”；同时设立“民众教育馆”，馆长为县城北街人孙某某，出售《民国日报》《东亚日报》等奴化报纸杂志，鼓吹“大东亚共荣圈”“中日提携”“治安强化”“剿共救国”“共同防共”等反动论调，蛊惑人心地组织了“祭孔”活动，妄图收买人心、泯灭人民的反抗斗志。另外，日伪还在县城举办6期青年训练班，每期10天，采取抽丁的手段强迫青年参加，接受奴化教育，动员参加伪军。负责办班的日本军官有造合、太平，由辽宁营口人傅衍（傅万山）任校长，翻译官是城区张家滩村的吕某某，教员有东北人杜德五、张某某等4人，军事教官为一区店子街村的纪国能和王金三。利津驻军司令大岛和伪县长徐炳谦都到青训班讲过话，宣扬什么“日中一个祖先，都是炎黄子孙、一个血统”“日本以德化人，中日同文同种”等等，欺骗人民。1943年秋，为了削弱利津人民的反抗意志，日军还喊出了“还政于中国人”的口号，将担任伪利津县新民会长的寺村秀夫改为首席参事。

日军侵占利津的六年（1939—1944），全县直接伤亡664人（死亡439人，伤110人，失踪115人），间接伤亡1311人（被俘102人，抓劳工1209人），总计伤亡1975人。由于内忧外患、天灾和黄河泛滥、疫病流行等原因，造成利津县人口严重外流，其中仅下关东（东北）逃荒者就有900多户，全县总户数下降至2万户，总人口下降到不足16万人。

二、国民党山东省政府在利津

全面抗战初期山东省的行政区划

民国时期，山东的行政区划经历了多次调整和变革，变化错综复杂。1912年1月，民国初立，山东的行政区划依然沿袭旧制。1913年初，袁世凯主政的北京政府开始废除了清朝遗留的府、州制，改行道、县制。1927年，国民党政府定都南京后，又废除道制，仅存省、县两级。1932年，南京国民政府颁令，省以下设行政督察专员公署，为省政府之派出机构。自此，省、县之间始有行政督察区（后通称“专区”）的区划。1937年，全面抗战爆发，因原国民党省政府流亡，省内国民党政权、日伪政权与共产党领导的抗日民主政权并立，全省辖区开始变得犬牙交错。

全面抗战爆发前，山东省共拥有土地15.3万平方公里、人口约3800万，设七个行政督察专员公署，即七个专区，分别为：

第一专区，专署设在济宁县，领济宁、汶上、东平、嘉祥、鱼台、滕县、邹县、滋阳、曲阜、宁阳等10县；

第二专区，专署设在菏泽县，领菏泽、曹县、定陶、城武、单县、金乡、巨野、郓城、鄄城等9县；

第三专区，专署设在临沂县，领临沂、沂水、郯城、峄县、费县、莒县、日照、蒙阴等8县；

第四专区，专署设在临清县，领临清、清平、馆陶、丘县、平原、禹城、齐河、恩县、德县、高唐、夏律、武城、长清等13县；

第五专区，专署设在惠民县，领惠民、阳信、滨县、商河、青城、高苑、桓台、长山、邹平等9县；

第六专区，专署设在聊城县，领聊城、博平、茌平、堂邑、冠县、朝城、观城、濮县、范县、寿张、阳谷、莘县等12县；

第七专区，专署设在牟平县，领牟平、荣成、文登、海阳、福山等5县。

其余包括利津等各县，仍直属省政府管辖。

1937年7月后，日军大举南犯，并很快跨越黄河、侵占济南，国民党山东省政府主席韩复榘因率部不战而退、弃守省城，被蒋介石枪毙，后由青岛市市长沈鸿烈接任山东省政府主席。省政府迁离济南后，先后在曹县、东阿、惠民等地流亡，省内胶济铁路沿线及各大中城市均被日军占领。起初，沈鸿烈与八路军及其他革命抗日力量的关系尚好，并制定实施了八条抗日施政方针，但随着蒋介石“反共”“限共”“溶共”政策的加紧推行，沈鸿烈开始走上了反共的道路。当时，作为国民党鲁苏战区总司令的于学忠部和同时担任山东省保安司令、鲁苏战区副司令的沈鸿烈部遭受不少损失，而群众基础较好的八路军在日军的强力打击下依靠灵活机动的战略战术，又有群众掩护，力量得到很大发展。原与共产党武装联合抗日的沈鸿烈，则开始指责八路军“破坏行政系统”“游而不击”，由“联共”逐渐走向“反共”。特别是随着国民党中央《限制异党活动办法》发布后，他便将主要力量用于“反共”“限共”“溶共”，提出“宁伪化，不赤化”“宁亡于日，不亡于共”“日可不抗，共不可不打”等反动口号，结果是他自己的日子也越来越不好过。1941年秋，蒋介石见其在山东实在难以支撑下去，便以召回述职为名，调其回到后方，任农业部部长。

沈鸿烈在任期间，于1938年春将全省重新划分为16个行政督察区；1945年初，何思源主政山东后又增设了第十七行政督察区。其中，利津县始终隶属第五行政督察区，专署驻惠民县。

1938年，徐州失陷后，山东各主要城镇及交通干线均已落入日军之手。中共山东省委在全省各地发动抗日武装起义、组建抗日武装、开展游击战争，同时开始创建抗日根据地，建立抗日民主政权，形成了共产党领导的独立的行政区划。同年春，省委首先在胶东蓬莱、黄县、掖县三个县建立抗日民主政府，随后以此三县为基础设立北海行政督察区，成为我们党在山东设立的第一个专区。至1940年底，山东各地已建成包括鲁西、鲁中、鲁南、滨海、胶东、清河、冀鲁边等多个抗日根据地，控制面积达3.6万平方公里，总人口约1200万。

1941年4月，中共山东分局将全省划分为“六大战略区”，即胶东区、清河区、冀鲁边区、鲁中区、鲁南区和鲁西区，其中利津县时属敌占区、游击区，归清河区管辖。1944年10月，利津县抗日民主政府成立后，划归渤海区四专署管辖。

国民党山东省政府转战利津

全面抗战爆发初期，国民党山东省政府主席韩复榘因不战而退被蒋介石处决后，蒋介石有意让于学忠接任第三集团军总司令兼山东省政府主席，但于学忠考虑到韩复榘从济南撤出后，山东政局已乱，各地情形极为复杂，自己又不熟悉山东情况，表示只愿接任第三集团军总司令一职，不兼任山东省政府主席，并向蒋介石推荐沈鸿烈任山东省政府主席。

沈鸿烈，1882年出生，湖北天门人。1905年赴日本留学，入日本海军学校，后加入中国同盟会。1911年回国。任南京临时政府军机处参谋。1916年，曾作为赴欧观战团海军观战武官，被派往英国。回国后兼任陆军大学海军教官。1923年后，协助张作霖建立了东北海防舰队，任海军中将司令。九一八事变后，移驻到青岛海军基地，并任青岛市市长。1938年1月，青岛沦陷，沈鸿烈率部经诸城、莒县到达临沂，后又撤至曹县。

沈鸿烈在曹县上任省政府主席后，立即召开党政会议，提出四点：（一）不再后退；（二）曹县非久居之地，必要时将转入敌后抗战；（三）将在鲁南建立抗战根据地；（四）重建各级行政组织，并指出山东抗战的重心在政治不在军事。

经过一段时间的准备，1938年5月，沈鸿烈对省政府进行了改组和调整。因时值徐州会战失利之际，国民党各部队纷纷后撤，曹县已渐成为前线，随时可能受敌。于是，约在5月底或6月初，沈鸿烈率省政府机关人员开始向东阿方向转移。开始了长达半年多的流亡生涯。

至10月上旬，沈鸿烈率省教育厅厅长何思源、财政厅厅长王向荣、手枪旅旅长吴化文以及海军陆战队等共1000余人，经聊城—临清—禹城—平原—惠民等地抵达利津。其中，海军陆战队一部驻县城，另500余人随沈鸿烈驻河东二区小街。12月，因日军再次逼近，沈鸿烈率众机关人员及海军陆战队一部共500余人转往鲁南临朐、莒县一带。临别前，他委任何思源为鲁北行辕[①]主任，李郁廷为副主任兼行政干部学校训育主任，并留下海军陆战队一部约500人，由关国启率领保卫鲁北行辕。省政府离开后，何思源也率部离开转往北部陈家庄，不久又迁至沾化县东部沿海的义和庄、老鸹嘴（今属东营市河口区）一带。

省政府驻利津期间，沈鸿烈通过三项措施推行其施政方针：一是，在已设立鲁西、鲁东行辕的基础上，新设立鲁北行辕，利用横贯东西的黄河及津浦、胶济两条铁路线，将山东自然地划分为鲁西、鲁东、鲁北、鲁南四大区域。各行辕在建制上均配有民政、财政、建设、教育、军事等各类人员，行辕主任代行省政府主席职权，以无线电与省政府及所属各县取得联系，上传下达，就近指挥。各行辕建立后，有效发挥了联系行踪不定的省政府与各地方政权的职能作用，这是沈鸿烈在山东的一个创举。

二是，重新规划行政督察专区，任命专员。在全省设立行政督察专区始于1934年，当时韩复榘共设立了7个专区。沈鸿烈上任后，改设为14个专区。这些专区的划分和专员任免时常因人、因枪及其活动范围而定，因而区划较为混乱，专员调换也较频繁，多数不能有效地统筹地方军政活动，其作用也往往仅限于武力所及的范围。

三是，重建县级政权，任命县长。这是沈鸿烈接任山东省政府主席后，首先面对且必须解决的一个重大问题。原因是，日军大举入侵山东后，各地政府的官员包括县长纷纷逃窜；各地新建立的抗日武装群龙无首，亟待整编，加强领导。沈鸿烈上任后，仅半年时间，就对全省107个县都派任或委任了县长，在控制区即各县规划设立了区公所、乡公所等基层政权组织。

早在日军刚刚入侵山东，国民党利津县县长薛汝华即携家人弃城潜逃。后改由阳信县县长张云川接任利津县县长。同年12月，日军侵占利津城前夕，张云川也像其前任一样闻风丧胆，弃城而逃。1938年2月，刘景良以“国民政府军事

---

①“行辕”是民国时期的一级机构名称，全称是“国民政府主席某地行辕”。1938年秋，国民党山东省政府主席沈鸿烈在莱阳设立鲁东行辕，委派国民党CC 派“学兴社”（“中统”外围组织）分子卢斌为行辕主任，“复兴社”（“军统”外围组织）分子厉文礼为副主任。后因内部派系斗争，卢斌等人被害，厉文礼亦被撤职查办，省政府遂于1939年2月将鲁东行辕改为鲁东行署。

委员会华北第一路游击司令”名义，到利津四区陈家庄、台子庄一带发动抗战，组织部下5个团的兵力。一举将伪皇协军刘佩臣部王振礼团击溃，收复利津城，后委任王瀛为利津县县长。秋季，另派“山东省政府视察团”团员彭永馨为县长。

另外，沈鸿烈在利津期间，还做了两件大事：一是谋划成立山东省军政干部学校，该校于省政府进入鲁南后，分别在沂源县鲁村设立军事干部学校和在沂水县东里店附近设立省政府政治干部学校。二是枪决了沾化县著名匪首、绰号“黑老五”的王功臣。

至年底，日军再次逼近利津，沈鸿烈不得不率省政府机关离开利津，后转移到鲁南山区，从此结束了省政府在鲁西、鲁北的流亡生涯。

三、建立和巩固抗日民族统一战线

全面抗战爆发后，以国共两党合作为基础的抗日民族统一战线正式形成。为推动山东国共合作，中共中央和中央北方局先后派彭雪枫、张经武、张友渔到济南，他们联合中共山东省委，共同开展对国民党山东省政府主席韩复榘的统战工作，促使国民党山东地方当局在其部队成立政训处，开办培养抗日干部骨干培训班，释放在押的“政治犯”。

有胆有识的共产党人李毓祯

李毓祯，1914年生，利津县十六户村人。1932年8月加入中国共产主义青年团。1933年2月被捕入狱。翌年11月在狱中转为中共党员，后从济南看守所转押到山东第一模范监狱，又被视为最顽固分子押送到南京反省院。

1937年10月，李毓祯从南京获释后回到家乡，在党的抗日民族统一战线政策指引下，到本县刘景良部任政训处长，争取、培养了一批抗日干部和倾向共产党、追求政治进步的军政人员，其中政训处工作人员陈佩科等被秘密发展为中共党员。李毓祯还多次去蒲台县国民党山东保安第九团团长王雪亭处做工作，为后来王雪亭部起义起了积极的推动作用。1938年5月，刘景良倾向反共，亲自率部队去攻打驻守乐陵县的八路军，妄图独霸鲁北。李毓祯深感形势险恶，于是加紧在部队中活动，以图在必要时拉走部分队伍投奔八路军。李毓祯的行动很快引起了国民党“复兴社”特务分子的注意，刘景良几次对乐陵八路军进攻失败后，决定逮捕李毓祯。李毓祯得知后，于6月上旬的一个夜晚，带领政训处工作人员赵元凤等逃离刘部，奔赴冀鲁边区，参加了八路军一一五师东进抗日先遣队曾国华支队，后被任命为政治处民运股副股长。同年7月，曾国华支队会同第一二九师一部孙继先率领的津浦支队解放宁津县城，活捉了伪县长张伯荣，李毓祯被派往该县任抗日民主政府县长。1939年3月，日军侵占宁津县城后，李毓祯带领县政府工作人员和县大队百余人，转战到乡村打游击，有时一个夜晚要行军百八十里，一天只能吃上一顿饭。宁津县城东孟集有个大地主叫李新吾，过去他假献殷勤装出拥护抗日政府的样子，后来投靠日伪当上了维持会长，做了许多坏事，李毓祯瞄准时机当即派出县大队人员将其逮捕处决，令当地群众欢欣鼓舞。1940年10月，李毓祯调任冀鲁边区三专署任秘书主任。1941年12月，他在商河县买虎站开展抗日工作时，与敌人遭遇，不幸壮烈牺牲，时年仅27岁。

成立滨利沾垦抗敌同志协会办事处

1940年10月，经中共山东分局同意，清河区成立了“山东国民党抗敌同志协会”（简称“抗协”）鲁北办事处，孙鸣岗①任主任，随清河区党政军机关一

---

① 孙鸣岗，原名孙玺凤，山东高青人。早年毕业于山东省立第一师范。1920年赴法勤工俭学，后获巴黎大学法学院法学博士学位，并任巴黎国际运输保险公司东方部主任兼律师。九一八事变后愤然回国，经冯玉祥介绍，被山东省政府主席韩复榘聘为省政府参议，后调任国民革命军第三路军军法处副处长。1935年起，担任威海卫特别行政区管理公署专员。全面抗战爆发后，在其胞弟、共产党员孙明光的影响下，决定与共产党合作，联合举行胶东抗日武装起义。1938年夏，他向国民党中央政府提出辞呈，后到沂蒙山区与中共山东分局取得联系，在清西地区组织了第一支抗日武装——国民革命军第十军团（高树勋部番号）第二梯队并任司令。1940年初，第二梯队被改编为八路军山东抗日游击第三支队三大队后，孙鸣岗离开部队，先后任清河区参议会副参议长、山东国民党抗敌同志协会鲁北办事处主任、抗敌自卫军鲁北支队司令员及山东省法律编纂委员会主任等职。解放战争中，在山东野战军司令部驻地临沂附近，孙鸣岗幸运地遇到了曾一起赴法勤工俭学的挚友陈毅，当即被介绍加入中国共产党。1949年后，历任华北人民政府参议、政务院司法部办公厅主任、国务院法制委员会办公厅主任兼经济法律委员会委员。1961年1月在北京病逝。

起活动，并掌握独立武装。1942年1月，清河区党委将清东“抗协”人员调往垦区，建立垦区国民党抗敌同志协会滨（县）利（津）沾（化）垦（区）办事处（又称“黄河办事处”）。鲁震（杨少心）任主任，张洪勋任组织科科长，吴洲三任宣传科科长，秘书魏青山，司务长郑焕文，警卫队队长张文焕，指导员张立敬，联络员李继曾，另有10余人的警卫班，配长枪6支、短枪1支，主要活动在利津县二区宁家庄和大小十六户一带；其主要任务是：宣传中国共产党的抗日政策和主张，争取上层人士，团结一切可以团结的力量，建立广泛的抗日民族统一战线。垦区“抗协”建立后，以其特殊的政治地位经常活动于垦区及其周边的上层人士之中，为建立和巩固垦区抗日民族统一战线，开辟敌占区、扩大抗日根据地做出了重要贡献。

“抗协”入驻垦区前夕，鲁震曾以清河区参议员和“抗协”代表的身份，到垦区开展统战工作，经农民侯禾三联系，会见了国民党山东保安第七团张家麟部副官张怀友，并陪其到驻八大组的清河军区司令部拜会了李人凤、徐斌洲、孙鸣岗等军政领导，受到热情招待。双方协商加强联系、互通情报、共同抗日等事宜。12月初，鲁震与保安七团代表、二营营长薛宜亭等在垦区双河镇进行正式会谈，经过磋商达成三项协议：（1）共同遵守抗日民族统一战线的主张，担负起抗战守土之责；（2）双方划定以坝头为界，坝头以西为七团防地，以东为八路军防地，各守防地，友好相处，互不侵犯，共同抗日；（3）七团代表拥护清河区党委、政府关于减租减息、整顿垦区土地、合理安垦等各项政策，在遵守协议的基础上，双方加强往来、互通情报、共同御敌。

随着抗日形势的发展，在“抗协”的积极努力和教育争取下，一些上层人士开始转变立场、弃暗投明、支持抗战。其中，盐窝据点的伪军队长张长亭，经过“抗协”的教育争取，名义上替日军做事，实际上为抗战服务。他经常与“抗协”工作人员联络，秘密为八路军传送情报。1943年冬，在日伪“二十一天大扫荡”中，他利用合法身份多次掩护中共干部及工作人员安全脱险。明集乡伪乡长郭同林，不仅给“抗协”送情报，还给八路军送给养、送军饷，掩护抗日工作人员开展活动，后来还送自己的弟弟参加了八路军。利西区一伪区长，原来表现较差，经过说服教育，表示要立功赎罪，后来经常为“抗协”传消息、送情报。

除了做上层统战外，“抗协”还在驻地和七团防区的部分村庄向群众宣传中国共产党和八路军的政策，动员宁守一、李朝英等一批青年参加抗日武装和地方工作，有力地扩大了党的影响，壮大了抗日力量。

1943年2月，由于保安七团遭日伪全歼，原主要统战对象已不复存在，遵照中共山东分局指示，国民党抗敌同志协会滨（县）利（津）沾（化）垦（区）办事处撤销，办事处主任鲁震、宣传科科长吴洲三和联络员李继曾随王洪谟率领的清河军区直属团三营进入原七团防地，继续开展敌后抗日武装斗争。同时，办事处警卫人员也编入三营，组织科科长张洪勋被调到利三区（盐窝）区公所工作，秘书魏青山被派到利津县城以开设修表铺作掩护，收集传送情报，筹措粮饷，为开展城市工作做准备。

开展敌占区统战工作

1942年下半年，经过日伪推行的五次“治安强化”运动，包括清河区在内的整个华北地区的抗战都进入了最艰难困苦阶段。从这一年的夏季开始，清河区党委、行署和军区先后派出几批武装工作队（简称“武工队”），深入与利津相邻的蒲（台）利（津）滨（县）、沾（化）利（津）滨（县）边缘地区开展统战工作，与当地的上层人士、知识分子拉关系交朋友，培养统战对象建立统战联系。但由于日伪顽的长期封锁和反动宣传，这些上层人士对共产党、八路军的抗日政策及主张并不了解，甚至还有所误解，以致对这些外来的武装抗日人员不敢接近，甚至敬而远之。特别是一些距日伪据点较近的村镇，如东堤、店子、盐窝、陈家庄、崔家庄等地的士绅、财主和部分村民等，更是如此。为了彻底揭露日伪阴谋、打消群众顾虑，武工队员们一面深入农村、发动群众，建立工、农、青、妇等群众抗日团体及民兵自卫组织，一面加大对上层人士的宣传教育力度，极力阐明共产党、八路军抗日救国主张和抗日民主政府的各项政策法令，用铁的事实揭露日伪的残暴、造谣与破坏，驳斥国民党的“亡国论”“速胜论”，号召他们有钱出钱、有力出力、有人出人，加强团结，抗日到底。

为壮大统战力量，武工队还创造性地实行革命的“两面”政策，让部分共产党员、抗日骨干打入日伪政权，通过改造伪保甲所、村公所、乡政府，建立起“两面政权”，表面上应付敌人，实际上为抗日政府工作、为抗日斗争服务。沾化县南部朱家全村的隆梦华是一位颇具声望的知识分子，在当地伪军和国民党上层军官中都有一定的影响，武装工作团团长李杰、大队长刘竹溪便亲自上门去做他的工作，使他逐步认清抗日形势、解除思想顾虑，并通过他与国民党地方武装“赵三营”的营长赵忠顺、副营长李克清等人建立了统战关系。刘竹溪的父亲刘树勋是滨县的一位知名人士，他与滨县伪县长兼警备队队长杜孝先是拜把兄弟，武装工作团就利用这一层关系，先后六次派四军分区敌工股股长安硕庭，在刘树勋的引见下去做杜孝先的工作，终于争取滨县600余名伪军起义反正。

在敌占区利津县城附近和利一区，队长孙涛带领10余名武工队员采取团结进步分子、争取中间分子、孤立顽固分子、镇压罪大恶极分子的斗争策略，深入农村群众，积极做争取转化工作。仅在利一区贵李村，武工队就多次召集伪乡长、村保长开会，以交朋友的方式向他们宣讲共产党的抗日政策和抗日救国道理，使其中许多人转变了立场，站到抗日方面来。1943年1月，中共垦利县委先后派宣传部部长向旭、敌工部部长李明村、独立营政治协理员由子真等带领部分机关干部和地方武装深入敌占区利二、利三区农村，宣传党的抗日民族统一战线政策，组织抗日活动，争取地方绅士，教育改造伪乡长、伪村长、伪保长，促使他们迷途知返、走上抗日道路。经过一段时间深入细致的工作，他们中的许多人都有了良好的表现，有的在危急时刻挺身而出，掩护或保护我们的抗日工作人员和部队战士；有的经常给八路军递送情报；还有的主动为八路军和武工队侦察敌情、绘制军事地图，帮助部队开展对敌斗争。其中，利二区有个开明地主张义德，就为抗日政府提供了很多情报，还与时任区委书记的李明村一起到垦区去接头、汇报工作，并带去了许多鱼肝油、肥皂等物品，后来被发展为“抗协”会员。利三区有位伪乡长阎守科，在县独立营的教育争取下，也很快转变了政治态度，对抗日工作给予大力支持，利用其多年在县城经商、熟悉城内情况的优势，为指引八路军攻打利津县城提前绘制了地图，立了大功。

第五章
开创建设垦区抗日根据地

抗日战争时期，“垦区”是指当时的利津、广饶、沾化、无棣等几个县的东北滨海地区，原系“荒碱无人之地”，因在黄河之尾，由黄河多次决口淤为良田，清末至民国招民开垦，逐渐形成“垦区”这一地域概念。1941年秋，中共清河区党委、八路军山纵三旅开辟了垦区，建设了垦区抗日根据地。1943年5月，建立了中共垦区地委，同年10月成立垦区行政督察专员公署，辖垦利、利津、沾化、滨县等县，谓“大垦区”。狭义的“垦区”则是利津境内东北部100余万亩的荒洼地区，当时称作“利津洼”，是今垦利区的前身垦利县，抗战时期被称为鲁北的“小延安”，是清河区坚持平原游击战争的最可靠后方。

一、开辟垦区抗日根据地

“垦区”名称的由来

抗战初期，利津延续清末民初的建制，版图面积较大，东西宽30余公里，南北长近100公里，总面积达4725平方公里，疆域西临滨县、沾化，南接蒲台、博兴、广饶，东、北濒临渤海，黄河（故道）贯穿全境。县境东北部沿海有一大片黄河新淤地，这里地域偏僻、土地广袤、荆棘丛生、人烟稀少、村落稀疏，民间称为“利津洼”，官称“垦区”。

关于“垦区”名称的来历，可追溯到20世纪30年代韩复榘主政山东时期。当时，黄河连续三年大灾、多次决堤。每次决堤，受灾最严重的是鲁西南一带，灾民居无定所、无衣无食，被迫四处流浪。为了安置难民，韩复榘决定，在黄河下游尾闾的一些无人地带建立垦区，鼓励移民垦荒种田，进行生产自救。于是，设立“滨蒲利广沾棣淤荒设治筹备处”，将部分灾民迁移到“利津东北洼”进行开垦，自谋生路。同时，韩复榘还派其属下第五十九旅到黄河入海口一带，一边剿匪戡乱、维护地方治安，一边屯垦耕种、自给自足。

1935年，黄河在山东鄄城决口，洪水泛滥，郓城、菏泽、嘉祥、巨野、济宁、金乡、鱼台等县尽为泽国。大水退后，数千灾民携妻带子、肩挑手推，由省政府按每200人一组，分批安置在黄河尾闾的大片荒原上，共安排了八个大组，今垦利区永安镇就是著名的“八大组”。后来，又形成了下八大组和一村、二村、三村……一直到二十九村等许多新村。随着人口的日益增加和经济不断发展，“八大组”逐渐成为这些移民新村的政治、经济和文化中心。1936年4月，国民党山东省政府决定，以八大组为核心建立永安镇。不久，又在此设立“垦区筹备处”，“垦区”因此而得名。

“三步走”战略方针的提出

全面抗战爆发后，毛泽东于1937年9月在延安抗大讲到“如何开辟山东抗日根据地”时，曾明确指出：“要建立以淄川、博山为中心的聚居地，逐渐向北发展。”为贯彻中共中央和中央北方局在敌后发展抗日武装、开展游击战争的指示，山东各县的抗日救亡运动在省委的组织和领导下蓬勃开展。各地从最早的冀鲁边抗日武装起义开始，先后爆发了鲁西北抗日武装起义、天福山及胶东抗日武装起义、黑铁山抗日武装起义、潍北抗日武装起义、徂徕山抗日武装起义等数十次抗日武装起义，抗日的烽火燃遍齐鲁大地。其中，黑铁山起义建立的八路军山东人民抗日游击第三支队在胶济铁路西段、小清河流域展开一次又一次的战斗，威名远著，有力地打击了敌人的嚣张气焰，消灭了敌人的有生力量。然而，1938年10月，武汉沦陷后，日军开始回师华北，把主要兵力用来对付领导人民坚持敌后抗战的共产党和八路军，清河区的抗日斗争形势逐步恶化。同时，国民党顽固派也借机掀起反共高潮，在国民党五届五中全会制定的“溶共、防共、限共、反共”方针指引下，对中国共产党及其领导的敌后抗日力量不断制造“摩擦”，甚至暗中与日伪相勾结，对根据地进行“夹击”，使中国共产党及其领导下的军民经常被迫处于游击流动状态。

1939年3月，国民党军事委员会第五纵队司令秦启荣指使其属下第四梯队司令王尚志，在博山太河镇（今属淄博市淄川区）预谋制造了一起伏击八路军山东纵队第三支队过往受训干部和护送部队，枪杀三支队政治部主任鲍辉等干部、围捕受训干部及战士200余人的反共事件。6月初，清河区主力三支队在邹平县刘家井子一带又遭到5000余日伪军的围攻。此次战斗虽给敌人以较大杀伤，取得了击伤日军井田司令官以下七八百人、击毙400余人的辉煌战果，但三支队也遭到重创，伤亡300余人。不久，三支队司令员马耀南在率部东进途中，于桓台县牛王庄遭敌伏击，马耀南当场牺牲。多次的战斗失利表明，继续在胶济铁路两侧与敌人作正面交锋是失策的，必须尽快改变斗争策略。

1939年9月，淄河流域反顽战斗结束后，三支队奉命到博山池上参加山东纵队二期整军。其间，山纵副指挥王建安多次到三支队帮助整训部队、统一思想，并研究了下一步的行动方向。10月下旬，三支队副司令员杨国夫与王建安一起到沂水县马牧池村，向八路军第一纵队司令员徐向前、政委朱瑞汇报并请示工作。徐向前、朱瑞明确指示：第三支队应坚持发展平原游击战争，改变过去横跨铁路两侧活动的方针，向小清河以北发展，到黄河入海口两岸的广大地区创建抗日根据地，并打通与冀鲁边区的联系。这一指示，对于开辟清河平原抗日根据地、坚持平原游击战争，具有极其重要的战略意义，为把清河区抗日根据地由东西一条线变成南北一大片，指明了正确的方向，是清河区抗战史上的一个重要里程碑。

二期整军结束后，根据山东纵队的命令，三支队于1939年11月从鲁中山区淄河流域的上庄、池上一带出发，北越胶济线，兵分两路回师清河平原。其中，东路由司令员杨国夫、政委徐斌洲、副司令员李人凤等率领，从张店东侧越过铁路，冲破敌人阻截，直插寿光清水泊地区；西路由基干一营营长李汝琴、教导员李曼村、副营长韩子衡等率领，挺进长山、邹平、高苑、青城地区；另派新编第三大队作为先遣队，先期跨过小清河，到高苑一带活动，为迎接三支队北进小清河创造条件。

东路部队经与日军竟日激战、越过胶济线后，于11月底在益（都）寿（光）临（淄）广（饶）四县边区与景晓村率领的清河地委机关会合。杨国夫首先向景晓村等传达了徐向前、朱瑞的重要指示，商定了下一步的行动计划，进一步明确了巩固和扩大清水泊根据地的目标和任务。为进一步动员全体抗日军民，扩大共产党、八路军的政治影响，清河地委、三支队在寿光县郑家埝村召开了万人誓师大会，景晓村、杨国夫等先后讲话，强调了巩固和发展清水泊根据地的重要性，指出了当前及未来的战斗任务。

12月上旬，王建安抵达清河区，正式向清河地委、三支队传达了山东分局、山东纵队关于第三支队向小清河及黄河以北发展的重大决策，并宣布由景晓村、杨国夫、徐斌洲三人组成清河区军政委员会，统一指挥领导全区的党政军工作。根据上级指示，军政委员会进一步明确了清河区的未来发展方向及战略部署：第一步，先巩固益（都）寿（光）临（淄）广（饶）四县边区和以清水泊为中心的根据地；第二步，渡过小清河，向小清河与黄河之间发展；第三步，跨过黄河，建立巩固的抗日根据地，并打通与冀鲁边区的联系。

开辟垦区抗日根据地

1940年2月，在第一步战略部署完成后，三支队开始兵分两路向小清河北进军，且连战皆捷，八路军在新区的影响迅速扩大，深受广大抗日民众的拥护。为配合三支队行动，清河地委同时派出工作团赴新区开辟工作，三支队在小清河以北地区迅速站稳脚跟，并与小清河南根据地连成一片。

1940年是清河区战略方针大转变的一年，也是清河区抗日根据地进一步巩固扩大、迅猛发展的一年。是年，清河区抗日根据地共建立了13个县级党的领导机构和清河区行政主任公署及10个县级抗日民主政府，根据地人口达110万，占全区人口的30%，根据地面积占全区面积的33%。清河区经过由弱到强、由小到大、艰难曲折的发展历程，正式形成了党政军群领导机构齐全、具有较稳固根据地的重要战略区。

1941年初，清河区党委决定，继续实施第三步战略部署，积极向黄河以北地区发展，创建垦区抗日根据地。垦区是黄河入海时不断摆尾，因泥沙淤积而形成的一片广袤土地。在青黄不接之季，这里只有用双手捧着吃的黄须菜种子，喝的是咸味浓厚的“二甜水”，住的也大多是一半地上、一半地下的“地窝子”。要在这个地方安营扎寨，队伍中产生了不同意见。有人说：“垦区是一块没人要的荒草野坡，小清河南北是人杰地灵的粮棉之乡，前者是个泥碗，后者是个金碗；舍南而取北，是丢了金碗，得了泥碗。”听到这些意见，区党委书记景晓村耐心地做大家思想工作。他说：“金碗、泥碗之说，是简单地从地理、物质条件方面去看问题。当然，金碗是好，我们也愿意要，问题是能不能得到并牢牢地保住。济南、青岛、周村、张店都是金碗，可被敌人抢占了，我们只好把垦区这个泥碗先拿到手。有了饭吃、站住脚，再去争夺金碗，最后金碗、泥碗都是我们的。”景晓村用生动的比喻，深入浅出地讲解了根据地、游击区与敌占区之间相辅相成的关系，既统一了大家的思想，又为开辟和创建垦区抗日根据地奠定了坚实基础。

1940年9月，三支队奉命整编为第三旅，许世友任旅长、刘其人任政委、杨国夫任副旅长，总兵力约5000人，下辖第七、八、九三个团。1941年1月，三旅一部首次进军垦区，插入垦区重镇八大组一带，包围了当地的民团武装联庄会，解放了以八大组为中心的大片土地。但因战事需要，部队又很快撤出垦区，转赴胶东参加反顽战役。7月下旬，胶东反顽战役胜利结束，许世友率清河独立团返回清河区。经短暂休整，清河区党委、三旅指挥部决定，继续实施开辟垦区的战略计划。不久，区党委在广北六户村召开进军垦区动员大会，会后区党委及三旅政治部分别抽调地方和军队干部，组成垦区工作团（队）开赴垦区。8月26日，三旅领导机关及主力一部、行署机关和垦区工作团等一并进驻到以八大组为中心的垦区。9月21日，三旅从广北辛店出师北进，首先占领了黄河南岸的左家庄，第二天又越过黄河，相继解放了沾化县东部重镇义和庄的东大门——罗家庄、宋家庄。28日，进抵义和庄东侧的王家集、小河村、梁家蒲台村。10月1日，击溃了增援义和庄的水上保安一团，击毙了其团长李子文（绰号“金牙老六”），并将义和庄团团包围。10月2日晚，部队发起总攻。3日凌晨，义和庄被攻克，继而又连续攻下老鸹嘴、太平镇，盘踞在此的国民党鲁北行辕主任何思源见大势已

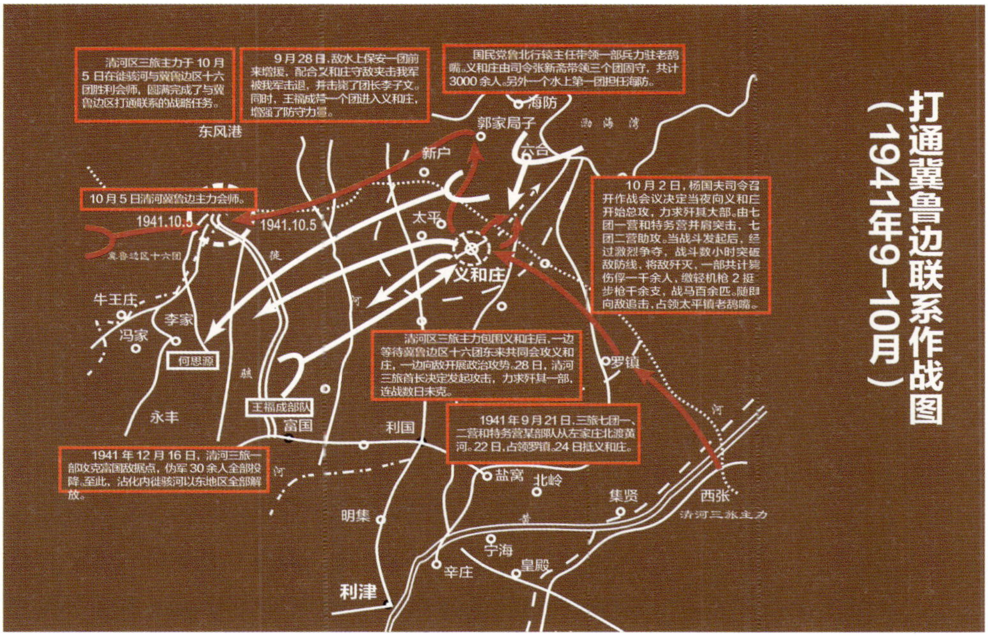

去，不得不率残部仓皇出逃。

义和庄解放后，三旅七团团长郑大林继续率部西进，接应在秦口河、烟袋沟一带渡河的冀鲁边区八路军主力——第一一五师教导六旅十六团。该团自9月上旬由新海、无棣以北沿海地区奋发东进，经大小战斗9次，终于抵达沾化北部地区。随后，十六团在团长杨承德、政委陈德的率领下来到老鸹嘴，与三旅主力部队胜利会师。至此，清河区向黄河北进军、打通与冀鲁边区联系的重大战略部署胜利实现，垦区全境获得解放并成为共产党领导下的重要根据地。打通了清河区与冀鲁边区联系，进一步加强了两区之间的互相支援与配合，扩大了机动空间，对我军由内线作战转为外线作战，开展对敌反包围、反“扫荡”、反“蚕食”斗争，有着重大而深远的意义。

同时，义和庄的解放，也标志着清河平原作为八路军最大的抗日根据地——垦区根据地正式形成。清河区党委、行署、军区后勤机关及各生产单位，包括医院、学校和各文艺团体等纷纷从广北、博兴等地迁至以八大组为中心的垦区农村。过去寂寂无闻、人迹罕至的垦区，此时到处展现出勃勃生机，耕地、人口不断增加。垦区生产的粮食、棉花、油料和食盐等物资，不仅满足了当地的军需民用，还支援了胶东、鲁中、鲁南等抗日根据地，成为清河区坚持平原抗日游击战争最可靠的战略后方。

二、建设和巩固垦区根据地

垦区解放后，为尽快发动群众，建立抗日民主政权，发展抗日武装，在清河区党委的领导下，建党、建政、建立地方武装等各方面工作随即展开。

1941年9月下旬，中共垦区工作委员会成立（县级，隶属清河区党委领导），李明村任书记、张浩任组织部长、宋鲁源任宣传部长、王铭九（王旭晨）任工委委员兼机关党支部书记。之后，工委通过调查摸底和严格的组织考察，首先对原居住在垦区的50多名共产党员进行重新登记，划分党的活动小组，恢复了党员组织生活。同年11月，工委在垦区建立了各区党的委员会，一区区委书记王铭九，二区区委书记王毅勇，三区区委书记李祯民，四区区委书记王星九，五区区委书记王锡汉。至年底，垦区共发展新党员34名，党员总数达84名，并建立了十九村、朱家屋子等20个党小组。

1942年6月，中共垦区工作委员会撤销，建立中共垦利县委，杨世保任县委书记，张浩任组织部部长，向旭任宣传部部长，李明村任敌工部部长，孙功任民运部部长。

8月，为协调指导垦区及利津、沾化、滨县等地党的工作，加强对敌斗争的统一领导，建立中共垦区工委（地区级，1943年5月，改建为中共垦区地委，陈德任书记），张辑光任书记。下辖垦利、沾化、蒲台、利津、滨县等县级党组织。

1942年冬，垦区区划调整，新建六、七两个区，成立了中共六区、七区区委，六区区委书记李少东，七区区委书记王省三（又名李怀芝）。至年底，垦区共有农村党支部26个，党小组44个，发展党员217名。

在加强党组织建设的同时，按照中共中央《抗日救国十大纲领》及《抗日根据地政权建设问题》的指示，在清河区行署的领导下，垦区还积极开展了政权建设。1941年9月，首先建立了垦区临时政权机构——垦区建设委员会，任命当地开明民主人士刘翰卿任主任，李明村兼任副主任，下设6个股，武装股股长韩连祯，秘书股股长刘震东，建设股股长全子良，民政股股长陈捷三，教育股股长朱范吾，财粮股股长齐建国。11月，在垦区建设委员会的领导下，垦区建立了5个区公所。一区区公所驻八大组，区长王允山；二区区公所驻朱家屋子，区长张美三；三区区公所驻罗镇，区长朱培玉；四区区公所驻汀河，区长曹峰；五区区公所驻民丰社，区长王文斌。1942年1月，垦区建设委员会，改称垦区行政委员会，并在杨家嘴举行选举大会，108名村民代表参会，选出25人组成行政委员会，刘群、李明村分别当选为正、副主任，之后垦区的抗日群众团体也相继建立，孙功任各救会长，王志颜任青救会长，李桂明任妇救会长，杨义芳任农救会长。

8月19日至20日，垦区首届参议会在垦一区一村小学召开。100余名代表以无记名投票方式选出正式议员45名，其中驻会议员15名、候补议员10名。刘翰卿当选为议长，刘慈甫、孙功为副议长；同时改选了垦区行政委员会，选举杨世保、牛林泉、曹峰、李竹坪、刘震东、由子真为委员，王雪亭为主任，于廉东为副主任。是年冬，新建六区、七区两个区公所，六区区公所驻朱家屋子，区长张美三；七区区公所驻杨家河，区长周良。

在中共垦区工委和垦区行政委员会的领导下，建立区级抗日民主政府的同时，也全面开展了村级抗日民主政权的建设。原来没有村政权的，予以建立；原来建有村政权的，予以改造或重建。无论新建或改建、重建，均实行村民普选。选举实行“三三制”（即共产党员、非党派进步分子和中间分子各占三分之一），选出的人员组成村政委员会，共同管理村级事务，并选出一名村长对村政负总责。

垦区各级抗日民主政权的普遍建立，对利用政权的力量推动各项抗战工作的开展，保卫人民群众的利益，建立和维护抗日秩序，组织发展生产，改善人民生活，推行各项抗日政策，发动各阶层共同抗日，发展根据地的经济、文化、教育等事业，坚持敌后平原抗日游击战争，增强人民的抗战信心等，有着重要的意义。

为了巩固新生的抗日民主政权，垦区群众纷纷加入地方抗日武装，很快组建起黄河中队、利北中队和青年中队等武装力量。1942年2月，以上三个中队合编为垦区大队，初由赵华川任副大队长，由子真任教导员，共172人，有长枪115支，短枪12支。不久，清河军区又令张孝屏任大队长，赵华川调离。

1943年5月，根据抗战形势的需要，组建清河军区垦区独立团，杨信任副团长，张辑光兼任政委。垦区独立团下辖军区直属团四营、垦区大队、海防大队、沾化县大队等抗日武装；同时建立垦区军分区，王兆湘任司令员，陈德兼政委，杨信任副司令员，李焕任政治处主任。

垦区建设委员会成立后，为吸引各方移民、鼓励安垦，成立了垦区土地清丈队。1942年春，在清丈队的基础上成立了垦区土地局，刘季青任局长、崔光进任副局长。6月7日，清河区行署在八大组召开了垦区土地工作会议，行署主任李人凤在会上作了《垦区土地问题》的报告，全面分析了垦区土地问题的历史与现状，新区和老区土地问题的不同特点，提出了垦区土地分配政策和组织安垦办法。据此，在垦区行政委员会颁发《垦区土地整理暂行方案》及《垦区公田垦殖暂行办法》的基础上，垦区土地局重点抓了以下几方面工作：①解决土地纠纷，清理边界，确定地权；②取消二地主、二东家，实行减租减息，增加雇工工资；③大力发动开荒，实行“生荒三年不纳粮，熟荒一年不纳粮”。通过以上措施，大大提高了群众的生产积极性，外地贫苦农民纷纷扶老携幼来垦区安家落户、开荒种地。原先地广人稀、荆草遍野的垦区，人口迅猛增加。在不到一年的时间里，仅垦一区、垦二区新增移民5000户。为了发展生产，垦区群众自发组织起来，办互助组、合作社。1944年，垦区共办互助组546个，纺织合作社8处，并涌现出了许多劳动英雄、劳动模范，如张福儒、任继永、王歧玉、刘树梅（女）、黄振甲、丁丹贵等，都是垦区有名的劳动英雄，垦区农业连年获得大丰收。每到夏、秋收获季节，清河区行署和垦区行政委员会（后为垦利县政府）即组成征粮工作队深入农村征收公粮，广大农民争相缴纳，踊跃支援抗战。当时不足10万人口的垦区，每年缴纳公粮都在2500万公斤左右。垦区生产的粮食不仅满足了当地的军需民用，还大量运往胶东和鲁南抗日根据地。军区司令员杨国夫称赞说：垦区是个大粮仓，为支援抗战做出了重大贡献。

垦区居民大部分是来自鲁西南的贫苦移民和邻近各县春来冬归的流动户，教育非常落后。垦区解放后，在各级抗日民主政府的领导下，教育得到蓬勃发展。至1941年冬，共成立小学100处，学生达2938名；建立完小两处，学生159名；开设识字班28处，其中女生660名。1942年6月，清河行署决定在垦区老爷庙重建耀南中学，由夏戎任荣誉校长，刘冠甲任校长，王苇塘任教务主任，设中学班两个，师范班两个。1943年3月，清河区主任公署决定在八大组建立渤海实验小学，由清河区临时参议会议长李植庭为名誉校长，林青任教导主任，齐秀三任总务主任，将部队、机关精简下来的人员和耀南剧团的部分小演员，以及从老根据地转移来的烈军属子女等，按文

渤海实验小学学生在表演节目

化程度高低编为三个分队在实验小学学习。他们既学文化，又学政治、军事，还参加生产劳动。虽然设施简陋，条件极其艰苦，但大家的学习热情都很高，后来大部分学员都参军或参政，成为国家的栋梁。另外，由群众募捐在黄家油坊建立的新华小学，由行署教育处在八大组办的永安联小，也都培养出了大批栋梁人才。

清河军区兵工厂迁入垦区后，先驻前坨子、后坨子，后迁杨家村。起初只能修理军械，后来发展到制造子弹、炮弹、步枪、地雷等，并发明了在当时杀伤力较强的枪榴弹。行署医院和军区后方医院分散在小口子、张家圈等六七个村庄，虽然住房和医疗设备都非常简陋，医护人员缺乏，但由于充分动员了群众，所以总能够克服各种困难。当时，群众的炕头就是医院的病床，大爷、大娘和大嫂就是义务护理员，她们省下好饭给伤病员吃，精心为伤病员煎汤熬药，关心伤病员胜过关心自己的亲人。其中，小口子村农救会主任王申宗家就先后住过三名伤病员，在他们全家人的精心护理下，三名战士都顺利康复、重返队伍。行署被服厂驻八里庄，纺织厂驻渔洼。他们生产的毛巾和服装等基本满足了全区部队和地方干部的供应。区党委机关报《群众报》（后改为《渤海日报》）驻惠鲁村，开始是不定期的油印小报，后发展为石印、铅印，在抗战的艰难岁月里报纸从未中断出版，在宣传人民、教育人民、打击敌人方面发挥了巨大作用。北海银行印钞厂驻杨家村，发行科驻惠鲁村，他们发行的北海币威望日高，流通范围南到苏北、北到冀鲁边，在民用物资和军用物资的采购交易中，在根据地商品经济的发展中起到了重要的推动作用。另外，军区和行署的其他后勤单位，如皮革厂、印染厂、卷烟厂、造纸厂以及书店、荣誉军人疗养院、日人反战同盟清河（渤海）支部也分布在垦区。作为当时垦区政治、经济、文化中心的八大组，更是人口密集、贸易兴旺，一片生机勃勃的新气象。

三、开辟“三边”抗日游击区

在敌后抗战最艰苦的岁月里，日伪对共产党领导的敌后抗日根据地频繁地进行“扫荡”“蚕食”、分割、封锁，实行惨无人道的烧光、杀光、抢光的“三光”

政策，即日寇所谓的“烬灭作战”。同时，由于国民党顽军大量降日或暗中与日伪相勾结，不断制造反共“摩擦”，在这种残酷恶劣的斗争形势下，清河区党委一面动员全区抗日军民积极进行反“扫荡”、反“蚕食”、反封锁斗争，一面主动出击，在敌人统治相对薄弱的一些边缘地区开辟新游击区、根据地，建党、建政、建立地方武装，与敌人展开针锋相对、英勇顽强的斗争。

开辟蒲（台）利（津）滨（县）三边游击区

1942年10月，日伪纠集7000余兵力对广（饶）寿（光）边界的清水泊抗日根据地进行“铁壁合围”式大“扫荡”。当时，清东独立团、军区直属团三营和寿光县大队等均遭到敌人围困，由于对敌情判断和指挥失误，清东独立团在寇李二坞深陷敌人的包围。突围中，八路军发扬刺刀见红精神，与敌人展开肉搏战，共打死打伤日伪200余人，并重伤日酋幡井，但八路军也遭受重大损失，直属团三营教导员王光廷、清东独立团三连连长耿志武、七连连长王相增以及四、七连的大部分战士都壮烈牺牲，清东独立团政委岳拙园、政治处主任王林等身负重伤。这次大“扫荡”后，日伪在小清河沿岸设立了严密的封锁线，将清东地区封锁、分割，清水泊根据地被敌人全部“蚕食”，清河区抗战进入更艰难困苦阶段。

为了便于在残酷的斗争环境中坚持抗战，清河区党委、行署根据上级关于“开展边缘区斗争”的指示，先后在广饶、利津两县与其他各县相邻的六处边缘地区建立了边区党政领导机构及地方武装，与敌人展开针锋相对的斗争。

日伪清水泊大“扫荡”后不久，清河区党委即从清中地委抽调部分干部和武装，组成党政军“三位一体”的小型精干武装工作队，深入蒲（台）利（津）滨（县）三边地区发动群众、惩治汉奸、瓦解日伪军，并正式宣布成立了蒲（台）利（津）滨（县）三边工作委员会，任命清中地委宣传部长阎川（王汉章）为工委书记，崔大田任副书记，委员有王振平（王瑞锋）、王郁亭、王友琴、徐景芝等。到1943年，因部分委员调离或离职，又新增了孙涛、纪刚、袁成宝3名委员。工委建立后，根据工作分工，书记阎川常在滨二区和蒲台县河套区的几个村庄活动，有时也到利津南部活动。副书记崔大田主要在利津南部活动，常驻鉴马庄、单家、翟家等几个村庄。工委初归清河区党委直接领导，后改属垦区（大垦区）工委、垦利地委、渤海区四地委领导。

蒲利滨三边武装工作队的队长孙涛、副队长冯祥立，在蒲台县大队的配合下一起行动。1943年6月，蒲利滨三边武装工作队撤销，新建蒲利滨三边武装三中队，队长阎川，指导员纪刚，副队长袁成保（1944年春离职后，由朱德俭接任），下设两个排、1个机枪班和1个手枪班，共50余人；最多时有120多人，设3个排、1个机枪班和1个手枪排；主要活动在利津南部以及与蒲台、滨县交界的部分地区。随着抗日斗争形势的发展，1944年5月，蒲利滨三边工委及武装三中队一并撤销。

蒲利滨三边地区主要包括：蒲台县三区（即河套区）、利津县一区和滨县二区；地理范围：东自宫家、西至北镇，南起黄河两岸、北至利津县城，共300多个村庄，面积375平方公里。

蒲利滨三边工委和武装工作队进入边区后，首先派崔书田（化名崔学增）到利津一区杨董村卖煎饼，后又到单家寺伪乡长开的铺子里当店员；同时派王锐锋到戴家小学任教。他们都以公开的职业作身份掩护，一边进行社会调查，一边搜集传递情报、发动群众。崔书田在王家村还组织宫学增、王金岭等10位青年，建立了“同心救国会”。初期武装工作队有130余人，他们从蒲台根据地出发向北挺进，直插敌占区。但由于人员较多、目标较大，很快被敌人发现，双方在黄河大堤上遭遇，战斗中武工队损失很大，随后不得不进行休整，改为小规模武装分队即“三中队”，由阎川带领隐蔽进入敌占区。崔大田重点去做争取“铁板会”宋希斋的统战工作。经过一段时间的努力，终于打开局面，武工队也在这一地区站住了脚，附近的王家、吴家、单家、杨董、洼张、前后王等村群众由开始时的恐惧、冷淡逐渐变得热情、期盼，从开始的征不到粮、吃不上饭，逐渐发展到群众主动为武工队筹粮、倒房，甚至在部队入驻后自愿站岗放哨。

鉴马庄的鉴子明、单家村的单国栋原是“铁板会”小师兄（会众），但为人正直，由于他们的特殊身份，对敌情了解较多，因此对他们的团结教育工作就显得十分重要。1943年，他二人被争取后都加入了中国共产党，此事对争取其他会众起到了很好的教育作用。他之后，工委又在杨董、戴家、单家、小刘、坡韩等村发展了多名党员。

1943年7月，在利津南部店子村以南，伪成建基部20余人前来骚扰，被武工队全部歼灭，缴获枪支20余支和部分弹药。8月，武工队全歼从利津某地窜出的土匪武装30余人。9月，袁成宝带领手枪队，除掉了日伪情报人员朱云禄。入秋，在宋集处决了国民党顽军特务石苍珍。10月，在滨县二区小马家以东、洼张村以西，伪成建基部40余人前来骚扰，被武工队四面包抄，一网打尽。同时，在河套区将国民党顽军盖竹坡部包围、全歼。几次战斗胜利，极大地鼓舞和激励了敌占区群众，也加强了武工队的力量。至年底，工委书记阎川调离，后改由崔大田代理书记。

开辟沾（化）利（津）滨（县）三边游击区

1942年7月，日伪在对小清河南根据地不断进行“蚕食”、伪化的同时，也加强了对黄河北敌占区和垦（利）利（津）沾（化）等边缘区的严密封锁。与此同时，活动在这一地区的国民党地方顽军，仍大肆宣扬所谓的“曲线救国”，他们或暗中与日伪勾结或公开投敌，采用两面旗子、两种军装的伎俩，不断配合日伪向八路军进攻，结成日、伪、顽合流的反共战线。在这种残酷的斗争形势面前，清河区党委一面动员全区军民进行反“扫荡”、反“蚕食”、反封锁斗争，一面派出武工队、工作团，深入敌占区开辟工作，执行“敌进我进”的方针，把钢刀插入敌人的心脏。当时，趁青纱帐起，清河区党委和军区共派出6个工作团，分赴沾化、利津、滨县、阳信、惠民及高青等敌占区了解敌情、开辟工作，将敌占区变成游击区或游击根据地。口号是“敌人来端我们的饭碗，我们就去砸烂敌人的坛坛罐罐”。经过一段时间的艰苦斗争，进入垦区根据地边缘的沾利滨三边工作团，先后开辟了近百个村庄，初步扎下了根。1943年1月，为打破敌人对垦区根据地的封锁，确保根据地的安全，区党委、军区和行署决定，进一步开辟该地区，并成立了中共沾利滨三边工作委员会和三边联防办事处。工委隶属清河区党委领导，书记王墨林，委员为李杰、刘竹溪、张心田，后来又增加了郝晋卿、郭景涛，机关驻单家寺、张集一带；办事处隶属清河区行署领导，主任李杰，机关驻孔家灶、杨家灶、谢家灶、高家、季姜堂一带。同时，还成立了沾利滨三边武装大队，刘竹溪任队长兼政委，王凤阶任副队长，赵修德任协理员。1944年春，该大队改编为沾利滨三边独立营，营长兼政委仍由刘竹溪担任，副营长王凤阶，副政委赵修德。

工委和办事处成立后，很快建立了三个区，即沾南区、利西区和滨东区，后来又扩大到五个区，增加了滨北区和滨南区，其中利西区区委书记崔辉五，区长崔韵琴后改由马胜吉兼任。

当时，三边区的主要工作：一是发动和组织群众抗粮、抗税、抗捐。二是争取改造乡、村伪政权，建立“两面政权”。改造乡、村伪政权，就是教育那些伪乡长、村长不真心给敌人办事，“人在曹营心在汉”；对那些教育无效者，坚决予以打击和镇压。经过教育争取，绝大部分伪乡、村政权成了“两面政权”，他们明里应付敌人，实则为共产党办事。三是正确执行抗日民族统一战线政策。国民党顽军“赵三营”长期盘踞在三边地区，工作队为争取其共同抗日，曾通过上层关系与对方达成互不侵犯协议。但这些顽匪后来又反悔，与工作队搞“摩擦”，虽经多次沟通、疏导，终无改悔，最后被工作队彻底歼灭。四是争取“铁板会”。利西区和滨东区两地的“铁板会”遍及各村，他们利用迷信经常聚会，并不让工作队入村。为了教育和争取他们，李杰扮成“铁板会”大师兄，带着两个排的兵力，到处宣传日伪安设据点和“扫荡”残害群众的事实，使铁板会会众逐步清醒，终于明白了抗日救国的道理。其中，日伪在马家坊安设据点时，由于铁板会的反对，始终未能得逞。经教育争取，除极少数外，多数铁板会都自动解散或重新组建为村民自卫组织。五是发展党员，建立党的组织。随着根据地的巩固和游击区的开辟，沾利滨三边工委根据区党委关于“重新提出党的发展工作，继续加强巩固工作”和“严格地分析阶级、定成分和定教育对象、培养对象共同奋斗三个月”的指示精神，通过开展各种活动不断发现积极分子、确定培养对象，在进行严格考察的基础上分批发展党员，先后在谢家灶、杨家灶、孔家灶、北张、望参门、马镇广等村建立了村党支部，进一步壮大了党的力量。到1943年底，沾利滨三边地区已建立村党支部26个、党小组44个，发展党员217人。

1944年8月，利津城解放。9月，沾利滨三边党政军机构及各群众团体随机撤销。

四、重要战事和战斗

（一）重要战事

二十一天反“扫荡”

在抗战最艰苦的岁月里，仅1943年，日伪就对清河区根据地连续进行了四次大“扫荡”，兵力从15000人增至25000人以上。

至1943年底，日军为急于解除清河区八路军对胶济铁路线的威胁，以便抽兵南下应付太平洋战争，在日本驻华北派遣军总司令冈村宁次的亲自策划下，由山东日酋第十二军团长喜多坐镇张店亲自指挥，纠集日军第七混成旅团和第三十二、第五十九旅团及第四、第五旅团各一部，加上各地伪军共计2.6万余人，配以汽车900余辆、飞机10余架、坦克10余辆、军舰2艘、汽艇12艘，从11月18日起，对清河区抗日根据地进行了规模最大、时间最长、手段最残酷的21天拉网式合围大“扫荡”，用敌人的话说，就是“要彻底摧毁鲁北共产党老巢，把共军赶进大海淹死”。

大敌当前，清河区八路军和地方武装在区党委和军区的领导下，一部分化整为零、分散转移，插向黄河入海口处，坚持内线作战；一部分采用“翻边”战术，插入敌后打击敌人。民兵和游击小组通过开展地雷战、麻雀战与敌周旋，搞得敌人昼夜不得安宁，草木皆兵。同时，清西、清东、清中、垦区军分区的部队和地方武装也趁机出兵，奇袭周村、长山城、邹平城、滨县城及北镇等日伪据点，破路炸桥，使敌通讯中断、运输瘫痪、后方告急，把敌对我的包围变成我对敌的包围，使八路军始终处于主动地位，敌人在饥无食、渴无水、打无目标、行无道路的情况下，不得不于12月8日狼狈撤退，以失败而告终。

其间，敌人对垦区根据地实行“驻屯清剿”和残酷的“三光”政策，采用“点人灯”、活剥人皮等灭绝人性的法西斯手段，共残害抗日群众1500余人。

反“扫荡”胜利总结大会

垦区独立团二营四连在利津县北部小麻湾与敌骑兵遭遇，共毙伤敌100余人；六连在屠户张（今北张）与敌激战，毙敌200余人，四、六连指战员大部壮烈牺牲。

在残酷的二十一天反“扫荡”中，八路军和地方武装共对敌作战230余次、毙伤日伪军600余人、炸毁敌汽车35辆、击落击伤敌机3架。反“扫荡”胜利后，清河军区在垦区八大组召开胜利总结大会，山东军区司令员罗荣桓传令嘉奖清河区抗日军民。

（二）重要战斗

（1）五庄战斗

1942年8月，日伪集结6000兵力，兵分两路分别向沾化县富国以东、利津县盐窝以北推进。八路军获悉情报后，立即派清河军区直属团和地方武装进行有力反击，10天之内，八路军共歼敌1000余人、溃敌3000余人，取得攻克敌人3个据点的重大胜利，其中攻克五庄据点的战斗打得最为激烈和痛快。

五庄，历史上是罗家镇与陈家庄之间的联系据点，是一个片区的总称，共有5个村庄：光前、裕后、中和、新华、北码头。8月26日（农历七月十五）晚，月亮刚刚升起，八路军即打响了攻克五庄据点的战斗。刚刚退守到五庄据点的敌人惊魂未定，又被打得死的死、伤的伤，有爬上屋顶摔下去的，有栽在虾酱缸里被活活呛死的，鬼子的机枪也被八路军迫击炮炸飞。情急之下日军小队长连连打出信号弹，向陈家庄据点求援，但陈家庄据点之敌也不敢在黑夜贸然走出炮楼，只能朝着五庄方向用机枪扫射或乱打小炮。好不容易坚守到天亮，惊恐的敌人才狼狈逃窜，还有一些伪军早已提前脱下军装，化装成老百姓弃枪逃命，更有几十个鬼子仓皇间逃进坟地，结果被八路军全部消灭。

这次战斗结束后，军区副政委刘其人热情洋溢地说："我们的反'蚕食'战斗，犹如黄河之水东流去，锐不可当，将日军伪军杀出了根据地！"

（2）三岔战斗

1942年秋末，为开辟蒲（台）利（津）滨（县）三边抗日游击区，中共蒲利滨三边工委书记阎川、副书记崔大田等带领清中独立团1个连和蒲台县大队共300余人，从蒲台出发向北挺进，在抵达利津县南部三岔村时与日伪军遭遇。因事发突然，战斗中独立团和县大队损失较大，牺牲40多人，后不得不将部队又撤回到黄河以南，并由大部队活动改为小股武装分队活动，并很快取得成效。

（3）陈家庄战斗

1943年麦季，驻利津盐窝据点的日伪军到黄家油房一带去抢夺麦子。为保卫麦收，垦利县独立营二连集结部分兵力，将敌人一举驱赶到陈家庄，并与敌展开激战。战斗从早上6点一直打到中午12点，共毙伤敌10余人，二连伤亡二三十人。

（4）郭家屋子战斗

郭家屋子战斗，又称"黄家油坊战斗"，或称"六二六反'扫荡'"。1943年6月26日拂晓，驻陈家庄据点的日军30人及伪军100余人偷袭黄家油坊，同时企图抢掠刚刚收割的麦子。当时，垦利县独立营二连和一连一部正在郭家屋子村。获悉情报后，迅速埋伏在村西，待敌人返回据点时趁机发起攻击。同时，营长朱志明又从章丘屋子调来一连二排，由宋家烈、王子勤带队跑步赶到郭家屋子。等敌人进入伏击圈，二连连长马佩珠一声令下，一阵排枪和手榴弹就打得敌人丢盔弃甲、仓皇逃窜，有的就地缴枪投降，只剩下10余名日军撤到旁边的一个大湾内，凭借四周有利地形进行顽强抵抗。战斗持续到中午，趁陈家庄据点的敌人赶来增援，日军才借机逃跑。此战，共击毙日军16人、伤6人，歼灭伪军数十人、俘获10余人，并截获满载小麦和其他物资的马车18辆，县独立营牺牲13人、伤5人。

（5）八里庄伏击战

八里庄位于陈家庄与盐窝两个日伪据点之间。特别是陈家庄据点处在垦区根据地边缘，敌人经常到这一带抓人、抢掠，残害百姓。为拔掉陈家庄据点这颗钉子，1943年7月4日拂晓，垦区独立团副团长杨信率领四营十连悄悄进入八里庄。时值盛夏，八里庄南面有一大片青纱帐，北面的荒洼里丛生着密集的蒿草，还有两条抗日沟直通数千米之外的汀河和虎滩两个村，非常便于部队隐蔽作战。

到八里庄后，指导员王霄汉首先率十连二排埋伏在主街两侧的院子里。等一切准备就绪，副团长杨信和通信员都换上便装来到村里，告诉伪村长，自己是县政府的粮食科长，到八里庄来征收粮食。为了不牵连乡亲们，他让伪村长马上去陈家庄据点报告，就说“八路军收粮食来了”。

约正午时分，陈家庄据点的一个日军小队和伪军中队共100余人，列成战斗

八里庄战斗中垦区独立团在野外攻击前进

队形向八里庄扑来，刚到村东头，就与八路军侦察队交上了火。侦察队采取诱敌深入的战术，还击几枪后就迅速撤退。待敌人追到古庙前，埋伏在这里的二排指战员突然杀出，同时一、三排战士也从村中大路两侧的院子里杀出。敌人以为遇上了八路军主力，立马丢下部分死伤的伪军逃跑。独立团战士兵分两路进行截击，很快将敌人赶到两条抗日沟之间的一片开阔地上。敌人见势不妙，又掉头窜入附近的一片坟地，继续负隅顽抗。这时，盐窝据点的敌人也前来增援，结果被十连和赶来的沾化县独立营一举打退。战斗持续到下午，战士们分三人一组，冲上去与敌人拼刺刀，坟地里的残敌全部被歼灭。

此战，共击毙日军小队长樊田以下12人，毙俘伪军34人，缴获小炮1门、轻机枪1挺、指挥刀1把、步枪30余支，另有其他军用品一宗。同时，独立团牺牲5人、伤7人，沾化县独立营伤亡10余人。

（6）东西坡战斗

1943年秋，垦利县独立营的一支小分队住在西坡庄的一个伪警察家里，另有几名侦察员由独立营协理员由子真和二连连长带领住在东坡庄。过去也这样住过几次，都未发生问题。但这次住下，当天上午那个伪警察就回来了。分队长尹继增对他说："我们是先遣队，要准备些给养，等大部队来。"那个警察向屋里看了一下，没说什么就走了。下午3点多钟，住东坡庄的侦察员突然回来报告说："东堤据点的鬼子、汉奸出动了，看样子有200多人，还有骑兵，向我们这儿来了。"由子真和二连连长带领侦察员赶紧跑到庄东头察看情况，发现敌人已经包围了西坡庄。这时，分队长尹继增也发现了情况，命令战士先把大门顶死，让队员们都爬到屋顶隐蔽起来。敌人包围院子后，用步枪、机枪一齐乱射，同时大声喊叫，但始终不敢靠近房子。由于两庄距离很近，由子真他们看到这种情况，也一起向西坡庄的敌人射击。敌人发现东坡庄有枪声，立即派鬼子骑兵和部分伪军向这里扑来。由子真与二连连长带领侦察员一边打，一边向东北洼里跑去。尹继增见此情形，认为突围的时机已到，他首先跳下屋子，一枪把伪队长打倒，然后大喊一声："快冲！"战士们一排手榴弹扔过去，在烟雾的掩护下纷纷跳下房子，钻进了高粱地，接着向东南方向猛冲。开始，他们都集中向一个方向跑，但鬼子骑兵的包围圈却越来越小，他们不得不分散着边打边跑，弄得鬼子骑兵只能远远地围着转圈。这时，天已近黄昏，他们实在跑不动了，找了个有利地形就地卧倒隐蔽起来。而恰在此时，从北面来了个推小车的卖布货郎，鬼子和伪军们一起围上去盘问、抢夺东西……等到黄昏后，敌人终于吹哨集合撤退了。这次战斗，独立营没有伤亡，只有一名战士被俘，后经伪乡长和村长通过伪军周旋也得到了保释。

（7）攻打东堤伪据点

1944年1月21日，在渤海区成立前夕，清河区垦区独立团一部及沾利滨三边武装大队、垦利县独立营各1部，将东堤伪据点包围。晚21时30分，战斗正式打响，伪军们全部集中到西北角的炮楼上负隅抵抗。两小时后，据点门楼被我“苏联炮”击中，伪军大批伤亡。其余伪军乖乖缴械投降。此战，共毙伤敌10余人，俘获伪中队长刘怀玉以下30余人，缴获小炮2门、长枪40余支、战马2匹，另有其他物品一宗。东堤伪据点被攻克后，群众当即对其拆除、焚毁。

（8）宋集战斗

1944年春，蒲（台）利（津）滨（县）三边武装三中队100余人，由副队长朱德俭率领在滨县二区呈口黄河大坝南坡开荒种地。一天上午，突然发现敌“三角部队”数千人由西向东分三路进行拉网式“扫荡”，其中南路之敌正顺着大堤向东挺进。因敌人来得突然，三中队毫无防备，只能急往东北撤退，撤退中又远远地遇上了中路敌人。为了不暴露目标，部队撤退得很慢，与敌周旋了一天，滴水未进，战士们又饿又累。傍晚时，部队撤到基点村洼张，想做点儿饭吃。这时，副班长单登堂回来报告说：“敌人已到宋集宿营，这股敌人士气不高，坐着大车，拉着妇女，装备也不好，只有百多人，不像敌之主力。”大家闻听此言，都按捺不住胸中的怒火，纷纷要求严惩这群野兽。副队长朱德俭召集大家坐下来，全面分析情况，又召开班长会，结果都主张报仇。战斗开始前，副队长朱德俭要求：能打则打，不能打就撤；一旦队伍被打散，第一集合点是洼张，第二集合点是大盖，第三集合点是老根据地史家口。

洼张距宋集有三里路，中间有一条西南东北走向的抗日沟。按战斗部署，三中队的一个班先在沟南宋集东北角的一片坟地里埋伏下来，其他班则部署在沟崖上。战斗打响后，敌人以猛烈的火力向三中队阵地压过来，迫击炮、掷弹筒、轻重机枪一齐发射，顿时压得三中队抬不起头来，失去了还击能力，形势一下变得严峻起来，如不马上撤退，必将有全军覆没之险。于是，副队长朱德俭命令："赶快撤退！"由于命令下得及时，大家都顺势纷纷滚到沟内，安全地撤出了阵地。午夜12点左右，部队赶到了大盖村。这是一次不成功的战斗。此战，三中队共牺牲8人、伤30余人，损失较大。

（9）小麻湾战斗

1943年12月5日，在清河区抗战史上绝无仅有的二十一天反"扫荡"中，垦区独立团二营四连被日军的第四旅团骑兵1000余人包围在利津北部小麻湾村。面对敌众我寡的不利局面，四连连长杜万祥当即决定，亲自带领一排作掩护，然后由指导员孙毅率领二排组织突围。借着凶猛的机枪、大炮等火力，日军骑兵猛扑向一排据守的土墙，战士们用机枪、步枪一起向敌人射击，数十枚手榴弹也在敌群中爆炸了，死伤30余人。日军恼羞成怒，在指挥官的嚎叫下不断地从四面包抄过来。杜万祥带领战士们边打边撤，冲出村外准备撤到村南的高粱地里。

冬天的田野上，到处是一派肃杀的景象。此时，地里的高粱穗早已收割，只剩下秸秆还在地里。指导员孙毅带领二排和一排三班渐渐地接近高粱地，一排的一、二班在杜万祥带领下，凭借着几个小坟丘作掩护阻击敌人。在敌人猛烈的火力冲击下，杜万祥率十几名战士不畏强敌、顽强拼杀，多次打退敌人的进攻，最后终因敌我力量悬殊，除杜万祥一

小麻湾抗日烈士纪念碑

人冲进高粱地外，其余战士全部牺牲。

狡猾的敌人发现还有一部分八路军冲进了高粱地，于是又重新调集兵力从四面向高粱地进逼、围攻。隐身在高粱地的四连二排和一排三班近50名战士在指导员孙毅的带领下，用机枪和手榴弹与敌人进行顽强的抗击，给敌人以重创。

为掩护战士们突围，已经冲到高粱地深处的杜万祥迎着敌人向北冲去。他先将上衣脱下来挂在高粱秆上，吸引日军火力，然后凭借青纱帐向敌人射击。子弹打光了，就甩手榴弹，最后身中数弹壮烈牺牲。此时，指导员孙毅率领剩余战士都英勇地冲出高粱地，突围到了小陈庄西北角。但日军已将四面封锁，一阵猛烈的子弹射来，20多名八路军指战员被敌人死死地压缩在方圆不到一平方公里的狭小范围内。孙毅命令战士们上好刺刀，并带头冲入敌群，与敌人展开肉搏战，其余的战士也一拥而上跟敌人进行殊死拼杀。孙毅被敌人砍了十几刀，最后用力拉响手榴弹，与敌同归于尽，其他战士也都献出了宝贵的生命。

小麻湾战斗，英勇的四连指战员共毙伤日军100余人，独立团除战士白英林等五六人侥幸脱险外，连长杜万祥、指导员孙毅、一排长明连源、二排长王学贤等64名指战员全部壮烈牺牲。

战场的硝烟还未散尽，中共垦利县四区区委书记王星九即带领当地群众，来到英雄殉难的地方，小心翼翼地为烈士们整装修容，然后将他们集中安葬在小麻湾这片英雄的土地上。

（10）北张战斗

1943年12月6日，在二十一天的反“扫荡”中，也就是小麻湾战斗刚刚结束后的第二天，清河军区垦区独立团二营六连又在利津县北张村附近，与日军的同一支骑兵部队遭遇。二营六连原是冀鲁边区的部队，当时六连刚刚转移到利津县的望参门村，对这一带的地理环境比较陌生，对敌情也不甚了解，在转移行军中踏出一条新路，结果很快就被日军的骑兵发现，并循迹追踪而来。面对这种情况，六连指战员在副营长樊宝生、连长王普安、指导员李杰三、副指导员刘庆常等人的带领下，立即向南面方向撤退。而日军则开始形成扇形的包围阵势，一面开枪射击，一面紧追不舍。六连指战员边打边退。当撤至屠户张（今北张）村西

七十二烈士纪念碑

门时，六连除留下两个班由指导员李杰三和二排长贾文修指挥阻击敌人外，其余70余人由副营长樊宝生、连长王普安带领全部撤到村内。很快，敌人就把屠户张村围住，并在飞机的掩护下连续发起进攻，六连指战员凭借低矮的围墙与敌人展开激战，连续打退敌人的5次冲锋。其间，日军指挥官山野大佐骑着战马、挥舞着洋刀指挥作战，二排长贾文修发现后抬手一枪将其击中打下马来。之后，日军开始改变策略，派200余骑兵绕到村东门，企图从六连背后进行偷袭。战斗中，连长王普安和副指导员刘庆常都中弹负伤，许多战士当场牺牲，有的战士受伤后仍坚持战斗，还有的战士脸上挂满了血。王普安当时拖着一条血腿，趴在一段土墙上坚持对敌射击，连续击毙3名日军后壮烈牺牲。卫生员刘殿英负伤被俘后，日军通过翻译逼他说出哪里还有“八路”，他愤怒地大骂日军、汉奸，高呼抗日口号，英勇就义。

北张战斗从早上9点一直打到傍晚时分，六连指战员共杀伤日军160余人、战马100余匹，并击毙了日军指挥官山野大佐，同时独立团也遭受了巨大损失，二营六连除副营长樊宝生和一排长张文治、二排长贾文修等20余人脱险外，其余72名指战员全部壮烈牺牲。

战斗结束后，利西区区长崔韵琴组织带领全村抗日积极分子张学芝、郭景林、王秀英以及田家村的辛魁元、辛兰芬，赵家村的李玉山等几十名群众，一起抢救伤员、清理战场、掩埋烈士遗体。

（11）四图夜战

四图村位于利津县黄河北岸，受地理因素的影响，过去这里的许多村民都以行船摆渡为生。

1943年底，清河军区直属团二营四连、五连分驻在宫家、四图等村。在二十一天反“扫荡”中的一天下午，村民在为八路军运送石材过程中与麻湾的地痞发生口角，对方为挟私报复，当天就向日军告了密。约午夜时分，100余日军、200余伪军便从北镇等地奔袭而来，战士小林首先发现敌情，被日军当场打死，还有闻声赶来的村民赵四也被敌人打死。敌人偷袭进村后，二营营长张冲凌率部队与敌展开激烈巷战。为避免伤及无辜百姓、减少伤亡，直属团边打边退，一直撤到村东的黄河大堤附近，与敌再次交锋。经半夜激战，共毙伤日伪军80余人，但直属团伤亡也较大。天近拂晓，直属团全部撤出战斗。

第六章
解放利津城战役

1943年秋冬，世界反法西斯战争取得重大进展，德、意、日法西斯联盟开始土崩瓦解，中、美、英同盟国首先在缅北和中国滇西展开反攻，接着以美国为首的盟军又在太平洋战场全面转入反攻。同年11月，中、美、英三国首脑在埃及开罗举行会议并签署《开罗宣言》，要求战后日本归还占领中国的所有领土，包括台湾及其附属岛屿。之后，日军在兵力严重不足的情况下被迫收缩战线，驻华日军基本停止了对敌后抗日根据地的大举进攻。

1944年初，中共中央北方局发出《关于1944年的方针》，指出：1944年全华北的方针是坚持华北抗战、积蓄力量、准备反攻、迎接胜利。同时，为加强领导和统一指挥，以适应新的对敌斗争形势，中共山东分局和八路军山东军区决定并报经中央北方局和中央军委批准，将抗战初期成立的清河区与冀鲁边区两个战略区合并，新建渤海区抗日根据地，为开展对日局部反攻奠定了坚定基础。

一、创建渤海区抗日根据地

渤海区成立的历史背景

1944年1月，经中共中央北方局批准，中共中央山东分局，八路军山东军区公布：清河与冀鲁边两区合并为渤海区，建立中共渤海区委、行署和八路军渤海军区。

冀鲁边区早期也称为“鲁北或津南地区”，是介于天津和济南两大重镇之间、南北相夹的一块战略要地。从1938年7月建立冀鲁边区军政委员会，到1943年底，冀鲁边区大体经历了三个发展阶段，即根据地初创阶段、巩固与发展阶段和迎战艰难岁月阶段。

1937年卢沟桥事变后，驻河北、山东两省的国民党军队及政府纷纷南撤，津南、鲁北地区相继沦陷。在民族存亡的紧急关头，中共津南工委及其领导的盐山、乐陵、宁津、沧县、无棣等县党组织，积极宣传党的抗日救国主张，组织发动抗日武装起义，先后建立了“华北民众抗日救国会”“华北民众抗日救国军”等群众抗日团体和地方武装。至同年10月，中共山东省委派于文彬担任鲁北特委书记后，开始初步建立起边区统一的党的领导机构——中共冀鲁边区工作委员会。不久，因省委南迁，边区工委与省委失去联系。翌年4月，河北省委又派干部及八路军永兴支队、津浦支队到边区加强党的领导壮大军事力量，并于7月正式建立了冀鲁边区军政委员会、中共冀鲁边区特委和冀南区第六督察专员公署、冀南军区第六军分区。至此，冀鲁边区抗日根据地初步形成。到1938年底，边区党政军群各级组织都得到了很大发展，大部分县委、县政府得到加强，全区党员发展到2.5万余人，抗日武装发展到2万余人，边区抗战进入兴盛时期。

1940年后，由于边区的主力部队和部分地方武装先后被调往鲁西、鲁南，日伪趁机进行地反复“扫荡”“蚕食”，推行“治安强化”运动，再加上国民党顽固派不断制造“摩擦”，大批国民党顽军打着“曲线救国”的旗号纷纷降日，使得边区的伪军数量剧增。在这种形势下，边区党委适时发出“恢复元气，振兴边区”的号召，一面加强党的领导和党的建设，扩大抗日武装；一面广泛发动群众、开展统一战线工作，坚持反“扫荡”、反“蚕食”、反“摩擦”。经过一系列艰苦卓绝的斗争，终于巩固了边区抗日根据地。这其间，为打通冀鲁边区与清河区的联系，边区部队先后进行了四次南下军事行动，使边区的抗战形势逐步趋于好转。

1942年下半年后，边区抗战进入最艰苦、最困难时期。6月，日伪对边区进行空前规模的大“扫荡”。其中，在四柳林战斗中，边区第一地委、专署和冀中区党委转移过来的部分干部战士遭敌包围，300多人壮烈牺牲。翌年春，敌人再次进行大“扫荡”，第三军分区又遭受很大损失，第二军分区也受到一定损失。至6月，形势尚未好转，边区又发生了军区副司令员黄骅被刺和司令员邢仁甫叛变事件。由于边区形势不断恶化，8月，中共山东分局和八路军一一五师不得不下令，将冀鲁边区大部党政军领导机关转移到清河区垦区待命，并于11月电请中央北方局和中央军委，建议将冀鲁边、清河两区党委、军区合并，新建渤海区党委、渤海军区。

中共渤海区党委负责同志（左起）副书记王卓如、书记景晓村、组织部部长苏杰、秘书长马巨涛

1944年2月，清河和冀鲁边两区的党、军领导人在广北辛集、牛庄一带召开两区合并工作会议，正式宣布两区合并，并公布了中共山东分局和八路军山东军区任命的渤海区主要负责人名单：景晓村任区党委书记，王卓如任副书记兼组织部长，陈放任宣传部长，李震任社会部长，夏戎任群委会书记兼青委会书记，吕洗尘任工运部长，尹伯川任农

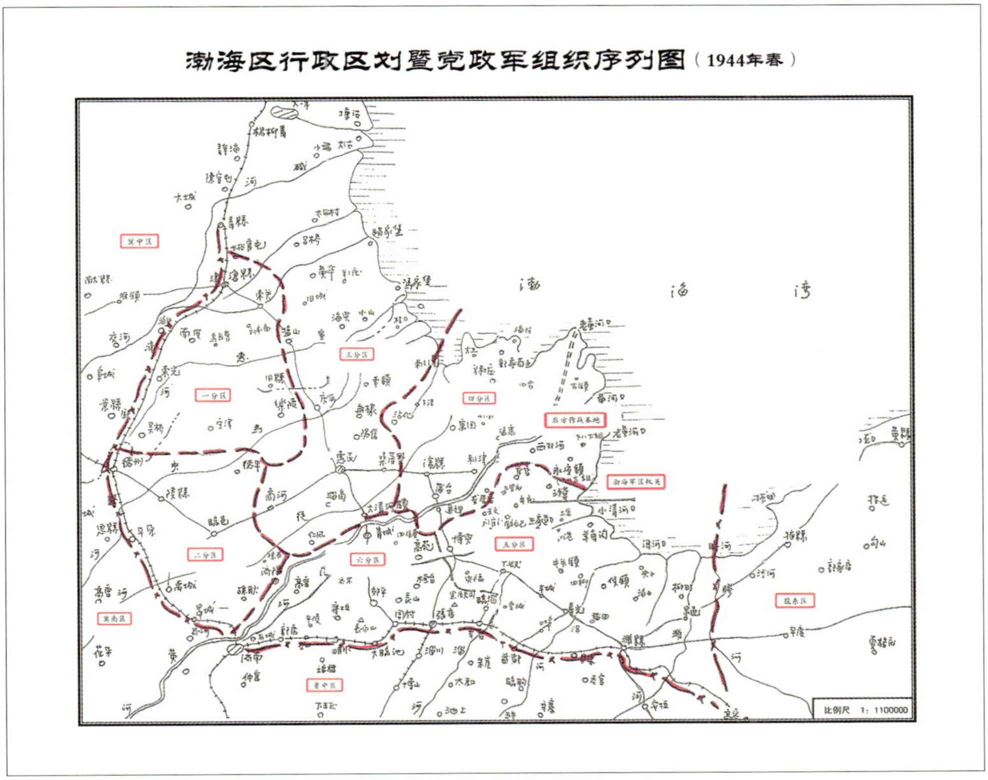

渤海区行政区划图

委会书记，刘孟任妇委会书记，马巨涛任秘书长。杨国夫担任军区司令员，景晓村兼任政委，龙书金任副司令员，刘其人任副政委，袁也烈任参谋长，周贯五任政治部主任。至此，山东最大的平原抗日根据地渤海区正式成立。

渤海区的战略地位及行政区划

1944年初，清河区抗战发生了几件大事。第一，1月1日，山东省战时行政委员会发布第9号训令，将清河区行政主任公署改称为“山东省清河区行政公署”。第二，为进一步加强军政、军民之间团结，清河军区确定1月为“拥政爱民月”。第三，1月7日，日军第一飞行师团第一〇八联队中尉飞行员山田井马因飞机失事在潍县北部东利渔村附近被俘。后经审讯得知，此人为日本驻中国华北派遣军总司令冈村宁次的远房侄子。飞机失事后，敌人出动大批兵力搜寻飞机，并投下传单宣称：日军愿用武器和金钱交换被俘飞行员，若有其他要求，也可商量。2月24日，中日双方在利津城举行战俘交换仪式，原清河行署公安局长李震、临淄县县长李铁峰等10余名干部回到我方阵营。至4月，共换回我方被俘人员40余人，并“获赠”大批武器弹药。此前山田井马经清河区在华日人反战同盟教育，秘密加入该组织，归队后拒绝作战，也拒绝反省，后被派往东南亚战场，几年后在对美作战中身亡。这是中国抗战史上发生的唯一一次中日交换战俘事件，影响和意义重大。第四，清河区与冀鲁边区合并，成立渤海区。

渤海区是抗日战争后期山东的五大战略区之一。它位于天津以南、胶济铁路以北，西枕津浦铁路，东北濒临渤海，地处冀中、冀南、鲁中与胶东四个战略区之间，下辖6个专区40余个市县，人口近千万，直接威胁着占据胶济铁路、津浦铁路和天津、沧州、德州、济南、张店、潍坊等大中城市的敌人。渤海区地域宽广、物产丰富、海岸线长等优势，既是我军战略反攻的前沿阵地，又是战争资源的供给基地和休养整训的可靠后方，因此具有十分重要的战略地位。

渤海区成立后，根据上级的指示和命令，首先对全区行政区划进行了重新调整和划分。经过整合，全区共划分为六个专区。其中，第一专区即原冀鲁边区一专区，主要辖沧县、东光、南皮、乐陵、振华（宁津）、吴桥等县；第二专区即原冀鲁边区二专区，主要辖齐（河）临（邑）、德平、平（原）禹（城）、济阳、匡五（原陵县）、德县等县；第三专区即原冀鲁边区三专区，主要辖新海、靖远（原盐山）、新（海）青（县）、商（河）惠（民）、沾（化）阳（信）无（棣）三边、惠民、无棣、阳信等县；第四专区为原清河区垦区（大垦区）专区，主要辖垦利、利津、沾化、滨县、蒲台、沾（化）利（津）滨（县）三边、蒲（台）利（津）滨（县）三边等县；第五专区为原清河区清东专区，主要辖临淄、博兴、广北、广（饶）博（兴）蒲（台）三边、益（都）寿（光）临（淄）广（饶）四边、寿光、昌邑、潍县等县；第六专区为原清河区清西专区，主要辖邹平、长山、齐东、高苑、青城、桓台、历城等县；另外，原清河区清中专区撤销后，所辖各县分别划归第四、五、六专区。与此同时，两区的报社、医院、银行、兵工厂等也陆续合并。两区银行合并后，渤海区北海银行印钞厂曾于1945年10月从垦区迁驻利津城，史称“第一印钞厂”，地点在城南门里路西。约1个月后，在城北门里路东又新建了“第二印钞厂”，即北海银行渤海区分行利津县办事处。这是渤海区40余个县市中建立最早的一家县级银行办事机构，人员有主任、会计、出纳、农贷等6人，主任由原北海银行渤海区分行业务科科长程衡担任。其职能除负责利津县的银行业务外，还承担垦利、滨县两县银行机构的筹建及其他一些临时性业务，并逐步接管了县政府金库。1946年秋季后，办事处改归渤海区四分区支行领导。新中国成立后，改称中国人民银行利津办事处。

二、发起夏季攻势 解放利津城

1943年秋冬，世界反法西斯战争取得重大进展。1944年4月，处境愈来愈困难的日本侵略者，为了摆脱其在南洋的颓败，消除美国远程轰炸机对其本土的威胁，抽调兵力，向国民党战场的平汉、粤汉和湘桂铁路沿线发起战略性进攻，妄图打通从中国东北通往东南亚的大陆交通线，并摧毁中国南部的中美空军基地。4月中旬，日军集中40余万兵力向国民党战场的豫、湘、桂等省发起战略性进攻，在华北不得不收缩战线，实行重点防备、攻势防御。这时，日军把山东的大量兵力南调，仅留下第五十九师团和独立第一、第五混成旅团共2.5万余人，是抗战期间山东兵力最少的时期；伪军虽达20余万人，但战斗力更加衰弱。在此情况下，山东军区审时度势，抓住有利时机，发起攻势作战，以扩大解放区、缩小敌占区，打通各战略区的联系，夺取有利的反攻阵地。

1944年7月，为粉碎日军的“重点主义”计划，根据中共山东分局和八路军山东军区的部署，渤海军区决定，趁青纱帐起发起夏季攻势，并将第一阶段作战的方向定在益（都）寿（光）临（淄）广（饶）四边地区，首先策应驻寿光县丰城一带的伪“灭共建国军”第八团王道部起义反正。自20日至25日，渤海区八路军先后拔除日伪据点56个，其中四边地区25个，歼敌4500余人，一举实现了策应伪王道部起义反正的计划，全部收复了四边地区，打通了广（饶）寿（光）公路，胜利完成了第一阶段作战任务。

第一阶段作战取得了辉煌战果，驻渤海区各地的日军都惊恐不安，伪军更加动摇。为进一步改善八路军的出击阵地，给敌人更大的打击，渤海军区决定继续乘胜北上，发起以解放利津县城为中心的第二阶段作战。

摧毁利津城外围据点

利津县历史悠久，早在春秋战国时期即以“渠展之盐”而著称，经济文化比较发达。西汉以后，滚滚黄河奔涌泛滥，大片沃野渐次形成，沧海变桑田，利津域地不断向渤海湾延伸。至隋开皇十六年（596）置渤海郡蒲台县并建永利镇后，金明昌三年十二月（1193年1月）升镇置县，迄今已有800多年历史。千百年来，利津因得渔盐之利，民蕴丰厚，人才辈出，诗礼绵延，但自抗战以来，为了防止日军沿平汉线南下，蒋介石下令决堤花园口，黄河改道夺淮入海，黄河下游河道基本干枯，濒临黄河故道的利津城既是连接沾化、滨县、蒲台、博兴、广饶等县的重要交通枢纽，也是日伪设在鲁北渤海湾近处最大的战略要地和情报基地，同时也是敌人“扫荡”“蚕食”广北和垦区根据地的一处重要屯兵处和重要据点。日伪军仅在县城周边就设有盐窝、张许、侯王庄、小街、店子、单家寺、宋家庄、崔家、官庄、北辛店等10处据点，形成“梅花布局”，作为外围的重要屏障。1944年后驻守利津城的有日军1个小队和经过日军精心培训、号称“中国皇军”的伪华北绥靖军第八集团军第二十七团，另外，还有7个伪警备中队，加上伪警察局、新民会等，总计有2500余兵力，再加上县城周围墙高池深，城内工事坚固，利津城可谓易守难攻。

为彻底攻克利津县城，战前军区司令员杨国夫主持召开了军事会议，详细分析了敌我双方的力量对比和军事部署，研究确定了作战方案，决定由军区直属团担任主攻，分遣两个连队部署在小清河南，协同地方武装监视和牵制邻县敌人，另派军区特务营、四分区部队和垦利、沾化两县独立营及直属团一部分别攻打盐窝、张许两个据点，其他各外围据点则由各县区中队和民兵相机攻取。另外，派滨县独立营设伏于利（津）滨（县）公路两侧，准备阻击从惠民、滨县出动的敌人。

1944年8月12日晚，各部队按照既定作战方案，在夜幕的掩护下将利津城外围据点分割包围，军区直属团二营在蒲台、广饶等县民兵的配合下，首先包围了位于县城西南的张许据点。该据点位于张家和许家两村之间，建有南北两个大

利津城战役作战要图（1944年8月）

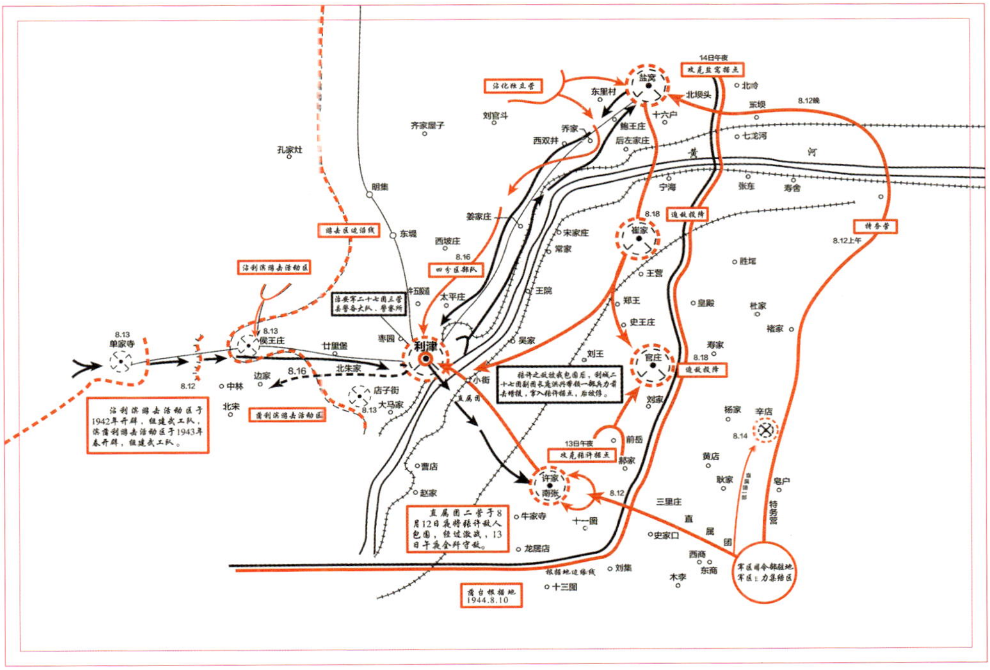

院、三个围寨、八个炮楼，武器精良，工事坚固，弹药充足，再加上据点周围的深沟和密布的铁丝网，敌人自诩“万无一失”。通过观察，我军发现该据点有一个致命弱点，就是东面外沟紧靠民房，如果开挖战壕可对其进行火力攻击。至天亮前，部队将战壕挖至距敌炮楼80到100米处。进攻前，我方先进行火线宣传，瓦解敌人的斗志，并做通一伪军连长媳妇的工作，让她到前线喊话，帮助做思想工作。炮楼里立即产生骚动，伪营长急忙下令开枪，但伪军们只是随意地应付着朝天放了几枪。随后，我军展开全面猛攻。驻利津城伪团长苏冀南得知张许据点被围，立即派副团长庞洪兴带一个营前去增援，结果被直属团二连一举击垮，还活捉了庞洪兴。至8月13日午夜，张许据点被攻克，共俘敌500余人，缴获机枪12挺、步枪400余支、子弹和其他物资一大宗。

张许据点被攻克后，城内的敌人惊魂未定。又传来盐窝据点“十万火急”的求援电报，其他据点的求援信号弹也是此起彼伏。

张许、盐窝据点犹如两只触角，在县城南北两翼展开，一旦都被拿下，县城将危在旦夕。情急之下，伪团长苏冀南亲率3个连向盐窝据点增援，但刚到乔家村和鲍王庄附近就遭到垦利、沾化独立营的伏击，伪连长以下20余人被毙伤，苏冀南一看形势不妙，立马率残部窜至盐窝据点附近的北寨。傍晚，我部对北寨发起猛攻，苏冀南又率残部逃回县城，盐窝据点终被攻克。

在此期间，日军指挥官井田中尉也带着数十名日伪军，向距离县城较近的小街据点奔去，还未赶到小街就看到，炮楼上早已飘起了鲜艳的红旗。井田一看也不敢久留，又怕被端了老巢，让日伪军们胡乱放了一阵枪，又龟缩回城内。这时，宋家庄、侯王庄、店子街、单家寺4个据点也相继被我军占领。

张许据点被攻克后，我军将伪副团长庞洪兴押至北辛店据点下，令其向据点喊话、劝降，伪军们知道大势已去，立即缴械投降。

8月16日，我军在包围利津城的同时，以军区特务营为主在垦利独立营的配合下，也包围了位于县城西北、黄河右岸的崔家庄、官庄据点，并同样采取了“围而不打”的战术。待县城攻克后，在强大的军事压力和政治攻势下官庄据点伪军投降。崔家庄据点守军伪二十七团1个营，自恃装备优良，拒不投降，我军连夜加强火力猛攻，摧毁敌据点围墙，一举挫败了敌人的锐气。伪军们惊慌失措，在特务营营长朱志明只身深入“虎穴”再次劝降后，伪军们才表示愿意

1944年8月16日下午，渤海军区召开解放利津城誓师大会

投降，并提出保证他们“生命安全”“私人财产不受侵犯”等三项条件，我军均予答复。8月18日午时，伪营长率200余名伪军架枪列队走出据点投降，崔家庄亦宣告解放。

八路军利用云梯组织攻城

发起总攻，解放利津城

8月16日下午，渤海军区在史家口召开万人誓师大会，军区司令员杨国夫宣布进军利津城命令。会后，杨国夫率作战科长陈乙斋、秘书崔醒农、警卫排长王京建等秘密渡过黄河，入驻在利津城东关黄河大堤外河滩上的一农户家中，作为前线指挥所。入夜后，各部开始向利津城发起总攻。

担任主攻任务的军区直属团一营在副团长兼营长李丕功的率领下，首先从城东河滩青纱帐处悄悄逼近黄河大坝。此处距城东门不过20余米，但坝下的民房都已被敌人扒掉，城门前还布满了一道道鹿砦和铁丝网，门楼的窗口和两旁垛口也都被砖块、麻袋等堵死，只留下几处射击孔控制着前面的大片空旷地。要在这里直接攻打东门是非常困难的。于是，一营先派两名侦察员沿大坝背坡转到城门北侧察看地形。摸清情况后，立即派一连爆破组沿坝下机敏地贴近城墙根，不料被敌人的哨兵发现大叫：“八路来了。”一时间枪声大作。我爆破队员正处于敌人射击死角，他们将身体紧贴城墙，缓缓地向城门移动，就在即将冲入城门的一瞬间，两个战士突然中弹倒下了。爆破队员、班长赵级三立即退出危险区，然后绕道接近城门，放好炸药包，拉开导火索，只听“轰”的一声巨响，大门顿时被炸开。战士们蜂拥着向城门冲去，但很快又退了回来，原来在第一道门后还有一道城门。这时，城楼和垛口上又喷出火舌，敌人又封锁了城门前的大片空旷地带。看到如此情景，未等指挥员下令，赵级三又夹起两包炸药冲了上去。他凭借丰富的战斗经验，以蛇形跳跃的方式接近城门，终于爆破成功，随着三颗绿色信号弹次第升起，埋伏在四周的部队再次像潮水般涌入城门，杀得敌人丢盔弃甲、抱头鼠窜。一连控制住东门后，二连立即插入城内，一路沿城墙向南北两侧进击，占领北门和南门，另一路直扑东大街南侧的伪军团部，并将守军全部歼灭。至17日拂晓前，我军先后攻下了文昌阁、魁星楼等多处据点，并肃清了南北大街之伪军，只剩下城西门尚未攻破。

17日上午，我军重新调整部署，以直属团二营五连、六连及一营一部，分别从城内、城外夹攻西门及碉堡，以直属团一营余部同时进攻伪县政府及文庙。至下午14时，以上各处据点全部被攻下，号称“中国皇军”的伪二十七团大部官兵被俘，只有少部分伪军及伪团长苏冀南窜入日军据点，企图负隅顽抗。

17日当夜，大雨如注。利津城仅剩下城西北角鬼子大院里的日伪军还在做垂死挣扎。晚上8时左右，敌人通过伪军送出一份投降书企图诈降，等候援兵。我军识破其诡计后，立即组织爆破强攻，当场炸死日军3人、伪军多人，伪团长苏冀南被迫率残部300余人缴械投降。至午夜11时许，日军的最后一个堡垒也被攻破，利津城获得彻底解放。

第二日拂晓，从滨县赶来增援的100多名日军和500多名伪警备队官兵，因中途受阻击，50里路程走了半天一夜，刚刚抵达利津城西关，站在城门下大声叫喊，就被八路军一顿手榴弹和排枪打得晕头转向，他们这才知道利津城早已被我军攻破，只好狼狈地逃至蒲台县城。

另外，刚从北平开完会、经张店折返利津的日军教导官竹田大尉并不知道老巢已经被端。会上，他受到了嘉奖，还决定把伪二十七团改编为独立团，配备更加精良的武器装备，然后远征太平洋战场。谁料到他与同行的5名伪军军官刚刚抵达博兴县境，就被县公安局和区中队抓获，还缴获重机枪一挺。

解放利津城战役，是清河区和渤海区八路军自全面抗战以来取得的一次空前胜利，也是渤海军区独自发起的首次城市攻坚战，并取得全歼守敌、彻底解放利津县城的重大胜利，标志着渤海军区八路军的城市攻坚战已经发展到一个新的阶

1944年8月，攻克利津县城后，渤海区召开祝捷大会。图为司令员杨国夫讲话

段、实现了质的飞跃。

战役结束后，渤海军区在县城以东洪济寺广场召开祝捷大会，军区司令员杨国夫作战斗总结。此役共击毙日军7名，毙伤伪二十七团营长姜启元以下200余人，俘伪团长苏冀南以下1400余人，缴获大小钢炮11门、重机枪2挺、轻机枪40余挺、长短枪1450支、子弹10万余发，另有电台5部、电话总机2部、电话

解放利津县城缴获的机枪

解放利津县城缴获的大小钢炮等武器

机22部、汽车2辆、战马50余匹、指挥刀39把、战刀100余把、粮棉1500万斤以及军衣、军毯、鞋袜等军用品一大宗。解放利津城战役的胜利，不仅扩大了渤海区抗日根据地的基本区，同时也极大地改善了八路军部队的武器装备，震慑了盘踞在沾化、滨县、蒲台、博兴等周围各县的敌人，为下一步开展更大规模的对日反攻奠定了坚实基础。

利津城，是八路军在山东境内解放的第一座县城，也是整个华北地区最早获得解放的少数几个县城之一。解放利津城，不仅揭开了渤海区局部反攻的序幕，也为下一步全面反攻势奠定了胜利的基础。为此，山东军区司令员兼政委罗荣桓、副政委黎玉、政治部主任萧华等特通令嘉奖了渤海区参战部队，中共山东省委机关报《大众日报》也专门发表了题为《渤海夏季攻势第二阶段急剧展开，我军光复利津城》的消息，对整个战斗的过程及战果进行了详细报道。另外，中共中央机关报《解放日报》也先后发表了《鲁北我军收复利津》和载有解放利津城

《渤海画报》创刊号反映利津大捷的封面

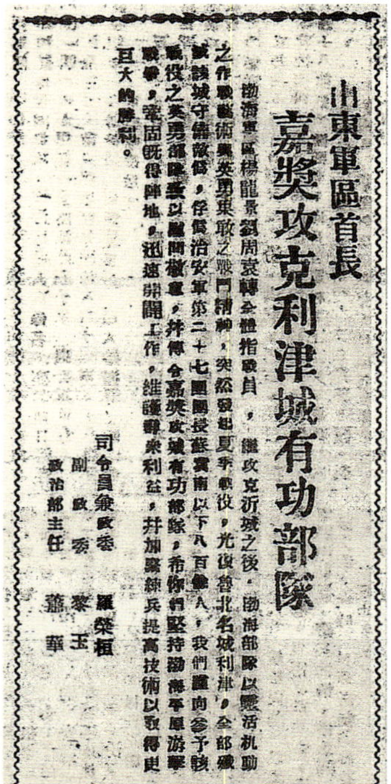

山東軍區首長
嘉獎攻克利津城有功部隊

渤海軍區楊龍景劉周袁轉全體指戰員，繼攻克沂城之後，渤海部隊以靈活机動之作戰戰術與英勇果敢之戰鬥精神，突然發起夏季戰役，光復魯北名城利津，全部殲滅該城守備敵偽，俘偽治安軍第二十七團團長蘇賓甫以下八百餘人，我們謹向參予該戰役之英勇部隊並以慰問敬意，并傳令嘉獎攻城有功部隊，希你們堅持渤海平原游擊戰爭，鞏固既得陣地，迅速展開工作，維護群衆利益，并加緊練兵提高技術以致得更巨大的勝利。

司令員兼政委 羅榮桓
副政委 黎玉
政治部主任 蕭華

1944年8月27日，《渤海日报》头版刊发《嘉奖令》

等重大战事的社论《山东捷报》，毛泽东亲自修改文稿并批示“此文写得生动、又有内容，可以发表”，充分肯定了利津城解放的重要意义。

之后，渤海军区又乘胜发起秋季攻势，先后解放了乐陵、临邑、南皮等县城，共拔除日伪据点228处，歼灭日伪军10740余人，收复国土1.125万平方公里，解放同胞200余万人。从此，渤海区各分区基本连成一片，原来分散坚持的小块游击区也变成了大块根据地，创造了全区抗战以来前所未有的辉煌战果。

解放日報

魯北我軍收復利津

斃傷俘敵僞團長以下千六百餘人

繳獲大小砲十四門步機槍千支

渤北討李戰役

擊退敵第四次增援

介紹良藥 虎骨木瓜酒

1944年8月23日，延安《解放日报》第一版报道利津解放

建党建政，建立地方武装

1941年9月，垦区解放后，在中共

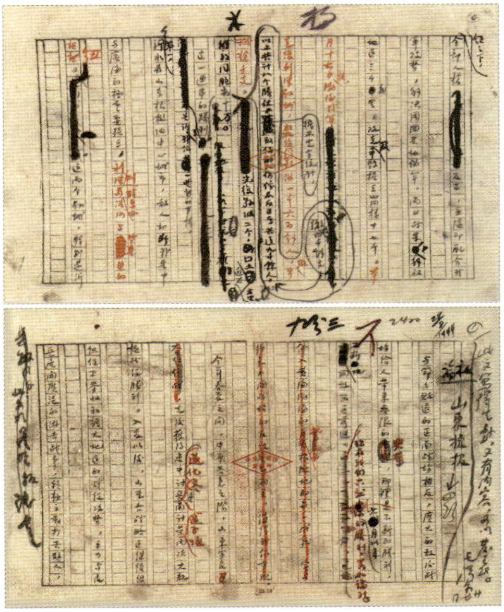
毛泽东修改《解放日报》社论手稿

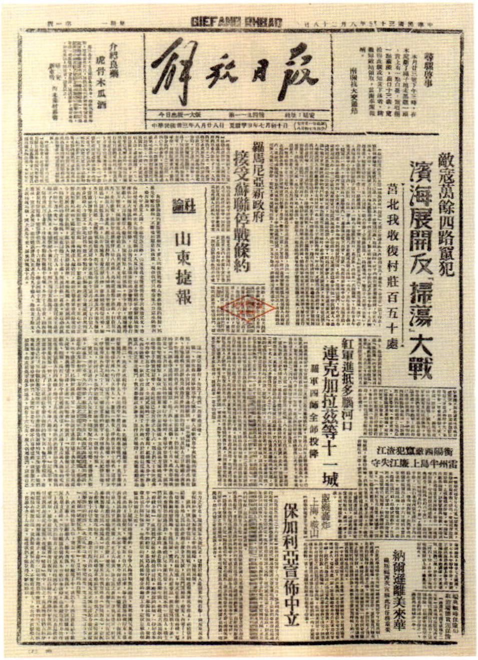
解放日報

敵寇萬餘四路竄犯

濱海展開反“掃蕩”大戰

莒北我收復村莊百五十處

羅馬尼亞新政府

接受蘇聯停戰條約

社論 山東捷報

紅軍進抵多瑙河口

連克加拉茲等十一城

保加利亞宣佈中立

納爾遜離美來華

毛泽东修改后，发表的《山东捷报》

垦区工作委员会和垦区建设委员会的领导下，先后开辟建立了一、二、三区并建立了区委、区公所，后又开辟第四、五区并建立了区委、区公所。其中，三区区委驻罗家镇一带，区委书记李祯民；四区区委驻汀河一带，区委书记王星九。这是利津现辖区内建立最早的两个区委。

同年11月，四区公安特派员赵子明到清河村开展工作，秘密发展青年农民杨友志入党。不久，又发展张华荣、张训武2人入党。12月清河村建立临时党支部，翌年3月，又发展田如生、陈玉印、王春明3人入党，经中共垦区工委批准后，正式成立了中共清河村党支部，杨友志任书记，张华荣任组织委员，张训武任宣传委员；同时，建立各群众抗日团体，田如生任各救会主任，王春明任农救会、陈德科任青救会主任，张久宝、王华英先后任民兵自卫团团长。

1942年后，为了坚持和开展边缘区斗争，清河区党委先后在利津与其他各县相邻、边缘地区建立了蒲（台）利（津）滨（县）、沾（化）利（津）滨（县）三边工委和三边联防办事处。其中，蒲利滨三边工委于1944年5月撤销，沾利滨三边工委在利津城解放后，也一并撤销。1944年8月，利津城解放，9月，正式建立了中共利津县委，王林任县委书记兼县独立营政委，王节亭任副书记兼组织部长，崔大田任宣传部长，邢钧（1945年1月任职）任民运部长、各救会会长兼农救会会长，王刚锋任妇救会会长，张景村任青救会会长；县委隶属渤海区四地委领导，机关先后驻西坡、蒋家庄、韩大庄等村，1945年春迁至利津城。

中共利津县委建立时的会场一角

1944年10月，中共渤海区党委和行署决定，将利津县划分为两

利津县抗日民主政府旧址（利津街道西双井村）

个县，利津、垦利两县开始分别建置，利津县抗日民主政府正式成立，推举王雪亭为县长，因其正在鲁南山东分局党校学习，暂由县公安局长王梅亭代理县长职务。利津县重新建置后，全县共划分为六个区：其中，一区区委书记王旭臣（王铭九），区长朱焕中；二区区委书记王省三，区长李真；三区区委书记王允文，区长赵景；四区区委书记宋砚田，区长张子敏；五区区委书记崔辉五，区长马胜吉；城区区委书记李群（1945年初任职），区长暂缺。县政府各工作部门负责人分别为：秘书处秘书刘振东，民政科科长王锐夫，财粮科科长张汝准，教育科科长刘之申，实业科科长张芳春，司法科科长齐英，公安局局长王梅亭，金库主任张汝准（兼），粮库主任袁东，工商管理局局长许子敬，战时邮政局局长宋洪先，工商联合会会长刘凤英。辖区范围包括：原利津县盐窝以南的一、二、三区和原蒲台县的坊佟、五庄2个乡，面积998.25平方公里，下辖323个自然村，计16万人。

在利津县委、县政府成立前，活动在原利津县辖区的地方抗日武装主要有蒲利滨三边武装工作队、武装三中队，沾利滨三边武装大队、独立营和垦利县独立营。利津、垦利两县分别建置后，垦利县独立营奉命改编为利津县独立营，营长张伯令，政委由县委书记王林兼任，协理员由子真。

1945年5月，县独立营由营长张伯令带领两个连300余人升级到主力部队，8月，编入渤海区四分区独立团二营四连和五连。后利津县重新组建独立营，县长王雪亭兼任营长，新任县委书记王节亭兼任政委，副政委由子真。

第七章
剿匪反特、“反蒋治黄”与土地改革

解放战争初期，国民党蒋介石集团为配合发动全面内战，不断地向解放区派遣武装特务，与当地的日伪残余和土匪、恶霸势力等相勾结，或造谣惑众、搜集情报或进行绑架、暗杀等破坏活动。同时又提出堵复郑州黄河花园口口门、让黄河水回归故道，其实质是想再次以水代兵，分割、水淹解放区。为了维护解放区的社会治安，保障人民的生命财产安全，同时也为了响应国共围绕“黄河归故”谈判所作出的修复黄河堤坝和治理黄河以及落实中共中央发布的《五四指示》的重大决策，利津县委、县政府领导全县人民先后开展了“双减”反霸、清剿匪特、反蒋治黄和土地改革等运动，不仅保卫和巩固了解放区，还充分调动了群众的革命生产积极性，为彻底推翻国民党的反动统治、建立新中国奠定了深厚的群众基础。

全面抗战胜利后，根据党中央和毛主席提出的“向南防御，向北发展；发展东北，巩固华北”的战略方针和中央军委命令，渤海军区主力第七师和新编独立师奉命挺进东北。为适应这一新的形势，渤海区重新调整行政区划，精简了各级领导机关及人员。调整精减后，由原来所辖的六个分区改为四个分区，并对各分区领导班子进行了机构重新配置，对所辖部分县进行了调整和重建。如，撤销了益寿临广四边县委、县政府，所辖区域分别划归原建置；撤销了广北县委、县政府，恢复设立广饶县委、县政府等。利津县委、县政府仍归第四地委和专署领导，地委书记岳拙园，副书记李文，专员冯鼎平，副专员冯基民。

一、开展“双减”反霸、生产运动

1945年9月，抗战刚刚胜利，中共渤海区党委即根据中共中央《关于日本投降后我党任务的决定》发出指示，指出：当前群众工作的基本方针是贯彻减租减息，组织大多数群众，团结各阶层，做好革命的统一战线工作；同时，在党内要加强群众观念、阶级观念、土地政策和统战政策教育，全面加强党对群众工作的领导。为贯彻中央决定，渤海区党委派出工作队，首先在惠民县龙池区和滨县两地开展“反奸诉苦”试点，清查伪特分子，建立农会和乡村政权，培养积极分子，发展党员，逐步建立党的农村基层组织，为开展其他新区工作和后来的“双减”、土改斗争积累经验，打下坚实基础。

1945年11月，利津县委根据渤海区党委的指示和部署作出决定，由县委宣传部部长崔大田、县各救会会长邢钧具体负责领导全县“双减”工作，同时抽调20余名干部组成工作队，由县委组织部副部长牛瑞卿带队，先后分赴城区及附近的四街、四关、豆腐巷子、大田、大（小）李家、菜园、黄家、任田等部分村庄，发动群众，宣传党的政策，进行“双减”反霸斗争试点，对鞠家村大地主鞠鹤园（原国民党利津县党部书记、“铁板会”总头目）开展了清算斗争。为加强对重点单位的领导，县委派各救会会长邢钧和县政府秘书科科长王锐夫共同带领一个工作组，到五区（明集乡）帮助工作，对那些在放租、放债中通过“驴打滚”“借一还三”等手段盘剥农民的大地主进行坚决斗争。同时，各区也选派干部深入农村，通过发动群众宣传党的政策、培养积极分子，打土豪，反奸诉苦，清算地租和高利贷。至春节前后，又掀起以减租减息、雇工增资为主要内容的“四十天运动”，进一步壮大了群众组织，建立充实了乡村政权，培养和发展了一批新党员和运动积极分子，进一步巩固了新解放区。

经过一段时间的查减增资斗争，基本摸清了全县息借、租佃关系。其中，息借情况是：放粮户12265户，取粮户23061户，共减退粮食22914石、息款372563元、麦子587石，退息折地267.7亩；租佃情况是：出租地主878户、佃户5875户，减退租子粮3708石、租折款89273元、租麦子18.1石、烧柴1100斤，减少受高利贷盘剥者2793户，同时向高利贷者讨回粮食207836斤、款7982元；增资情况是：全县共为1078名雇工增资粮食293000斤、款29571元、鞋袜485双、衣服118套。查减增资斗争，进一步改善了群众的基本生活，提高了群众的社会地位和阶级觉悟。这期间，区党委副书记王卓如曾到利津县检查指导“双减”工作，对利津县开展查减运动取得的成果给予充分肯定。

“双减”运动结束后，为促进生产、提高劳动生产率、培养生产能手，县政府及时召开了生产积极分子、种田行家和劳模代表会议，县长王雪亭作报告，代表们互相交流生产经验，商讨并提出了提高劳动生产率的措施。会后，县里又成立了由王雪亭、王节亭、邢钧、王建新（女）、许砚臣、程衡、张芳春等七人组成的生产委员会，各区、村也成立了相应的组织以及插伙组、纺织合作社等生产单位，一个轰轰烈烈的大生产运动在全县迅速展开。据统计，当年全县共组织插伙组1001个，入组4289户、10107人；组织纺织组326个，入组1675人；组织消费、运销、卫生合作社等54个，入社16659人，积累基金473142元。另外，县银行办事处还发放纺织贷款33.28万元、商业贷款220万元，有力地支援和支持了全县生产发展。

1946年7月中旬，天降暴雨，全县311个村庄、36万亩农作物受灾。为组织和领导抗灾斗争，县里成立了救灾备荒委员会，县长王雪亭亲自挂帅并深入城关区，与人民群众一起抗灾，组织生产自救。县委副书记兼组织部部长张雨村深入东堤区，县各救会会长邢钧深入宁海区，县委宣传部部长崔大田深入左王庄，县民政科科长孙子振深入大盖区，分头组织动员群众挖沟排水，储备野菜、树叶、菜种等，同时进行养鸡、养猪等副业生产，增加收入、解决当时面临的口粮问题。另外，为解决农民种麦困难、扩大种植面积，县委除向上级政府申请借贷麦种外，还发动群众成立借粮委员会，向富裕户借粮、借款，并号召机关干部每人节约麦种1公斤，帮助政府和群众克服灾害造成的困难。

1947年春荒严重，群众生活困难，县里又成立了生产委员会、春耕委员会，有计划地帮助农民完成春耕生产。据不完全统计，当时仅七八天时间，就帮助群众耕、耩、锄地3583亩，折合工日23383个。县北海银行办事处，也拨放农贷1500万元，为全县135个村、490个生产组的3710户农民，解决了生产困难。

二、清剿匪特 巩固后方

日本宣布无条件投降后，国民党蒋介石集团为了尽快控制地盘、抢占失地、扩充实力，肆意将对日大反攻中被八路军击溃逃亡的大批伪军收编为“中央军”。其中，包括横行在利津周边多年、杀害祸害过无数八路军战士和老百姓的原伪武定道灭共建国军二团团长成建基、伪剿共建国军临淄保安团团长王砚田以及原兴亚灭共建国军一团团长李青山等。不仅如此，他们还到处网罗那些逃亡在济南、张店、沧州、德州等地的地主恶霸、伪顽分子及土豪劣绅等，拼凑特务组织，成立还乡团，然后派往解放区进行反攻倒算和各种破坏活动。

1946年，在国民党对山东解放区进行重点进攻前夕，一小撮在利津城解放时逃往济南、周村、张店等敌占区的伪顽残余及地主恶霸分子，在济南成立了国民党利津县流亡政府，薄益三被委任为县长，并组织起“还乡团”“联庄会”“华北反共先遣队”等匪特组织，秘密派遣返回利津，进行报复性暗杀、刺探解放区情报、散布反革命谣言和煽动反革命暴动等活动，气焰十分嚣张。

1946年5月，为预防敌人破坏、清剿藏匿的匪特分子、维护解放区治安，渤海区行署公安局和军区武装部下达《关于反特剿匪的联合指示》，要求各级公安局和武装部相互配合、统一行动，全面加强民兵联防自卫，开展群众性防匪反特斗争。7月，鉴于匪特活动日益猖獗，渤海区党委和军区又联合召开会议，决定

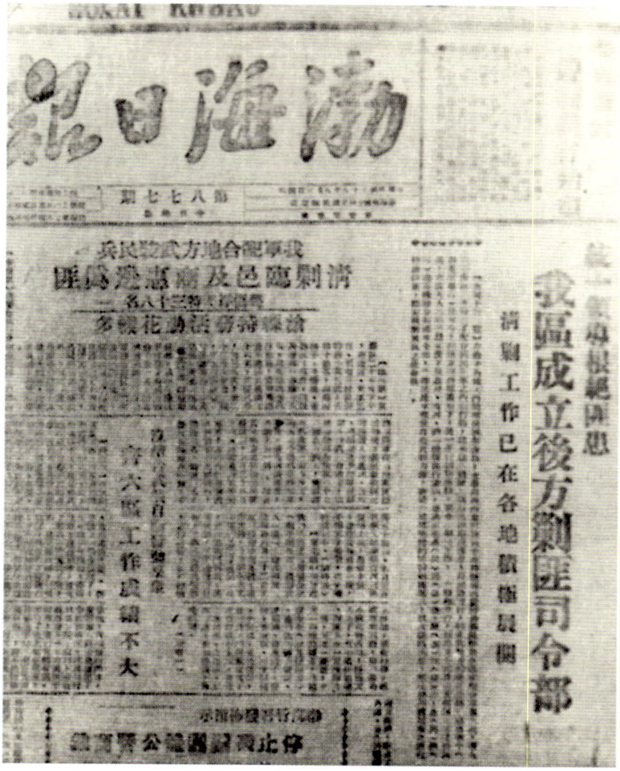
渤海日報
第八七七期
我區成立後方剿匪司令部
清剿工作已在各地積極展開

《渤海日报》关于成立剿匪组织的报道

成立后方剿匪司令部，由第四专署专员冯鼎平任司令，展开全面剿匪工作。

1946年底，按照渤海区党委和军区的部署，利津县成立了由县委书记、县长、公安局长、武委会主任和县大队队长组成的剿匪指挥部，统一指挥调动全县地方武装与民兵，展开全面剿匪工作。同时，还成立了由20人组成的县武装工作队（简称“武工队”），由县委宣传部部长崔大田兼任队长、公安局政卫队队长王其金任军事组长，分别开赴匪特活动较猖獗的地区，采用突袭、包围、拉网等战术，给匪特以沉重打击，有效震慑了敌人。

当时，利津县的匪情主要分布在一区、三区和五区。

活动在县境南部一区（今北宋一带）的匪特，以刘次元、刘怀玉为首，共30余人，有长短枪20余支。匪首刘次元原是一名伪乡长，刘怀玉是县伪警备队小队长，均在解放利津城时逃往济南。这股匪特潜回解放区后，大多活动在滨县东北部一带，经常与董占奎、耿希胜等匪股联合行动，有时到利津与滨县接壤的宋家集、大牛家、崔家、杨董庄、张锢镥、三林、后刘一带进行偷袭和破坏，来去匆匆。1946年8月，该股匪特分子石增祥装扮成县基干队民兵队长，伙同张炳银、石丛林等6名匪徒，将利津县公安队剿匪侦察员王吉仁、张茂松二人骗至滨县石家营的一所学校内，将王吉仁当场枪杀，张茂松逃跑被抓后在村西高粱地被活埋，并抢去匣枪一支、手榴弹两枚。1947年春，这股匪特偷袭大牛家村，枪杀该村农救会长、联防队长后，又窜至梁家村抢去民兵枪支5支、子弹20发。

活动在县境西北部三区（今盐窝一带）的匪特，番号为“鲁联庄会义勇大队”，下设苟春和、王化南两个分队。队长毕道德、副队长王树超，共有匪徒20余人，其活动范围主要在三区北部的洋江、后洼、后邢、大赵王庄、小赵王庄、马镇广及垦利四区的王家洼子、七里井等地。1946年夏，苟、王二人率匪徒10余名，枪杀了左王区干部董汝伦和东堤区干部李月芝。10月，该股匪特门福照又率6名匪徒，杀害了洋江村农救会长王旭东和门家村民兵队长吴学俭。

活动在五区的匪特主要有三股。一股以耿希胜为首，主要活动在五区西部的石家营、马家坊一带，有40人左右，人手一枪，但多系土造；另一股匪特以乔殿臣、谢汝汉为首，其中谢汝汉是原国民党杂牌军“赵三营”的一个排长。这股匪特有30多人，也是人手一枪，号称“华北反共先遣队”，经常活动在五区西北部南望参、谢家灶、杨家灶以及侯王、北于、马镇广一带。还有一股匪特在五区西北部，匪首苟云成，有30余人、20余支枪，主要活动在苟王庄、洋江、门家和利三区交界一带。1946年7月5日，在叛徒谢洪升的指使下，乔殿臣率30余匪徒袭击谢家灶村公所，把村党支部书记谢长运、各救会长谢洪云、农救会长谢凤昌三人抓住，拉到村西树林里枪杀，并抢走民兵长枪20余支、手榴弹50余枚，制造了谢家灶惨案。

据有关资料记载，仅在1946年5、6、7三个月间，匪特就杀害利津县干部、民兵及群众14人、伤3人，抢掠民兵枪支35支，另有现金18万元和其他物资一大宗。

为打击敌人的嚣张气焰，彻底剿灭匪特，县剿匪指挥部和武工队成立后，立即调用县大队和公安局政卫队的兵力，实行“以军事清剿和政治攻势相结合”的方针，“以分散对分散，以集中对集中”，深入发动群众，大力开展宣传教育和坦白立功活动，在分化瓦解匪特的同时，组织民兵加强联防，清查户口，站岗放哨，盘查行人，在各区、县之间建立密切联系，互相配合、互通情报、联合清剿，使匪特处处挨打、难以立足。

国民党CC系特务分子綦坤年是利津县綦家夹河人。1944年利津城解放后逃到济南，后被当地国民党交通站站长许某某拉入特务组织，尔后潜回利津家中。回村后，綦坤年伪装成积极分子，并于1946年混入村政权，任村调解委员，平时不断造谣惑众，散布“变天”舆论，企图瓦解农会组织、破坏参军运动和减租减息。县公安局掌握线索后，依靠群众查清其罪行，很快将其抓捕入狱。

1946年7月，混入沾化县马营区武委会的特务分子孙会英拉拢4个坏人搞叛乱，将区武委会主任、中队长、公安员及村干部等6人劫持，妄图到滨县投敌。在行至利津五区谢家灶时，被区公安队发现，将其包围击溃，救出全部被劫持人员，并缴获长短枪33支、毛驴两头。为此，区公安队集体受到渤海军区人武部的通令嘉奖，并记一等功。

11月，县大队在左王区中队的配合下，在薄家屋子村搜出匪特窝藏的12支步枪，并击毙1名暗藏特务分子。

同年冬，暗藏在家的原国民党利津县党部副书记郭维椿，借以教员身份召开教员联席会之机，秘密联络其他破坏分子，妄图暗地恢复国民党组织，被县公安局侦破，郭维椿及4名骨干分子被依法逮捕。

1947年1月，渤海区党委召开高干会议，明确提出“为群众锄奸，给群众撑腰”和“开展群众性反特斗争”的方针，要求邻近敌占区的各县、区彻底消灭匪特。不久县大队在副政委郭士彬的率领下，火速平息了屠户张村（今北张村）暴动，击毙了首犯原利津县国民党党部委员、五区伪区长崔振华及崔祯、吴秀峰、辛成元、崔振铎等多名暴徒，将制造暴乱的首恶、骨干分子20多人全部逮捕，极大地震慑了匪特分子，取得了剿匪反特斗争的重大胜利。

三、黄河归故与“反蒋治黄”斗争

“黄河宁，天下平”，大河汤汤，岁月奔流。从古至今，黄河治理都是国家安民兴邦的一件大事。因决口改道频仍，历史上黄河曾给两岸的百姓带来深重灾难，一度被称为害河，成为“中华民族之忧患”。

早在全面抗战初期，日军攻陷徐州后即沿陇海铁路大举西犯，郑州危急，武汉震动。为阻挡日军西进，蒋介石决定“以水代兵”，下令炸开郑州以北的花

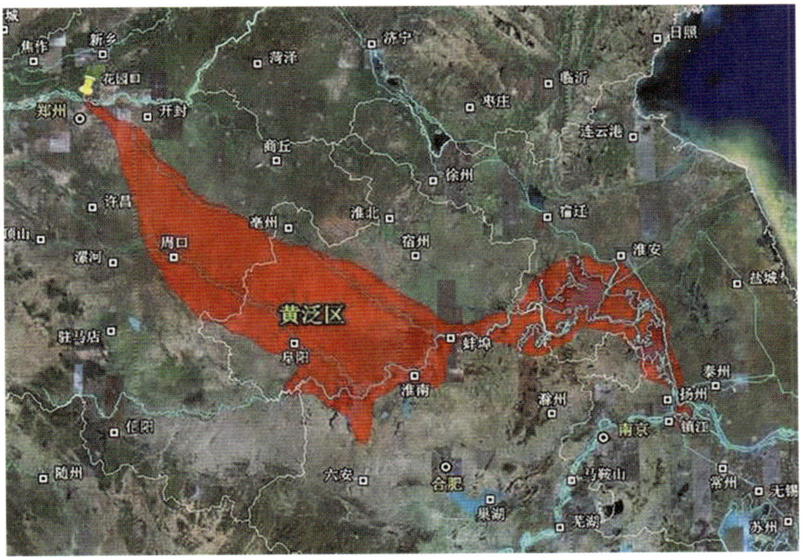

花园口决堤黄泛区图

园口大堤，造成黄河人为的决堤改道，给豫皖苏三省人民带来空前的灾难，夺走近90万人的生命，使391万人无家可归、84万公顷土地沦为泽国，形成了由西北至东南长达400余公里的黄泛区。

全面抗战胜利后，蒋介石坚持独裁统治，一面与共产党进行和谈，一面积极准备发动内战。1946年初，蒋介石故伎重演，决定要堵复黄河花园口口门，让黄河水重新回归故道，此举表面上是为了解除黄泛区人民之苦，实质是想再次以水代兵，水淹、分割解放区。蒋介石甚至叫嚣“黄河归故可抵40万大军”。然而，在黄河故道无水的8年，两岸百姓逐渐从岸上迁徙到这条长600余公里、宽约6公里的河床上，垦荒耕种，原来贫瘠的河道变成块块良田，逐渐形成了1700多个村庄，生活着40余万人口。从河南花园口以下至山东利津县黄河大堤，除齐河至济南间的60余公里为国民党军队防区外，其余大多在冀鲁豫和渤海解放区境内。即使这样，我们党为保护豫皖苏三省黄泛区人民的利益，还是以大局为重，同意与国民党在有联合国善后救济总署代表参加的情况下，进行“黄河归故”问题谈判，提出“先复堤、后归故”的合理主张，并多次达成协议。

3月1日，黄河花园口堵复工程破土动工，国共围绕“黄河归故”问题的谈判也随之展开。参加谈判的有国民政府黄河水利委员会和行政院的代表，解放区冀鲁豫和渤海区的代表以及联合国善后救济总署的代表。谈判于3月下旬开始，先后在4月7日、15日达成《开封协议》和《菏泽协议》，商定堵口与复堤同时进行，堵口合龙日期则视复堤情形而定；迁移居民由行政院发给迁移费；豫鲁两省修防处由中共代表参加。但国民党方面则力促在大汛前完成堵口工程，并电令工程局加速施工，务于7月1日前完工。解放区方面为了求得堵口复堤问题的合理解决，又在5月派代表赴南京，于18日与国民党方再次达成《南京协议》，双方同意下游复堤工程尽快开工，物料、工粮款等由国民政府从速拨给，堵口工程以不给下游带来水害为前提。

4月11日，国民政府黄河水利委员会委员长赵守钰，联合国救济总署代表塔德，晋冀鲁豫解放区各救会主任赵明符、交通局长成润、总工程师陶述曾等一行10余人，由济南出发北行，沿黄河故道北堤进行勘察，并于当晚抵达利津县城，县参议会代表全县人民向勘察团陈述复修河堤意见，提出五条要求：（一）先修堤，后改道；（二）妥善照顾因黄河改道而影响生产之群众；（三）彻底改革以往河防工作之弊端；（四）必须由地方民主政府参加领导，地方公正人士负责监督；（五）发扬民主，倾听群众意见。

联合国救济物资在利津县东关码头港口卸货

5月，渤海区修治黄河工程总指挥部发布第一号指示：（一）为保证治黄工作的顺利进行，渤海区行署成立河务局（亦称山东河务局，驻蒲台县城，由省政府和渤海区行署双重领导），江衍坤任局长，王宜之任副局长；（二）成立渤海区修治黄河工程总指挥部，李人凤任指挥，王宜之、高兴华任副指挥，下设西、中、东段

利津县的妇女儿童正在抢运砖石

指挥部及沿黄各县指挥部，具体负责民工的宣传动员和组织工作，领导完成治黄任务。5月20日，渤海区修治黄河工程总指挥部指示沿河各县，迅速建造码头及渡口船只，以防水到有碍交通。5月26日后，冀鲁豫及渤海解放区沿黄各县先后组织动员40余万人，开始了大规模的黄河复堤工程。

黄河利津段长达75公里，因黄河大堤已弃守多年，堤坝低矮残破，仅宫家至王家庄段就有险工10余处，复堤任务十分艰巨。为尽快完成复堤任务，利津县委、县政府及时成立了黄河复堤工程指挥部，由县长王雪亭兼任主任，县委书记王节亭兼任政委，并聘请了赋闲在家的老河工、原山东黄河北六分段第三防守汛汛长于祚堂作技术指导。6月6日，利津县又成立了治河办事处，王雪亭兼任主任，同时，成立了县防汛工程队和由300多人组成的河防武装工作队，进一步加强了对治黄工作的领导。其间，县长王雪亭身先士卒，既当指挥员又当战斗员，亲自挑砖抬土，与人民群众一起奋战在复堤第一线。为解决物料不足问题，县城各机关、部队和广大人民群众一起，几天之内就把城墙上的砖石全部扒下来运到河岸工地上。至6月中旬，全县治河复堤工程基本完成，境内南岭以上黄河大堤普遍加高1—2米，总计完成土方70余万立方米；同时还对小街、王庄、张滩、宫家等险工进行补修，新修了部分砖埽、秸埽及护堤套坝，总计用石料11800多立方米、秸料29.5万公斤、木桩1280根，另有麻绳、苇缆等料物一大宗。

6月26日，国民党以进攻中原解放区为起点，挑起全面内战。

7月10日，渤海区修治黄河工程总指挥部、（山东）河务局联合发出通知："据'联总'消息，国民党政府决定本月20日花园口堵口放水。而我区修河复堤工程浩大，迄今尚未完竣，应即星夜动员民工赶修，务于大汛前一律报捷。"至7月下旬，全区一期复堤工程大部完成，黄河故道大堤得到初步恢复。然而，国民党方面操纵的花园口抛石堵口工程虽经一个多月的紧张施工于6月21日完成了工地大桥的全部打桩任务，但正当建桥工程完成、桥面铁路通车并开始运石抛护之际，黄河中上游突然涨水下泄，致使部分桥桩被冲走，桥身也被冲断，7月中旬又有部分桥桩被冲走。在这种情况下，国民党方面不得不被迫中止于汛前完成堵口的计划。

1946年10月5日，花园口堵口工程中断3个月后，国民党方面又重新复工。至12月27日，国民党方面有意违背此前由国、共、"联总"三方多次达成的关于黄河"先复堤、后归故"的协议，以堵口工程技术需要为借口，悍然将部分黄河水放归故道，使沿黄两岸民众特别是解放区民众的生命财产、田地及房屋等遭受严重威胁。

联合国救济总署的官员视察黄河

1947年1月8日，中共代表周恩来就此发表声明，强烈抗议和谴责国民党政府的这一丑恶行径，要求“联总”停止对国民党蒋介石的一切援助，并呼吁全国同胞与国民党作坚决斗争。

同月，联合国善后救济总署特派员范明德（加拿大人）、莱亨利·彦西博（美国人）等再次到黄河下游视察，并随船带来救济物资一大宗。

3月15日，在黄河下游堤坝尚有120余处险工未及修复的情况下，国民党方面强行将花园口口门合龙，使黄河水全部流入故道。21日，河水进入渤海区境内；23日，河水流入利津县境。水深达4米，水面宽700米，滩区内的许多村舍、耕地被淹。整个渤海区，受灾农田达25万亩，若干人死于非命。

4月中旬，黄河发生桃汛，河水暴涨。为防止大水溢槽迫岸，渤海区修治黄河工程总指挥部要求沿黄各县立即成立防汛指挥部，组织动员民工昼夜抢修、加高险工堤坝，同时加紧迁出河道内的村庄及居民，并要求沿黄11个县务必以“治黄为主、支前为副”，地委成立由党、政、民、武领导参加的支前治黄委员会，各县单独成立治黄委员会，统一调剂配备人力物力。为确保黄河大堤安全，利津

1947年6月，綦家嘴险工修坝工地场景

县还专门制定了“治黄立功条例”，规定：群众献砖3500块记一等功，1500块记二等功，500块记三等功；每人每天挖运土方2立方米记一等功，1.8立方米记二等功，1.5立方米记三等功。区、村集体立功条件是（1）民夫动员组织的好，按期如数到堤、不离队，听从指挥并保持工作情绪高涨者；（2）保证修堤工程层土层础，打得结实，合乎工程标准者；（3）在河堤能及时对民夫进行教育，注意防空防特，不受任何损失者；（4）积极工作修得快，工程提前完成者；（5）献砖石数目多，而且完成快者；（6）能结合生产、复查、支前等各项工作者；（7）及时为新闻通讯报道传播经验者。

7、8月份，雨季来临，河水再次猛涨。利津县从大马家至王家庄40余公里河防全线告急，其中3处险工形势严峻。尤其是大马家险工段，一旦决口，必将造成利津、滨县、沾化、惠民、阳信、无棣等县一片汪洋，后果不堪设想。在这万分危急时刻，县委、县政府紧急部署，调动全县各方面力量，男女老幼齐上阵，用尽一切办法抢修险工堤坝，奋战月余终于护堤成功，河水顺利入海，各险工段转危为安。

在抢修綦家嘴险工时，连日风雨交加，几百个民工冒雨打桩、拴绳、拢料、加土，连续奋战四五个昼夜，做了几十个秆埽，都被狂风巨浪无情地吞没了，最后坝顶只剩下一米多宽，随时都有崩塌、决口的危险。其间，还有国民党的飞机时常来扫射、轰炸。敌机一来，民工们就四处逃散，只有少数河工坚守岗位。在这万分危急时刻，大家的信心和意志都有些动摇，老河工苏俊岭的信心也不足了，他低声地对在现场指挥的县委书记向旭说：“政委啊，看来守不住了！大家也尽力了，准备放炮吧？”按照老辈儿黄河上的规矩，只有黄河决口时才能放炮或撞钟，目的是为了通知村民们赶快逃命。向旭考虑再三，坚定地说：“不能放炮，还是要坚守！就是只剩下一尺坝、一个人也要坚持！”他下令立即从各村再增调民工，砍运鲜秸料、鲜树枝，继续抢险。熬过一昼夜，雨停风转，险情终于缓解。但王家庄险工段的河水冲出大堤，而且将新修的套坝冲出一个洞口，区公所一通信员下水堵洞，竟直接被河水从洞口喷出。千钧一发之际，县长王雪亭带头跳入水中，与相继下水的五六十名民工一起，手挽着手并排阻挡河水，终于将堤脚深处的洞口险情再次排除。对利津人民在这次“反蒋治黄”斗争中

渤海区修治黄河指挥部领导与河工劳动模范合影

的突出表现和贡献，华东局予以通报表彰，并给予县长王雪亭及所有河工、民工记功奖励。

四、土改与土改复查

解放战争中，实行土地改革的目的是废除农村地主封建土地所有制，实行农民土地所有制，实行耕者有其田，从而激发广大农民支援解放战争、参军参战的政治热情。

解放战争初期，人民解放军与国民党军队不论数量还是武器装备相差都十分悬殊，为了保证解放战争的最终胜利，共产党人通过积极探索、认真思考并进行深入调查研究，最终找到了调动广大农民生产和革命积极性的办法，那就是实行土地改革。1946年5月4日，中共中央发出《关于清算减租及土地问题的指示》（即《五四指示》），正式吹响了土地改革的号角，明确指出“解决解放区的土

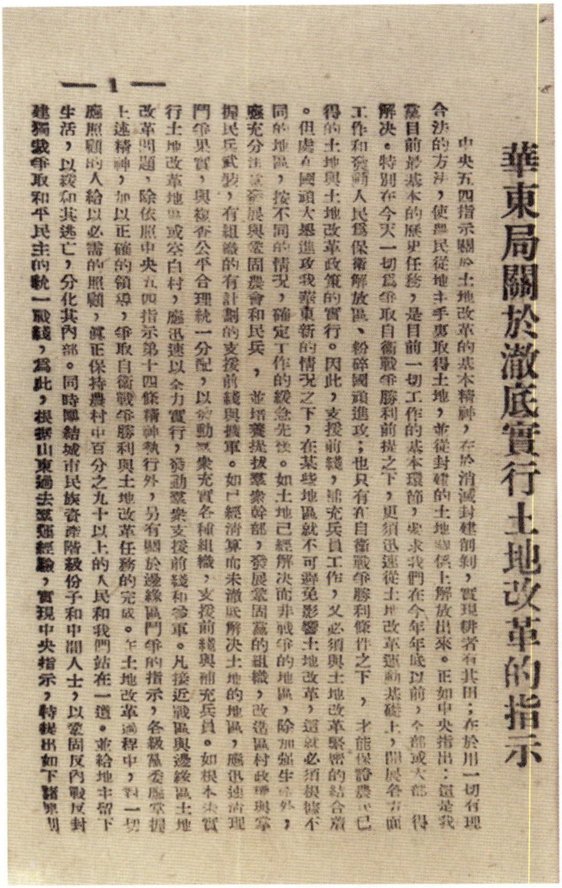

—1—

華東局關於澈底實行土地改革的指示

中央五四指示關於土地改革的基本精神，在於消滅封建剝削，實現耕者有其田；在於用一切有理合法的方法，使農民從地主手裏取得土地，並從封建的土地關係上解放出來。正如中央指出：這是我黨目前最基本的歷史任務，是目前一切工作的基本環節，要求我們在今年年底以前，全部或大部得解決。特別在今天一切爲爭取自衛戰爭勝利前提之下，更須迅速從土地改革運動基礎上，開展各方面工作和發動人民爲保衛解放區、粉碎國頑進攻；也只有在自衛戰爭勝利條件之下，才能保證農民已得的土地與土地改革政策的實行。因此，支援前綫，補充兵員工作，又必須與土地改革緊密的結合當。但處在國頑大舉進攻我華東新的情況之下，在某些地區就不可避免影響土地改革，這就必須根據不同的地區，按不同的情況，確定工作的緩急先後。如土地已經解決而非戰爭的地區，除加强生產外，應充分注意發展與鞏固農會和民兵，並培養提拔羣衆幹部，發展鞏固黨的組織，改造區村政權與掌握民兵武裝，有組織的有計劃的支援前綫與擴軍。如已經清算而未澈底解決土地的地區，應迅速清理鬥爭果實，與複查公平合理統一分配，以發動羣衆充實各種組織，支援前綫與補充兵員。如根本未實行土地改革地區或空白村，應迅速以全力實行，發動羣衆支援前綫和參軍。凡接近戰區與邊緣區土地改革問題，除依照中央五四指示第十四條精神執行外，另有關於邊緣區鬥爭的指示，各級黨委應掌握上述精神，加以正確的領導，爭取自衛戰爭勝利與土地改革任務的完成。在土地改革過程中，對一切應照顧的人給以必需的照顧，眞正保持農村中百分之九十以上的人民和我們站在一邊。並給地主留下生活，以緩和其逃亡，分化其內部。同時團結城市民族資產階級份子和中間人士，以鞏固反內戰反封建獨裁爭取和平民主的統一戰綫，爲此，根據山東過去羣衆經驗，實現中央指示，特提出如下諸原則

关于土地改革的文件

地问题是我党目前最基本的历史任务，是目前一切工作的最基本的环节”。

《五四指示》下达后，各中央局和中央分局、解放区各级政府，抽调大批干部组成工作队奔赴广大农村，广泛发动群众，掀起了一场轰轰烈烈，史无前例的土地改革运动。按照《五四指示》的规定，解放区各级地方政府要坚决支持和拥护广大农民以各种方式获得土地，用一切方法吸收中农参加运动，但决不可侵犯中农的土地，一般也不变动富农的土地，使富农与地主有所区别；即使都是地主，也不能完全没有条件地没收其一切土地，如对属于地主豪绅成分的抗日军人和抗日干部的家属以及“与我们合作而不反共的开明绅士及其他人等”，就应谨慎处理并适当照顾，对中小地主的生活也应给予适当照顾。这些政策规定，对于团结大多数、保证土改运动的健康发展起到了十分重要的作用。

按照渤海区党委和行署的统一部署，利津县的土地改革运动从6月起进行宣传动员，经7、8两个月的准备，制定土改工作方案，9月正式进入实施阶段。当时提出的口号是“人人有田种，人人得其平”，要求务必使土地转入最迫切需要土地的贫雇农手中。

9月下旬，利津县委召开各区委书记和县直部门负责人会议，按照渤海区的指示要求，全面部署了土地改革工作。但由于认识不足，会议要求土地改革只在

党内宣传，在党外仍继续以"双减"的形式开展清算斗争，从地主手中合情合理地夺取土地，转移土地关系；同时要求区村干部和积极分子要做好思想工作，加强对群众的宣传教育，领导干部要掌握基点、创造经验，由点到面，全面展开，争取两个月内完成任务。会后，县委派四区区委书记宋砚田、县各救会会长邢钧带领工作队到四区坨家庄首先进行试点工作，通过清算和讲理斗争，共向地主索回土地2700亩。之后，又增加小宁海为土改试点村，通过试点为全县摸索经验。

实行土改前，利津县的土地占有情况极不合理，约占人口45.32%的贫农仅占18.54%的土地，占人口45.96%的中农占27.6%的土地，占人口3.6%的富农占4.86%的土地，而占人口5.03%的地主却占49%的土地（见下表）。

土改前利津县各社会阶层土地占有情况表

社会阶层	户 数	占比	人 数	占比	耕地面积	占比	人均占有耕地
全县合计	41278	100	156672	100	1045356	100	
贫农	20260	49.07	71000	45.32	193800	18.54	2.8
中农	18018	13.67	72000	45.96	331256	27.6	4.6
富农	1242	3.01	5640	3.6	50.760	4.86	9
地主	1721	4.16	7884	5.03	462700	49	58.5（含荒洼地）
其他	37	0.09	148	0.09			

注：富农中含小土地出租者 211 户，地主中含资本家 19 户；其他中含商民 21 户、游民 2 户、自由职业者 5 户、手工业者 4 户、其他 5 户。

从几家大地主占有土地状况看，更为惊人。利二区尚家庄大地主尚树武，手指为边、脚踏为界，实控土地1000亩；城区地主"中和堂"的林吉良，依靠其盟兄国民党鲁北民团指挥赵明远之势，在原沾化县郭家局子、大牟里一带屯垦黄河新淤地，共拥土地6494亩。这些地主操纵大量土地，利用出租、放债等手段高利盘剥劳动人民。还有后宋村的地主王曰臣，每年放粮30石，丰学礼每年放粮50石，林秀宝每年放粮55石。为避免因物价上涨带来损失，地主们多实行实物地租、货币地租，附加地租次之。他们定的地租额，利率都很高，"活租"一般是秋后取二至四成籽粒，“死租”不论丰歉动镰即交租，一般每大亩（1.2亩）定租三斗、五斗、一石不等，“大小租子”立契时一般每大亩先交一斗、二斗小租，秋后再交三斗、五斗大租。利率，分贷粮和贷款。贷粮也叫放豆账，一般是春贷秋归，贷一斗还两斗、三斗不等；贷款实行月息，分2.5、3、5分不等，延期归还“利滚利”（也叫“竖起来”）。而且，地主逼债很厉害，尤其是进了腊月更厉害。城区地主崔景和，大年初一到刘福兴家中逼债，登上刘家的供桌，临行还抄走了供菜；地主林吉良为逼债，自备长短枪140余支；还有国民党省议员地主宋坡山，专靠法院逼债。

9月1日，华东局发出《关于彻底实现土地改革的指示》。为贯彻这一指示，渤海区党委，先后发出了《关于大胆放手贯彻土地改革的指示》和《关于彻底执行土地改革的补充指示》，强调指出：土改的目的是“使农民得到土地，把地主土地拿出来，分给无地（雇农）或少地（贫农）的农民”，同时批评了以献田为主的工作方式，提出了“人人有田种，人人得其平”的口号，要求务必使土地转入最迫切需要土地的贫雇农手中。这一指示下达后，解除了干部思想上的顾虑，纠正了此前以献田为主的倾向，抛开了反奸“双减”中“公归公、公济私、富济贫”的口号，打破了“富农土地不能动”的想法。

10月初，利津县委召开县区干部会议，会上传达了华东局及渤海区党委的指示，并结合土改试点提出了县委的执行意见。会后，全县有70%以上的党政群干部投入土改运动中，土改运动在全县全面展开。

11月12日，渤海区党委又发出《关于今年年底全部或大部完成土地改革给各级党委的一封信》，要求各地放手发动群众，一定要在年底全部或大部完成土改，充分调动广大农民保卫土地、支援人民解放战争的积极性。同时，要求吴桥、广饶、利津等12个县每10天直接向区党委汇报一次土改进展情况，以便对运动进行及时指导。之后，利津县委遵照区党委指示，周密部署，层层发动，在全县加深入地开展了土地改革运动，县、区机关除留财粮干部掌握征收、保证前线供给外，其他所有党政群干部全部投入土改运动。土改工作队（组）分赴各村后，通过召开党员会议、干部会议、农民会议，层层发动群众、培养积极分子，建立清算斗争委员会和土地分配委员会，在深入调查研究的基础上有的放

矢地开展工作。与此同时，县政府还布告全县人民，一律遵行土改法令，斗倒恶霸地主，彻底进行土地改革。在土改进入高潮

土改宣传队，宣传土地改革政策

时，村村召开诉苦大会，斗地主、打恶霸、搞清算、分田地，形成了翻天覆地的农民运动。历经半年，全县共划出地主1702户、富农1031户、资本家19户、小土地出租者211户、中农18018户、贫农20260户、商民21户、游民2户、自由职业者5户、手工业者4户、其他从业者5户；从地主富农手中共夺回土地65581亩，清算出粮食670万石、农具近4000件、牲口212头、衣服720件；全县有2544户贫雇农分得了土地，31513人分到斗争果实。

土改运动中，利津县认真贯彻“依靠贫雇农，团结中农，孤立富农，打击地主”的方针和使无地少地的贫雇农得到足够土地、自耕自给的中农土地不被侵犯、照顾中小地主的生活给出路的政策，也给地主一份土地，使其改造成自食其力的劳动者。但也有个别村出现了一些问题：一是侵犯中农利益。有的搞和平土改、平分土地、让富农献田，有的错把部分中农当成地痞、流氓、狗腿子进行斗争，甚至还有的把中农错划为地主、富农；二是土地分配不公。有的村干部多分地、多分浮财、脱离群众，使封建势力钻了空子，从中挑拨干群关系，而真正的地主却逍遥法外；三是出现了“富农路线”倾向。在清算斗争中，不是先照顾贫雇农，而是先照顾地主，给地主多留地、留好地，极个别村干部还存在包庇地主分子的现象。

1947年2月1日，为解决土改中出现的问题，中共中央发出了《迎接中国革

土改后，劳动人民手拿《土地证》越看越高兴

命新高潮》一文，要求在解放区土改不彻底的地方进行土改复查，务使无地和少地的农民都能获得土地，使豪绅恶霸分子受到惩罚，以按期完成土改。为此华东局和渤海区党委都先后发出指示并连续召开领导干部会议，部署土改复查工作。

5月后，为顺利开展土改复查工作，利津县先后举办4期训练班，共培训骨干400余人。之后，利津县根据上级指示和决定，各村纷纷召开村干部与积极分子会议。从当时情况看，封建势力虽已初步被打垮，但仍企图复辟；基本群众的优势尚未建立起来，在匪特活动较严重的村庄和土改不彻底的村庄，仍需通过发动群众，逐步提高其向地主等封建势力作斗争的自觉性。

6月，因黄河水泛滥，上级确定沿河11个县以治黄为主，全力投入“反蒋治黄”斗争，土改复查一度受到影响。这期间，利津县的古老城墙被拆除，所有砖石全部运到黄河两岸赶修堤坝，加固大堤和套堤。

8月，渤海区党委根据华东局指示，又下发了区党委副书记王卓如《关于土改复查问题的发言提纲（初稿）》，进一步阐述了土改复查的内容、方针、方法及领导方式等问题，指出：土改复查的内容是查地主的土地、浮财弄得彻底不彻底，查地主在政治上低头没有，查地主的破坏活动，查特务地下线；复查方针是放手发动群众，把复查的权利交给群众；复查的方法是以贫雇农为主，召开大规模的新老积极分子会议、办训练班、召开村干部联席会、开展诉苦运动等；领导方式是首长负责、亲自动手，领导与群众相结合，突破一点、推动全面，让群众自己起来，大胆与封建势力进行清算。之后，县委在城关孟家坦召开干部会议，传达了上级指示，县委副书记张雨村对复查工作提出了指导性意见，强调要把复查的权力交给群众，政府为群众撑腰，彻底摧毁农村封建统治、消灭封建剥削，满足90%以上农民的要求，使农民真正成为主人。

10月后，渤海区土改整党会议召开，会议在华东局副书记邓子恢、第二副书记康生等人的主持下，全盘否定了渤海区土改运动的成绩，诬蔑丑化渤海区的党组织和干部队伍严重不纯，声称“渤海区有个以景晓村为首的宗派主义集团”，从上到下烂掉了。以致上至区党委书记景晓村、副书记王卓如、行署主任李人凤、公安局长李震，下至大部分地、县、区委主要负责人都受到了错误处理和打击，有的被撤职、免职，有的被调离工作岗位，许多干部蒙受不白之冤，严重影响了党群、干群关系，给党的事业造成了无法弥补、不可估量的损失。

会议结束后，全区司法机关一律被撤销，利津县所属的四地委因受株连被撤、免、调职的就有地委书记李文、副书记刘鸿轩、夏戎和副专员冯基民等20余人，利津县委书记向旭、县长王雪亭均被调离工作岗位，其中向旭被调到区党委土改工作团二分团任党委委员。这些干部被当作“石头”搬掉后，土改中错划阶级成分、侵犯中农利益、打击民族工商业和乱打、乱杀等“左”错误愈演愈烈。受其影响，利津县先给20多户地主封门，资本家兼地主张汉亭因害怕斗争逃往济南，群众就斗争他的管家，押解游街。在“地主就是罪恶，贫穷就是理由”的错误口号下，庄科村在召开复查斗争大会时当场打死了坏分子李春台。全县许多地方又出现了多次乱打、乱杀的错误做法。据不完全统计，仅在土改复查中，全县就打（处）死土匪、汉奸、特务、恶霸地主等51人。这种极“左”的做法和偏差，直到1947年底中央提出纠正土改中“左”的倾向、华东局也发出《关于暂停土改，禁止乱打、乱杀的指示》后才得到纠正，渤海区土改整党会议精神也被暂停宣传贯彻，从而避免了更大的不良后果和损失。

第八章
支援全国解放战争

解放战争是一场规模宏大的人民战争。抗战胜利后，为贯彻中共中央关于“向北发展，向南防御”的战略方针，渤海军区主力奉命挺进东北，包括利津县在内的渤海区各县先后掀起多次大规模的参军运动，在确保土地改革、“反蒋治黄”斗争顺利进行的同时，以大量的人力、物力和财力支援解放战争，有力地保障和解决了前线部队面临的粮食供应、弹药补给、后勤运输、伤员转送等众多困难与挑战。尤其是冒着枪林弹雨、活跃在解放战场上的广大民工队伍，他们赶着大车、推着小车、抬着担架，发扬自我牺牲精神，不避艰险，排除万难，全力以赴支援前线，被战地群众誉为“不穿军装的解放军”。

一、大参军运动

早在抗日战争时期，以广北、垦区为中心的渤海区人民就有参军、参战的光荣传统。抗战胜利后，为保卫和巩固抗战胜利成果，补充渤海军区主力因挺进东北而缺少的兵员，1945年9月，利津县掀起了首次参军运动。至1949年5月，全县共组织四次大参军运动，总人数达5037人；另有县大队、独立营先后6次升级主力部队，升级人数2000余人。

解放区动员参军是一项思想性、政策性、时间性很强的政治任务。首次大参军运动（1945年9月至11月），利津县计有998名青壮年参军入伍，超额完成了970人的动参任务。其中，干部带头参军的有村长11人、农救会长8人、自卫团长27人、青救会长25人、民兵队长25人、村政委员9人。各区新军统一集合后，县委在庄科村召开欢送大会，设宴招待了新、老军属和新军，并唱了3天大

1945年秋，利津县干部、群众召开欢送新军大会

戏，以示庆贺。这次入伍新兵，先后补充到了新建的渤海区警备第六、七、八旅和军区特务一、二团。

在动参运动达到高潮时，全县还开展了以运送前线物资、积极缴纳赋税、无私捐粮捐款支援前线为主内容的“输将”运动。当时，全县总计有25415户，共输将粮食9060石（271.8万斤）、现金16.73万元（北海币）、鞋8937双、袜2241双、布2476尺，其他物资折价18.075万元（北海币）。

全面内战爆发后，解放区土改运动刚刚兴起，国民党反动派采取“军事匪帮化，社会动乱化”的政策，不断派遣武装特务、土匪和地主还乡团等对解放区进行突然袭击、暗杀和破坏，严重扰乱了解放区的社会秩序。在如此严峻的斗争形势下，县委按照渤海区党委和四地委《关于执行区党委建军决定的指示》精神，为配合开展土改和清剿匪特，提出县大队要达到兵力400人、各区中队也要达到30人；除保证本县、区武装部队满员外，更要随时准备输送人员升级到四分区主力部队。第二次大参军运动，从1946年10月至1947年2月，全县共有1088名青壮年参军入伍，许多区、村开展动参竞赛，争当模范。其中，一区的洼张村和碾李村互相挑战，两村共有40余名青壮年参军；五区南望参村80余名青壮年自愿报名、争先参军，组织一个“光荣连”集体入伍。全县一至五区及城区，分别有180人、231人、115人、205人、216人和141人参军入伍，超额完成了700名的动参任务。

第三次大参军运动时值1947年秋，全县共有712名青壮年参军入伍。当时，正是国民党军队重点进攻山东解放区之际，此次动参主要是为华东野战军补充兵源。动参工作开始后，县委强调以动参为压倒一切工作的中心任务，除照顾财粮干部征收、保障前线供给外，所有能做政治思想工作的脱产干部，一律编成工作组到农村去做动参工作，力争做到家喻户晓、人人皆知。动参工作进行到村时，各村首先组织教师、民兵带领儿童团、姊妹团等，以“喊话筒”“黑板报”“街头演唱”以及张贴标语等形式，展开群众性的大宣传，营造参军光荣的浓烈气氛。县委、县政府也根据前方战事，组织慰问部队，鼓励本籍参战部队英勇杀敌、为家乡争光。

1948年春，潍县战役之前，参战部队中的部分利津籍战士由于初到部队生活不习惯，有的出现了想家情绪。为此，县委副书记、县长邢钧率领慰问团徒步百里，前往参战部队渤海纵队第23团3营9连慰问。赶到时，他们脚上磨起了血泡，未等吃饭便深入战士中间，向他们介绍家乡土改后的大好形势，鼓励指战员安心在前线奋勇杀敌，为家乡人民争光。看到家乡亲人前来慰问，广大指战员都深受感动，没有了后顾之忧，想家的情绪很快稳定下来，全身心投入了以后的战斗中。

妇女喜交拥军棉

第四次大参军运动，从1948年12月至1949年5月，全县共有1239名合格青壮年应征入伍。1948年12月1日，渤海军区发出《关于参军动员的通知》，号召全区人民“紧急动员起来，发扬光荣革命传统和革命英雄主义精神，坚决完成这一严肃而光荣的参军任务”。中共利津县委遵照《通知》精神，迅速在全县掀起了大规模的参军运动。首先，结合土改工作，对翻身农民普遍进行“翻身不忘共产党”“保家保田”教育，使动参工作有一个好的思想基础。动参开始后，县委规定：县境内18岁以上、35岁以下，出身纯洁、身体健康的劳动人民，都有参加解放军的权利和义务。为了搞好这次动参工作，从县直机关抽调47名干部，由县长邢钧、公安局长单国栋、教育科长马维才、财政科长于涌泉、县府秘书刘之申等分别带领到东堤区、左王区、大盖区、徐王区和宁海区进行动员参军，全县总计有区干部87人、乡干部54人、村干部600余人、积极分子2780人参与到动参工作中。至1949年5月，全县共有2780名积极分子报名参军，带头党员61人、干部91人、积极分子71人，最后有1239名合格青壮年应征入伍、开赴前线。

解放战争时期，根据上级的指示和命令，县独立营、县大队经过多次改编，先后6次升级到主力部队。第一次升级是在1945年8月抗战胜利之际，由县独立营营长张孝屏带领全营升级到渤海军区第四军分区独立团，编为第一营；第二

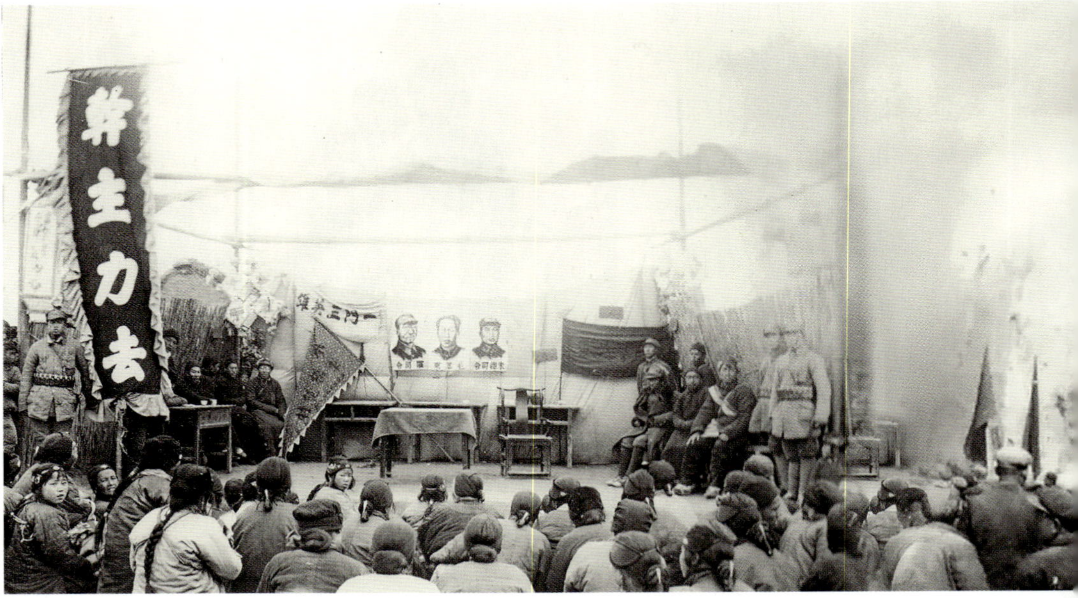

县大队升级主力部队，召开誓师大会

次升级是1946年5月，由县独立营副政委由子真带领3个连队共300余人升级到主力部队，后由子真调任渤海军区第四军分区政治部组织科长；第三次升级是1947年2月，县大队（1946年6月由县独立营改编）一个中队由副政委郭士彬带领，升级到主力部队；第四次升级是在同年12月，县大队4个中队由教导员王旭晨率领，整体升级到主力部队；第五次升级是1949年5月，由大队长李竹林带领县大队5个中队，整体升级到渤海军区第十七团；最后一次是1949年11月，县大队奉命撤销，大部战士升级到主力部队。

二、全力支援前线

随着解放战争的迅猛发展和胜利推进，支援前线日益成为解放区的一项重要工作。为此，华东局曾接连发出号召，要求解放区人民紧急动员起来，支援前线、巩固后方、发展生产、保证军需，粉碎国民党反动派的军事进攻。1947年1月，华东局又发布《关于全力支援前线争取决战胜利的指示》，强调“各级党政机关必须把支前工作当做目前最迫切的中心任务”。2月，渤海区支前委员会成立，主要负责作战部队的粮秣供应、支前物资的组织和运输等。3月，渤海区支前委员会改为支前司令部，同时，要求各分区及县也要成立后方指挥部，县辖区成立支前小组，统一加强领导，以保证战时担架、运输和粮食供给。

遵照上级指示精神，利津县委、县政府成立了支前指挥部，县长祝恺然任总指挥，县委宣传部部长李振任政委，并安排专人负责支前工作，组织起常备民工队和简易担架、运输小车等，准备随时执行运输和转运伤员等支前任务。

4月，华东局提出了“一切为了战争，一切为了胜利”的口号，要求将支前工作作为解放区压倒一切的中心任务。

1946年5月至8月，利津县曾组织一支500余人的轮战营，由县武装委员会主任李志明任营长，县委宣传部部长崔大田任教导员，在渤海区武装部的统一领导下，与其他县轮战营一起集结在桓台县索镇一带进行训练，并荣获“模范轮战营”称号。同年11月，由县人武部部长李志明带领500名民工集结于高苑，支援齐东战斗，粉碎了胶济线西段国民党军策应其主力向胶东进攻的阴谋。之后，他们一面军训、一面抽调15名机智勇敢的民工，编入渤海军区武装大队第三中队，在周村、长山、高苑、邹平等地割电线、扒铁路、扰乱敌人。同时潜入邹平城将25个炸药包埋在敌人的训练场，炸死敌人20余名，这些活动有力地牵制了敌人，支援了莱芜战役。在乘胜扩大战果、收复章丘县城时，轮战

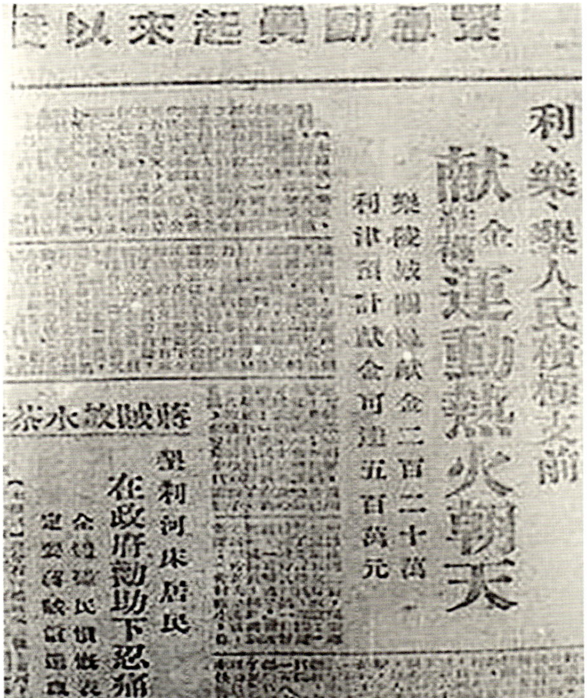
利、樂、墾人民積極支前
献金献鞋運動熱火朝天
樂陵婦女獻金二百二十萬
利津預計獻金可達五百萬元

《渤海日报》关于利、乐、垦人民积极支前，献金、献鞋袜运动热火朝天的报道

利津县支前担架队在济南战役中抬伤员

营随军服务，火线抢救伤员，又立了战功。

1947年4月，渤海军区主力华野十纵奉命南下，参加泰（安）蒙（阴）战役。同月，利津县轮战营5个连队600余人，在营长兼教导员牛瑞卿、副营长张守先、副教导员王兰斋的带领下，先后参加了泰安、晏城、汶上、梁山、鄄城、金乡、鱼台等战斗，火线抢救伤员110余次，历时8个月，被评为“模范轮战营”，荣获华野奖励的“支前模范”“劳苦功高”两面锦旗，受奖步枪、子弹一批，有55人在支前中荣立战功。5月，利津县担架大队1600余人，由张洪勋任大队长、张景村任教导员，配备县区及基层干部300人，开赴前线，在战地服务3个多月，开始在南麻、五莲一带随军服务并担负着从沂水向商河县医院运送伤员的任务，后又从事北镇至惠民紧急抢运军用物资的任务，复员时共有20人立一等功、40人立二等功、110人立三等功。10月，由巴文等带领329名民工及70辆大车到博兴柳桥一带做支前服务，转运军用物资。

1948年2月，利津县轮战营3个连队500人，在营长王建国、教导员孙守增、副营长张凤岐、副教导员王传荣的带领下，跟随华东野战军第八纵队活动，开始在沂蒙山区，后又参加淮海战役，在台儿庄、枣庄、徐州等地执行火线抢救伤员任务，并参加战斗10余次，历时13个月，胜利完成了支前任务。同时，另组织一支担架队600人，在大队长杨华真、副大队长訾宝满、教导员崔大田的带领下，随山东兵团在胶济线展开春季攻势，在收复齐东、长山、邹平、章丘、高青、桓台、临淄、益都等战斗中服务。当山东兵团九纵、十纵、十三纵及胶东、鲁中基干武装发起潍县战役时，曾随十纵攻打西关，在二道火线转运伤员，其中宋王庄民工刘子林在转送伤员时不幸牺牲。7月，由营长巴文、副营长李华章、教导员杨华真带领500名民工及30辆大车，在攻克兖州、济宁时随十纵战地服务。9月，在营长郭华亭、教导员张希训带领下，又组建民工团840人，携担架168副，经莱芜、泰安迂回到长清县固镇，准备随八纵战地服务攻打济南，但尚未与部队取得联系济南已被解放。此后，该团集结于泰安待命，随后参加了淮海战役。9月26日，由辛奎元、刘春胜带领300名民工与惠民、蒲台两县民工一起，合编为担架营，参加了淮海战役。在抢渡万闸运河桥战斗中，有一名民工牺牲；在陇海路大许车站阻击邱（清泉）李（弥）孙（元良）三个兵团战役中，15天内，火线抢救、转运伤员和烈士遗体1800余人；在今安徽淮北市濉溪县双堆集消灭黄维兵团战役中，火线抢救伤员。直至1949年2月，全部复员。

除了组建轮战营、担架队和大、小车队等民工团随军服务外，解放战争一开始，利津县委、县政府就把保障前方作战部队的粮食、蔬菜等物资供应作为整个支前工作的中心任务，组织全县民众为前线筹集、运送粮草、副食，制作被服、鞋袜等，为战争胜利作出了贡献。

1947年1月，为粉碎国民党进攻沂蒙山区的企图，利津县按照渤海区党委的部署，从各村运输队中调集200辆大车组成运粮队，由队长张汝淮等带领向沂蒙山区运送军粮20万斤。途中，白天防空隐蔽，晚上寻路夜行，200辆满载军粮的大车排成一字“长蛇阵”，首尾相接5公里余，充分显示了老区人民的力量，也鼓舞了沿途村庄的群众，

独轮小车运送战备物资

震慑了敌军。运粮队行至沂源，就地卸粮，星夜返回。4月，泰（安）蒙（阴）战役后，利津县又组织1000辆马车，长途跋涉将50万公斤面粉、1.5万公斤蔬菜、120头猪、31万公斤柴草运到了鲁南前线。

向战斗前线运送粮食的利津支前车队

同年春末夏初的一天，盐窝区委突然接到通知，要求第二天中午前务必将15万公斤面粉送到县上。接到任务后，区委书记李群立即召集村干部开会，全区8000多户村民，每户20斤，男女老少齐动手，碾磨一同转，昼夜不停，次日即将18万公斤面粉送到县里，超额完成了任务。

据不完全统计，解放战争中，利津县共捐献粮食1886553公斤，捐款7186305元；为部队做拥军鞋50000双、军袜20000双，还有缝制的裹腿、子弹袋、炸药包、衣服、毛巾、慰问袋等数万件。

三、两广纵队教导支队在利津

两广纵队的前身是广东人民抗日游击队东江纵队，最早成立于1938年12月，由惠（阳）宝（安）人民抗日游击总队和东（莞）宝（安）惠（阳）边人民抗日游击大队合编而成。抗战期间，东江纵队在极其艰难的情况下转战于中国华南地区，先后创建了大岭山、羊台山、坪山、罗浮山、北江、惠东和海陆丰7个抗日根据地，建立了6个县级以上抗日民主政权，拥有根据地人口450万，根据地、游击区总面积达6万余平方公里，成为华南地区一支中外闻名的重要抗日力量。在日军发动太平洋战争、侵占香港之时，东江纵队奉中共中央南方局的指示，克服重重困难，从香港先后营救出了何香凝、柳亚子、茅盾、邹韬奋等一大批国内文化界知名爱国民主人士和部分国民党官员及眷属，还有遇险的美国“飞虎队”飞行员以及在港英国官兵和荷兰、比利时、印度等国际友人近百人。至1945年8月，抗战取得完全胜利，东江纵队共进行大小战斗1400余次，歼灭日伪军9000余人，纵队人数由初创时的200多人发展到1.1万人，同时拥有民兵1.2万人。在1945年4月至6月召开的中共七大上，朱德总司令将东江纵队、琼崖纵队与八路军、新四军一起并称为“中国抗战的中流砥柱”。

抗战胜利后，国共经43天的重庆谈判，签署了《双十协定》，国民党不得不承认华南抗日武装力量——东江纵队的存在，并同意将其北撤至渤海解放区，但仅同意北撤2400人，运输舰船则由美国全权负责，其余人员全部复员。

1946年6月30日清晨，三艘美国登陆舰以一艘驱逐舰为先导，满载着北撤人员（含珠江纵队89人、韩江纵队47人、南路23人、桂东南1人、东江纵队2423人，总计2583人），从广东大鹏湾起程，经五昼夜航行，于7月5日顺利抵达烟台港，受到倾城而出的烟台市党政军民的热烈欢迎。

9月，华东局根据中共中央指示，对东江纵队北撤人员作出安排，分别被编入华东军政大学、华东局党校及侦听、卫生、通讯等各类学校整训学习。

1947年2月，莱芜战役结束后，东江纵队教导团奉命北移鲁中沂水地区，担任华东局及华东军区司令部的警卫任务。3月，中共中央致电华东局，决定以东江纵队为基础、待条件成熟后组建两广纵队。3月31日，华东局任命曾生为两广纵队司令员、渤海区党委副书记和渤海军区副司令员雷经天为两广纵队政委。

4月上旬，因国民党对山东解放区发起重点进攻，华东军区决定，由曾生、雷经天等率领在华东军政大学学习结束的北撤干部和东江纵队教导团以及从莱芜战役中接收的880名两广籍解放军战士，由鲁中沂水地区向北转移，并于13日抵达渤海区利津县，分驻在县城以北的刘家、马家、綦家、李家夹河一带农村。同时，该部还派员接收了在津南作战中被解放的两广籍战士120人，派出一个团的领导班子完整地接收了渤海军区一个新兵培训团。

4月15日，中共利津县委、县政府召开欢迎大会，热烈欢迎来自祖国南疆的英雄儿女们。县委代理书记张雨村主持了欢迎大会，渤海军区司令员袁也烈和两广纵队司令员、渤海军区副司令员曾生先后发表了热情洋溢的讲话，共叙战斗历程和革命友情，展望了胜利前景。

5月1日，两广纵队教导支队在利津县正式宣布成立，曾生任司令员兼政委，邬强任副司令员，陈达明任副政委兼政治部主任，阮海天任副参谋长，江平秋任政治部副主任。支队下辖三个团，计3000余人。其中，一、二团驻利津，三团驻滨县、惠民。支队组建期间，华东军区副司令员张云逸曾专程到利津县，分别召开了支队营以上干部会议和两广籍解放战士会议，就解放战争形势和两广纵队教导支队的任务发表讲话，使部队干部战士进一步明确了今后的工作重点和奋斗方向。

两广纵队教导支队在利津组建后，立即开展了紧张的政治和军事训练。政治上，主要采取对比的形式，开展“谁养活谁”和“为谁当兵，为谁打仗”等思想政治教育和形势任务教育；军事上，主要进行夜间攻坚战术和班排战斗动作训练。同时，教导支队还与利津人民一起，参加了“反蒋治黄”运动中的拆运旧城砖石料、挖运土方、修筑河堤等艰苦劳动和土地改革、动参支前、大生产等中心工作，受到当地百姓的大力称赞。另外，支队还派出40余名司政机关人员和文工团员，由参谋处长袁康率领到利三区（盐窝区）南部的蒋家庄、大李、小李等村组织演出，参加土改复查工作，发动群众进行反霸诉苦斗争。平时，支队的一些女文工团员也经常到大夹河一带农村组织儿童团、姊妹团教唱革命歌曲。

6月初，两广纵队教导支队的领导曾生、邬强等人邀请利津县委书记向旭、县长王雪亭到部队做客，特意做了一道粤菜名吃“龙虎斗”招待客人。饭后，曾生神秘兮兮地问向旭、王雪亭饭菜怎么样，二人都回答说：“好吃！好吃！”但一听说这道菜是用蛇肉和猫肉做的，又都后怕得不行。

两广纵队教导支队纪律严明、作风优良，指战员与驻地群众关系水乳交融、亲如一家。教导支队的大部分干部、战士都是南方人，有洗澡的习惯，有的战士经常穿着短裤在院内或水湾旁洗澡，北方人对此很是看不惯。支队的领导听

东江纵队文工团在利津县成立

到反映后，立即向群众作了检讨，还在军中下了禁令，要求干部、战士以后一律在自己的宿舍内洗澡。平时，支队官兵也经常深入村民家中，问寒问暖，帮助房东和村民挑水、打扫院落和大街小巷，帮助军烈属和无劳力困难户种地发展生产。驻地群众知道南方人初到北方生活不习惯，许多人宁愿自己吃糠咽菜，也要把小麦、玉米等拿出来送给部队。部队宿营缺少房屋，有的群众就把准备的婚房腾出来让给部队，妇救会、识字班的妇女们还抢着为部队干部、战士洗衣、洗袜。对教导支队其他方面的需求，政府和群众也都给予了最大的支持和帮助。

至7月间，根据华东局和华东军区“一面训练，一面战斗”的指示，教导支队第一、二团离开利津，分别开赴到鲁中、鲁南及胶济线以北的章丘、邹平等地，一边配合主力部队作战，一边进行实战训练，用华野司令员陈毅的话讲：“两纵是中国人民解放军的两广纵队，要在提高中扩大，在战斗中扩大，要争取成为一个主力纵队的地位。”在此期间，教导支队机关也由县城北夹河一带迁驻到利五区（东堤区）农村，不久又移防到滨县曹家桥，与渤海军区司令部同驻一地。

8月1日，经华东局和华东军区批准，两广纵队在曹家桥正式宣布成立，曾生任司令员，雷经天任政委，下设3个团和1个教导总队，共计约4800人。

10月中旬后，奉中央军委命令，两广纵队开始由渤海区转战南下，随华野、三野、四野先后参加了南麻、临朐、诸城、豫东、济南、淮海等战役，部队很快发展到13000余人。

1949年7月，两广纵队在河南襄城举行誓师大会，后经大别山于湖北黄石渡江，继续南下。9月下旬，随四野主力进军华南后，经江西赣州于10月上旬抵达粤北龙川县，与解放军粤赣湘边纵队和粤中纵队会合，并参加了广东战役，沿河源县南进，直取博罗、增城、惠州、东莞，阻断了国民党军南逃的退路。战役中，曾改编国民党第154师等部为纵队独立师。

新中国成立后，1950年1月，两广纵队划归广东军区建制，并入珠江军分区。从1947年8月正式组建成立，到1950年1月被撤销番号，两广纵队共存在了两年零五个月的时间。

四、迎渡华东野战军

解放战争时期，渤海区是山东省唯一未遭敌人严重破坏、较为完整的解放区，因而成为华东战场最可靠的大后方和华东野战军的重要补给基地。

1947年，孟良崮战役结束后，遭到沉重打击的国民党军，经过整顿，于6月25日起，又以40个旅24万人的兵力，再次向鲁中山区进犯。为粉碎敌人对山东和陕北的“重点进攻”，中央军委果断决定解放军由战略防御转为战略进攻。30日，晋冀鲁豫野战军主力在刘伯承、邓小平率领下，强渡黄河，一举拉开了战略反攻的序幕。同时，中央军委命令华东局和华东军区领导邓子恢、张云逸、舒同、魏文伯等，率领华东局、华东军区所属部分机关，华东局部分党政干部和野战军兵站、医院、后勤机关、荣军学校，鲁南、鲁中区党委所属部分机关，还有大批伤病员、伤残军人、干部家属和随军民工，苏北、淮北地区的部分人员，以及经渤海区转入鲁西南地区作战的华野六纵等部，共计40余万人，分别从鲁中区、胶东区移驻到渤海区黄河以北，准备在这里妥善安置、休整，以挺进津浦线，彻底粉碎国民党对山东的重点进攻。

为做好迎接华东局、华东军区及华野部队等部渡河的准备工作，渤海区党委抽调得力干部组成指挥部，并在利津小街子渡口、蒲台道旭渡口和惠民清河镇渡口分别设立了渡河指挥部，筹措、建造大批船只，冒着敌机轰炸的危险昼夜抢运人员和物资。

迎渡前期准备

此次迎渡，持续3个多月，分三个阶段进行。

第一阶段（6月6日至28日）。6日当天，开辟宫家、梅家、宋家3个渡口，调动木帆船32只，迎渡华东野战军先头部队。12日，成立临时渡河办事处，县委书记向旭、县长王雪亭配合华东局秘书长魏文伯、特派员黄某等亲临黄河东岸，指挥部队渡河；县委副书记张雨村，县民政科长、支前指挥部副指挥孙子振负责在黄河西岸建立兵站，组织运送物资，安置部队。至28日，全县共出动民工24870人、大车1956辆、小车2048辆、牲口4120头，迎渡华东野战军4万余人，搬运物资不计其数。其中，大盖区紧临宫家渡口，全区71个村有60个村住上了野战军的机关和部队，村中百姓无论男女老幼，一同帮助部队搬运物资、打扫房子；前宫、后宫、林家、夏家4个村的民兵，白天集中睡觉，晚上给部队搬运物资，一连奋战了7天7夜。

第二阶段（6月29日至8月27日）。6月28日，因黄河秋汛出现洪峰，县委书记向旭、县长王雪亭带领民夫上堤防汛、抢险堵漏，临时办事处撤销，迎渡工作改由华东兵站负责。之后，从沾化调来民工3526人、大车779辆，从无棣调来骆驼800峰，从阳信调来大车12辆、骆驼318峰，从滨县调来骆驼400峰，转运物资。至8月27日，顺利完成了迎渡华东局机关和华东野战军的任务。

第三阶段（8月28日至9月14日）。8月28日，上级兵站来人称，河东有数万人和大批物资需要渡河，并要求准备大批给养和草料。县支前指挥部和粮食局获悉情况后，立即召开紧急会议，鉴于小街渡口力所不及，决定再开辟宋家庄、王家庄和梅家庄3个渡口，并筹措、增加了部分船只。因此前三岔、道旭两渡口遭敌轰炸，已不便通行，利津各渡口便成了迎渡要冲，物资、部队、机关西渡等任务都压在了这里。据不完全统计，此次共调动民工3124人、大车46辆、小车491辆、牲口252头，在胶东的3476名民工大力协助下，于9月14日圆满完成了迎渡任务。

另外，为迎接部队在蒲台道旭渡口过黄河，其间利津支前指挥部还于7月9日派出民夫640人、担架100副，29日调动民夫3423人、担架520副，服务于柳桥医院。

从6月6日至9月14日，3个多月内，利津县为完成“迎渡”和“治黄”两大任务，总计调集民工185363人、大车2310辆、小车2854辆、骡马1880头、牛2700头、驴408头；其他粮食、柴草等不计其数。其中，仅“迎渡”工作全县就出动民工27994人（次）、大小车4561辆、牲口4362头（次）。

五、抽调干部南下 支援新解放区

1948年9月，济南解放以后，解放战争的形势发生了急剧变化。为保证解放军渡过长江后能迅速开辟和接管新区，中共中央在西柏坡召开的“九月会议”上，首次提出了为夺取全国政权准备所需干部问题。随后，又作出了《关于准备夺取全国政权所需要的全部干部的决议》，指出：未来的一两年内全国将需要准备5.3万名干部支援新区，其中华东地区要抽调的1.5万名南下干部，务必于1949年3月前集中待命出发。

11月，渤海区四地委书记彭瑞林代表渤海区参加了华东局在临（朐）益（都）交界闵家庄召开的会议，会议的主要议题是贯彻中央“九月会议”精神，部署研究抽调干部南下及所属各区党委的组织安排问题。按照华东局的部署要求，渤海区除组建1个区党委的架子外，还需另组建4个地委的架子（实际抽调了包括1套区党委级、5套地委级和41套县区级机构架子的南下干部）。后经华东局批准，渤海区确定南下区党委由5人组成，刘格平任副书记，周贯五、李文、陈放、彭瑞林任委员。按照序列，渤海区南下区党委对外称“华东南下干部纵队渤海三支队”。

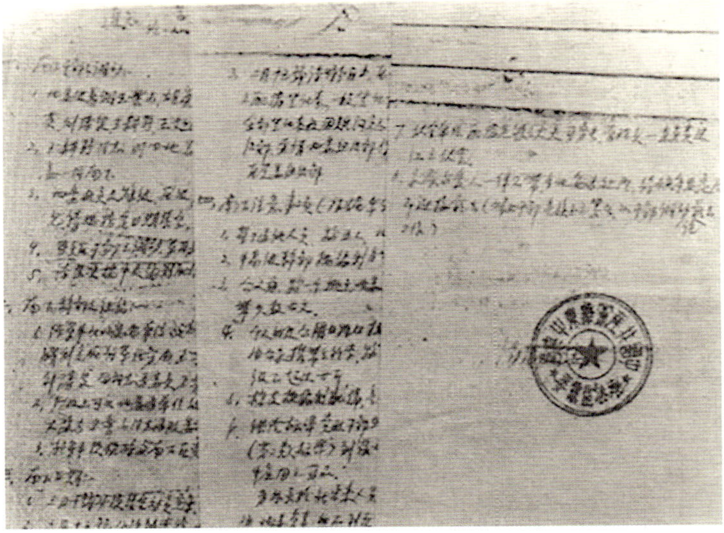

1948年至1949年初，渤海区党委根据党中央、华东局的部署，先后抽调5000多名优秀干部组成“华东南下干部纵队渤海三支队”随军渡江南下，先后到上海、浙江、福建及四川等新解放区进行接收和管理工作。图为渤海区党委1949年2月24日发出的关于动员、组织干部南下的通知

1949年2月初，渤海区党委就抽调干部南下向各地委、县委正式发出《通知》。《通知》就南下干部调动、南下干部组织、南下日期、南下注意事项等都做了具体而全面的部署，要求各地、县委召开大会、宣传动员，采取自愿报名、领导批准的办法确定南下干部名单。

渤海区抽调的南下干部共分为前后两批。第一批包括第一至第四大队。大队下设若干中队，各配备一套县级干部；中队下设若干分队，各配备一套区级干部。其中，利津县所属的四大队，由傅光汉任大队长、彭瑞林任政委、李铁峰任副大队长、王文长任副政委。第二批包括第五至第八大队。两批共抽调南下干部4526人，超额完成了原定抽调3456名南下干部的任务。

为指导各地、县委顺利开展工作和全面完成抽调干部的任务，渤海区党委明确要求，各县、区在现有领导班子的基础上，一律分成两套班子，分好后由地委选定，一套随军南下，一套留在当地工作；地委领导班子由区党委选定，各县委主要领导人的去留则由地委决定。另外，凡从江南及江淮地区先后撤至渤海区的干部，除特殊情况外，一般都要动员其南下。首先，进行思想动员，组织所有干部学习《将革命进行到底》等文件，使大家提高觉悟、认清形势、服从大局，坚决克服地域观念和家庭观念；其次，在提高认识的基础上动员自愿报名，做到留者安心、去者愉快；最后，由各县委根据每个干部的工作能力、经历、表现及家庭、身体状况等，逐一进行综合研究，拟定出初步名单，报经地委审批后再作公布。

早在1月下旬，渤海区四地委即召开会议，传达了中共中央关于从老解放区抽调5.3万名干部随军渡江南下、接管江南新解放区的重要决定，利津县委代理书记张雨村、副书记兼组织部长魏俊哲参加了会议。会后，他们立即组织召开县委全体委员会议，进行传达贯彻并研究拟定南下干部抽调配备方案，确定由县委副书记魏俊哲分工负责该项工作。1月31日（农历正月初三），县委又召开分区委书记、区长联席会议，听取各部门单位关于所有工作人员对抽调干部南下工作的思想情况汇报，掌握干部的思想动态和顾虑情况，决定趁春节之际放假，让即将南下的干部回家过年，并借机做好亲属的思想工作。为鼓励和支持干部南下，各级政府规定，对南下干部家属一律给予军属待遇，缺少劳力的可固定代耕。

2月5日（农历正月初八），县委再次召开县、区、乡三级脱产干部动员大会，并公布了抽调南下干部分配方案。具体分配名额是：县委25人、县政府17人、公安局14人、大盖区9人、徐王区14人、左王区14人、宁家区13人、东堤区11人、城区13人，计130人；同时，按照区党委要求拟任了1个县、6个区的成套班子。其中，县委为书记1人、秘书1人、组织部部长及干事各1人、宣传部部长及干事各1人、群团主任及干事各1人；县政府为县长1人、秘书1人、文书1人、会计1人、司务长1人、武装科科长1人、干事2人；公安局为局长1人、股长2人、干事1人；其他还有财政科科长1人、科员3人，文教科科长1人、科员1人。区级班子为书记6人、组织委员6人、宣传委员6人、民运委员6人、干事5人、区长6人、民政助理员6人、财政助理员6人、武装助理员6人、干事6人。在动员大会上，县委明确指出，抽调干部的方针是自报公议，上级批准抽调的原则是前后方兼顾，新老干部各占二分之一，但抽调到新区去的应精干些；身体差的到新区会有困难，要挑选年轻力壮体格好的去新区。县委强调，凡参加南下的同志都必须本人自愿、民主评议、组织批准、亲属支持，还应具备年富力强、意志坚定和富有自我牺牲的精神。之后，在庄严的会场上，组织开展了报名工作，大多数同志都踊跃地报了名。

民主评议后，县委根据每个同志的工作、身体等情况，认真研究，先公布了初步名单，一些未被列名上报的干部心急如焚，缠着县领导要求正式上报，还有个别未被批准南下的干部则痛哭流涕。不久，县委又正式公布了经上级党委批准的随军南下干部名单。

利津县南下干部前后分为两批。第一批136名南下干部，主要从县、区机关抽调脱产干部组成1个县、6个区的成套班子，编为华东南下干部纵队渤海三支队第四大队七中队，下设6个分队、3个直属队。中队班子组成：党委书记、政委由原县委副书记魏俊哲担任，中队长由县政府秘书张洪勋担任，中队党委组织部部长由宋砚田担任，党委委员由张洪勋、宋砚田，以后又增加了崔书田。七中队南下干部随三野第二十七军渡江南下后，主要支援了浙江温州地区；第二批27名南下干部，由杨华真、孙子振等带领，主要由支援淮海战役轮战营中的脱产干部组成，他们留队转军后，随二野西南服务团支援四川万县地区。

（一）南下浙江

（1）阳信集结

1949年2月13日，经上级批准南下的干部探亲完毕后，全部返回县城。当晚，县委、县政府设宴并召开座谈会，勉励和祝愿南下干部到达新工作岗位后团结奋斗、克服一切困难，为全国解放和建设做出贡献。第二天早饭后，全体南下干部列队在县政府门前集合，留下的干部都出来送行，县委副书记、县长邢钧代表县委、县政府致欢送词，南下干部中队政委魏俊哲代表全体南下干部向送行的人们告别，然后率领大家含泪离开利津，踏上奔向江南新解放区的征程。

15日，七中队南下干部经滨县抵达渤海区党委驻地阳信，参加南下干部第四大队的整训学习。其间，听取了大队政委王文长（原地委书记）、大队长李铁峰（原专署专员）、组织部长王耕野及军区南下政委周贯五等领导的报告，使大

利津南下浙江的干部在温州合影

家进一步明确了任务，坚定了去江南新解放区工作的信心和决心。另外，还交接办理了南下干部的档案材料。

（2）沙沟整训

2月18日，南下四大队从阳信出发，正式踏上南下征途。经惠民、济阳到达济南鹊山车站，在附近农村住了3天，等候火车。24日，从鹊山乘火车抵达薛城以南的沙沟车站，七中队干部住在金马驹村，参加了华东局南下干部纵队的整训学习，听取了渤海南下三支队负责人刘格平、李文、周贯五等人的讲话，传达学习了党的七届二中全会精神，强调党的工作重心将由乡村转移到城市，要学会管理城市、恢复和发展城市生产及其他工作。整训期间，还学习了华东局《关于接管江南城市的指示》及中共中央的批示包括《中共中央关于接收官僚资本企业的指示》《中共中央关于“自由资产阶级”及“开明士绅”的政策的指示》《中共中央关于国民党三青团及特务机关的处理办法的决定》《中共中央关于军事管制问题的指示》以及《华东局关于江南新区农村工作的指示》和《中国人民解放军布告》（即“约法八章”）、《入城守则》等重要文件。同时，所有南下干部均换上了中国人民解放军军装，并进行了严格的军事训练。

（3）随军渡江，接管荻港、宣城

在沙沟，原计划学习半个月，但因战局变化只学了四五天，四大队即接到命令提前起程，乘火车先到蚌埠，又到合肥，四大队全体干部与二野接头后，随军渡江进军西南。在合肥住了几天后，上级又命令四大队回原建制三野，到巢县以南、无为县以北的石涧埠一带为三野渡江筹备船只。四大队到达石涧埠后，大家首先听取了第二十七军军长聂凤智的报告，明确了渡江后攻取、接管上海的任务，然后彭瑞林政委（王文长调走，彭接任政委）宣布第七中队到二十七军后勤部工作，负责宣传、组织群众，筹备船只和练兵工具，如绳子、木杆、木板等，同时负责为部队买菜和分发各地支援的蔬菜，其他中队则被分配到各师随军打仗。

1949年4月21日凌晨，解放军百万雄师过长江。第七中队随二十七军军部渡过长江后，首先接管了国民党一个炮兵团所在的荻港镇，接着又随军接管了宣城县城。

荻港镇是二十七军渡江后，首先解放的一个城镇。该镇位于长江中下游南岸，隶属于繁昌县，在芜湖与铜陵之间，北与无为县隔江相望，是国民党布设的重要江防要地。此处国民党军被歼后，遗弃的粮食、弹药等物资无人清理，七中队根据政委彭瑞林的指示，留下崔书田、吴鹤云带领的四分队接管了该镇。经过十余天的紧张工作，通过宣传党的政策，安定了民心，恢复了生产和生活秩序，组织群众清理了粮食、弹药等物资，打扫了战场，同时命令原国民党地方人员各就其位、积极工作、立功补过。然后，将该镇的管理权移交给地方，四分队又到乌镇找到了原利津县南下干部所在的第七中队。

随军进入宣城后，第二十七军和华东南下干部纵队渤海三支队在此成立了军事管制委员会，任命第七中队队长张洪勋为政务部长，带领七中队一个分队和四大队以随军家属临时组成的一个妇女分队，接管了国民党设在宣城的银行、邮局、税务局和粮库、军械库等。在接管的5天时间里做了大量工作。一是召开群众大会，认真宣传党的政策，安定民心；二是接待了当时尚未撤走的国民党士兵和地下党员，通过他们的举报查出了敌人暗藏的许多物资；三是接待了来访群众，鼓励他们献策献计，维护好社会治安；四是责令原国民党军、政、特务人员登记，悔过自新；五是为过路解放军部队补充弹药等物资。其间，女分队队长林善政带病参加工作，在她的亲自带领下，每两个人看守一个仓库，食不定点、寝不定时，日夜操劳，为部队补充弹药物资，受到军管会的表扬和奖励。另外，参加接管的两个分队所有人员，还各被奖励黑色胶鞋一双、药皂一块，并赠给张洪勋一支新自动木壳枪。

（4）乌镇休整

完成接管宣城的任务后，张洪勋带领两个分队从宣城冒大雨向乌镇进发，一些女同志因雨大难以行走，为不掉队，她们用竹竿做拐棍助行，但仍有少数裹脚的女同志摔跤无数、满身泥水。行军中，他们克服重重困难日夜兼程，经皖南广德县、湖南衡阳县界牌镇进入浙江泗安县、长安县、湖州市、南浔镇。路上吃的是随身携带的粮秣（小米），睡的是过往部队的草铺，每天都是天不亮就出发，行军25公里左右才吃早饭，饭后再继续行军。中午稍作休息，下午3点左右吃饭，饭后再一直走到天黑，每天行程40—50公里。因长途急行军，许多人的脚上都磨起了血泡。步行到南浔镇，女同志坐上了轮船，男同志继续步行到乌镇。

乌镇是大作家沈雁冰（茅盾）的故乡，七中队队部就驻在他婶母的宅邸。在乌镇天主教堂，二十七军军部组织召开了一次干部会议，魏俊哲、张洪勋都参加了会议。会上，军长聂凤智总结了前一段全军的工作，也讲到攻打上海的问题，要求大家继续保持过江的劲头，胜利攻克上海。会后，四大队也召开了干部会议，结合军长聂凤智的指示，强调要跟上部队到上海执行接管任务。

在乌镇休整7天，大家基本上都恢复了体力。5月7日左右，进军上海的命令下达后，四大队重新组成一个纵队向正东方向开拔，沿着稻田小路直奔嘉兴，再经嘉兴火车站顺铁路进入上海近郊金山县石湖荡，按指定地点住下，等待接管上海。两天后，又突然接到华东局转中央命令，鉴于战局发展很快，杭州之敌已经撤退，要求南下干部四大队即刻跟随华野七兵团谭震林部前往追击、接管杭州。于是，南下干部又整队出发，照原路返回嘉兴，夜间在沪杭路峡面车站乘坐火车，于次日拂晓抵达杭州。

（5）进军温州，接管永嘉、瑞安

抵达杭州后，七中队南下干部住在拱宸区的一所学校内。此时杭州已实行军管，其他大队的南下接管干部早已聚集在此，等待分配。接着，全体南下干部一起参加了由浙江省委书记、省长、军管会主任谭启龙主持的大会，会中宣布四大队除王文长副政委带九中队部分队员留省政府办公厅外，其他全部分配到温州地区。之后，在四大队领导的直接带领下，利津县南下干部七中队由杭州乘火车到金华，又步行到永康县。休息一天后，再坐卡车到缙云县，步行到丽水县城。次日，顺山坡步行到瓯江，然后坐小船抵达温州，住在建华中学。

温州地处浙东南沿海，距杭州千余里，因陆上交通不便，故浙江省委对温州的消息相对滞后，在温州已获解放的情况下仍派出一个军的部队前去包剿，并要四大队南下干部尾随其后准备接管温州地区。

鉴于温州各方面的工作已由当地游击队接管，并经南下干部四大队政委彭瑞林、大队长杨信和二十一军组织部长吴植橡、浙南地委书记兼司令员龙跃一起到省委、兵团请示，决定四大队除留4个中队（包括七中队）外，其他各中队都折回丽水地委等待分配

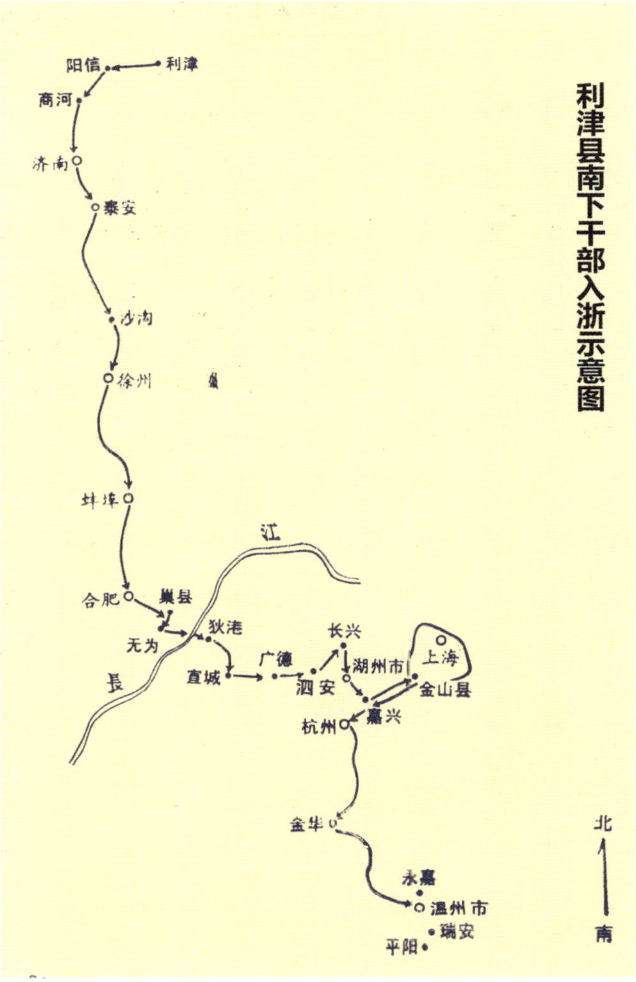

工作，省委同时任命龙跃为温州地委书记。

七中队虽然没有被分配工作，但自己管理自己，特别是毛主席的《论人民民主专政》发表后，大家反复学习、反复讨论，联系实际，武装自己。经两个月的学习后，地委组织全体南下干部到温州市外的农村去进行调查研究。

龙跃从省委回来后，王耕野被任命为地委组织部部长，具体负责南下干部的分配工作。七中队在阳信集合时共136人，行军途中因各种原因自动离去18人，实到温州地区118人，其中党员108人。经温州地委研究决定：由魏俊哲带领58人到永嘉县工作，魏俊哲任县委书记；宋砚田带30人留地、市机关工作，宋砚田任温州地委民运部副部长；张洪勋带21人到瑞安县工作，张洪勋任县长；李子甫带8人到平阳县工作，李子甫任县委副书记兼宣传部部长。后因工作和家庭上的实际困难，经组织批准，有10人重返利津县工作。

其他南下干部的任职情况是：

单国栋　　任永嘉县委宣传部部长；

孔兆祥　　任永嘉县委民运部副部长；

王洪祥　　任永嘉县委秘书；

杨寿兰(女)任永嘉县妇联副主任；

吴树桢　　任永嘉县政府秘书；

刘志良　　任永嘉县政府财粮科科长；

孙吉瑞　　任永嘉县枫林区区委书记；

唐　杰　　任永嘉县××区委副书记；

马伟才　　任永嘉县政府教育科科长；

郭鸣远　　任永嘉县政府实业科科长；

吴长钧　　任永嘉县××区委书记；

王子美　　任永嘉县××区区长；

张相三　　任永嘉县××区副区长；

姜贵玉　　任瑞安县秘书室秘书；

酆象观　　任瑞安县农林科科长；

张秉和　　任瑞安县教育科副科长；

石福安　　任瑞安县城区粮库主任；
张振芳　　任瑞安县委组织部干事；
牛梦松　　任瑞安县委武装科科长；
李东桥　　任瑞安县粮库主任；
盖永德　　任瑞安县塘下区区委书记；
梁景颜　　任瑞安县干事
聂学峰　　任瑞安县干事
张如楷　　任瑞安县城关区区长
吴鹤云　　任瑞安县民政科科长
张福太　　任瑞安县粮食局股长
王丙常　　任瑞安县委干事
王希圣　　任瑞安县公安局股长
崔书田　　任温州地委组织部组织科科长。

附录一

县委南下干部及勤杂人员登记表

（1949.2.13）

姓名	性别	年龄	籍贯	入党时间	入伍时间	原任职务	南下拟职
魏俊哲	男	31	江苏邳睢县	1939	1939	县委副书记	县委书记
宋砚田	男	31	山东临淄	1939	1939	组织部部长	组织部部长
李子甫	男	28	山东寿光	1940	1940	宣传部副部长	宣传部副部长
孔兆祥	男	32				农会主任	农会主任
王景香	男	27	山　东	1947	1947	宣传干事	宣传干事
张相三	男	35	山东利津	1947	1947	农会干事	农会干事
张礼先	男	21	山东利津	1947	1947	青年干事	组织干事
王洪祥	男	22	山东利津	1945	1945	组织干事	秘书
张汝超	男	40	山东利津			工作员	农会干事
王清汉	男	24	山东利津	1946	1946		通讯员
王福然	男	24	山东利津		1946		通讯员

续表

姓名	性别	年龄	籍贯	入党时间	入伍时间	原任职务	南下拟职
韩景文	男	22		1947	1947		通讯员
刘占禹	男	21		1945	1945		通讯员
宋金祥	男						通讯员
门培三	男			1949	1948		通讯员
宋如星							通讯员
董芳盛	男	36			1946		通讯员
刘长生	男	27	山东利津	1946	1947	炊事员	炊事员
李玉棠	男	31		1948	1947		炊事员
王官山	男						炊事员
朱明贤	男	21		1947	1945		通讯员
张文禹	男	40	山东利津		1949	炊事员	炊事员
任永起	男	16	山东利津				炊事员
季维洪							炊事员

附录二

县府南下干部及勤杂人员登记表

（1949.2.13）

姓名	性别	年龄	籍贯	入党时间	入伍时间	原任职务	南下拟职
崔培圣	男	21	山东利津	1947	1945	收发	文书
吴和云	男	27	山东利津	1947	1945	科员	区长
马维才	男	27	山东寿光	1946	1942	副科长	秘书
赵英萼	男	21	山东利津	1948	1946	干事	科员
苟相霭	男	33	山东利津		1945	辅导员	科长
张秉和	男	24	山东寿县	1945	1943	联合会计	机关会计
张建功	男	32	山东利津	1945	1945	会计	科长
杜如卿	男	33	山东利津	1943	1944	办事员	
石福安	男	23	山东利津	1945	1946	出纳员	

续表

姓名	性别	年龄	籍贯	入党时间	入伍时间	原任职务	南下拟职
姜贵玉	男	27	江苏淮安	1946	1947	合作股长	科长
张洪勋	男	32	山东寿光	1939	1940	秘书	县长
张振芳	男		山东利津			段长	科长
刘汉民	男	21	山东利津	1948		通讯员	通讯员
安振西	男	21	山东利津	1948		通讯员	通讯员
韩星海	男	23	山东利津			通讯员	通讯员
贾慧恩	男	19	山东利津		1948	通讯员	司务干事
单国栋	男		山东利津			局长	

附录三

公安局南下干部及勤杂人员登记表

（1949.2.13）

姓名	性别	年龄	籍贯	入党时间	入伍时间	原任职务	南下拟职
杨启善	男	52	江苏同山	1938	1941	股长	副局长
黄光旭	男	26	山东利津	1945	1946	股长	股长
王加美	男	21	山东蒲台	1947	1945	干事	干事
薛殿东	男	21	山东利津	1947	1947	干事	干事
牛梦松	男	30	江苏同山	1941	1942	干事	干事
刘文聘	男	27	江苏同山	1944	1944	司务长	司务长
袁成益	男	22		1948	1945	班长	班长
曹会章	男	22	山东沂北		1946	班副	班副
李风台	男	26	山东利县		1948	炊事员	炊事员
尚子成	男	36	山东利津		1944	炊事员	炊事员
刘兆修	男	17	山东利津		1948	战士	战士
顾乃正	男	21	山东利津		1948	战士	战士
吕兰香	男	22	山东利津		1948	战士	战士
牛敬池	男	20	山东利津		1948	战士	战士

附录四　大盖区南下干部及勤杂人员登记表

（1949.2.13）

姓 名	性别	年龄	籍 贯	入党时间	入伍时间	原任职务	南下拟职
常洪恩	男	29	山东利津	1945	1946	组织科长	组织科长
吴长军	男	42	江苏同山	1939		区支书	区支书
苟祥安	男	27	山东利津	1947	1946	文书	文书
宋长有	男	28	山东利津	1946	1948	乡支书	民政助理
李东桥	男	39	山东利津	1946	1946	财政助理	财政助理
刘兆其	男	34	山东利津	1947	1948	乡支书	农会主任
盖永德	男	33	山东巨野	1949	1947	农会主任	区长
张世全	男	19	山东利津		1948		通讯员
刘之泽	男	28	山东利津		1949		通讯员
于俊清	男	30	山东利津	1947	1948	武装干事	
韩芝生	男						
宫茂松	男						

附录五　徐王区南下干部及勤杂人员登记

（1949.2.13）

姓名	性别	年龄	籍贯	入党时间	入伍时间	原任职务	南下拟职
孙吉瑞	男	26	山东利津	1944	1945	区委副书记	指导员
丁慎从	男	33	河南永城	1940	1940	生产助理	区长
陈树棠	男	24	山东利津	1944	1947	组织干事	组织科长
秦玉珍	男	37	山东利津	1947	1945	农会干事	农会主任
郭树生	男	36	山东利津	1946	1948	乡支书	武装科长
周锡林	男	28	山东利津	1948	1947	财粮干事	财粮助理
梁景颜	男	27	山东利津		1948	文教干事	民政助理
刘洪昌	男	41	山东利津	1947	1948	支书	支书
孙风桐							
李玉汝							

续表

姓名	性别	年龄	籍贯	入党时间	入伍时间	原任职务	南下拟职
张×科	男	20	山东利津		1945	通讯员	通讯员
张友功	男	21	山东利津		1945	通讯员	通讯员
王长顺	男	33	山东利津		1948	炊事员	炊事员
王海锐							

附录六 左王区南下干部及勤杂人员登记表

（1949.2.13）

姓名	性别	年龄	籍贯	入党时间	入伍时间	原任职务	南下拟职
巴绍礼	男	30	山东利津	1946	1944	副区长	副书记
吴秀仁	男	23	山东利津	1946	1947	文教助理	区公所文书
王子诚	男	25	山东利津	1946	1949	组织科副科长	组织科科长
王继范	男	25	山东利津	1946	1949	农会干事	人武副科长
高乘聪	男	23	山东利津	1946	1947	宣传干事	宣传科长
韩洪昌	男	26	山东利津	1947	1947	农会干事	民政助理
阎吉昌	男	27	山东利津		1947	炊事员	炊事员
聂学峰	男	27	山东利津		1949	炊事员	炊事员
陈统绪	男	26	山东利津		1949		通讯员
李长廷	男	28	山东利津		1949		通讯员
牛东岱	男	42	山东利津	1946	1948	农会副主任	农会主任
苟延明	男	32	山东利津	1946	1945	文书	武装助理
吴树贞	男	25	山东利津	1946	1945	科员	区长
王振法	男	31	山东利津	1948	1948	保管员	

附录七 宁海区南下干部及勤杂人员登记表

（1949.2.13）

姓名	性别	年龄	籍贯	入党时间	入伍时间	原任职务	南下拟职
崔书田	男	33	山东博兴	1940	1940	区委书记	
侯荣昌	男	22	山东利津	1945	1945	组织科长	

续表

姓名	性别	年龄	籍贯	入党时间	入伍时间	原任职务	南下拟职
张如楷	男	26	山东利津	1946	1947	宣传科副科长	
王英贤	男	35	山东利津	1946	1947	人武干事	
李益三	男	39	山东利津	1946	1948	乡支书	
王其光	男		山东利津			文教助理员	
吴鹤云	男	26	山东利津	1940	1945	民政科员	区长
张子芹	男		山东利津			文书	
赵元民	男	41	山东利津	1946	1947	农会主任	
王连成	男	21	山东利津		1948	通讯员	
王荣洲	男	25	山东利津			通讯员	
赵元桂	男	22	山东利津			通讯员	
郭成生							

附录八

东堤区南下干部及勤杂人员登记表

（1949.2.13）

姓名	性别	年龄	籍贯	入党时间	入伍时间	原任职务	南下拟职
王子美	男	38	山东利津	1946	1946	副区长	副指导员
李晓梦	男	27	山东利津	1946	1947	文教助理	副区长
王俊臣	男	25	山东利津	1945	1948	武装干事	
薄庆棠	男	24	山东利津		1949		通讯员
宁兆华	男	19	山东利津		1949		通讯员
刘春盛	男	36	山东利津	1945	1947	公安员	农会主任
王庆玉	男	24	山东利津		1945	保管员	文书
傅向前	男	35	山东利津	1945	1946	组织科长	组织科长
张奎贤	男	21	山东利津	1946	1947	宣传科长	宣传科长
张福太	男	38	山东利津	1946	1947	文书	民政助理
王炳文							

附录九

城区南下干部及勤杂人员登记表

（1949.2.13）

姓名	性别	年龄	籍贯	入党时间	入伍时间	原任职务	南下拟职
郭明远	男	33	江苏铜睢	1942	1942	书记	书记
刘加相	男	25	山东利津	1946	1946	组织科长	组织科长
宋培俊	男	30	山东利津	1946	1946	农会干事	农会副主任
崔继绪	男	20	山东利津	1947	1948	青委干事	武装助理员
赵文远	男	25	山东利津	1946	1947	宣传干事	宣传科长
酆象观	男	21	山东利津	1945	1944	文书	副区长
李应立	男	24	山东利津	1946	1948	民政干事	民政助理员
王丙常	男	26	山东利津	1948	1947	财政助理	
崔×营	男	26	山东利津	1945	1948	农会主任	武委会科长
王希圣	男	20	山东利津	1947	1945	财粮干事	文书
阎克明	男	25	山东利津		1948	炊事员	通讯员
周开明	男	29	江苏省	1944	1943	段长	
李锡范	男	27	山东利津				通讯员

（二）南下四川

（1）渡江前后

从1948年4月开始，为支援潍县、济南和淮海等战役，渤海区四地委奉命分三批组建了5个民工团队随军执行战地服务任务。1949年1月，淮海战役胜利结束后，这批支前民工集中到山东兖州整训。后遵照上级部署，大部民工由少数带队干部率领回原籍复员，而绝大部分带队干部和个别不脱产干部及民工共500多人继续留在兖州。至2月中旬春节过后，这些支前干部及民工开始随华东支前司令部南下，后抵达安徽芜湖，准备支援解放军发起渡江战役。

被中途截留的利津县支前脱产干部，由县人武部部长杨华真、县民政科长孙子振带领共27人，留队转军，参加南下干部服务团，对外称“皖南前线办事处”。1949年4月，南京解放后，这些干部被编为二野西南服务团第三支队即川东支队，参加集体整训学习。其间，听取了二野司令员刘伯承、政委邓小平、政治部主任魏思文等首长所作的政治报告。刘伯承在报告中风趣地说：“你们这批干部是我们到中央向毛主席要来的，随我二野进军大西南。”接着，他简要地介绍了“天府之国”四川省的山山水水、风俗人情，鼓励大家要热爱四川、建设四川，为四川人民多做贡献。邓小平作了形势报告，讲到二野、三野横渡长江天险后一举解放了南京，宣告了蒋家王朝的覆灭，继之又解放了杭州、武汉三镇和上海。现在，二野奉命进军大西南，要解放四川、贵州、云南、西康等地。你们随二野向大西南进军，是件非常光荣的事。但是，夺取全国胜利，这只是万里长征走完了第一步，以后的路会更长，任务更艰巨、更伟大。他提醒大家，到达新地区后，要戒骄戒傲，继续保持党的光荣革命传统，发扬党的优良作风，严格执行《约法八章》和“三大纪律，八项注意”“入城守则”，要密切联系群众，努力做好工作……会后，大家又认真学习了中共七届二中全会决议及接管江南城市的重要文件，进一步武装了头脑。

整训学习期间，上级曾派孙子真从南京返回利津，为随二野进军大西南的干部家属送来军属证，并进行了慰问。

（2）进军大西南

1949年10月1日，新中国成立那天晚上，西南服务团第四大队长兼政委夏戎、副政委兼政治部主任石清玉带领全体队员与西南服务团其他人员一道，从南京冒雨乘船渡江到了浦口。第二天，又从浦口乘火车到徐州转向郑州。10月8日到达汉口后，从汉口乘船渡江到武昌，再从武昌乘火车到湖南岳阳，从岳阳乘机动船穿过洞庭湖到益阳，从益阳步行到长沙，再从长沙继续向西挺进，到达常德地区的毛古洞。在这里，万县地委组织部部长李秀亭前来公布了到万县地区工作的27名干部名单及任职。之后，大家又踏上川湘公路，步行到贵州秀山县，在此入川，12月底，到达目的地——万县地区。

这批入川干部行军非常艰苦，从南京到万县约4500公里，他们栉风沐雨、风餐露宿、翻山越岭、长途跋涉，在湖南沅凌爬过高陡的矮寨山，在川东武隆爬过高大的白马山。白马山平均海拔1500米，山势险要，岗峦起伏，多处有悬崖峭壁、峡谷深沟，四周有重岩、铜鼓岩、豹岩、倒挂龙、老熊岩、九重岩、杨狮

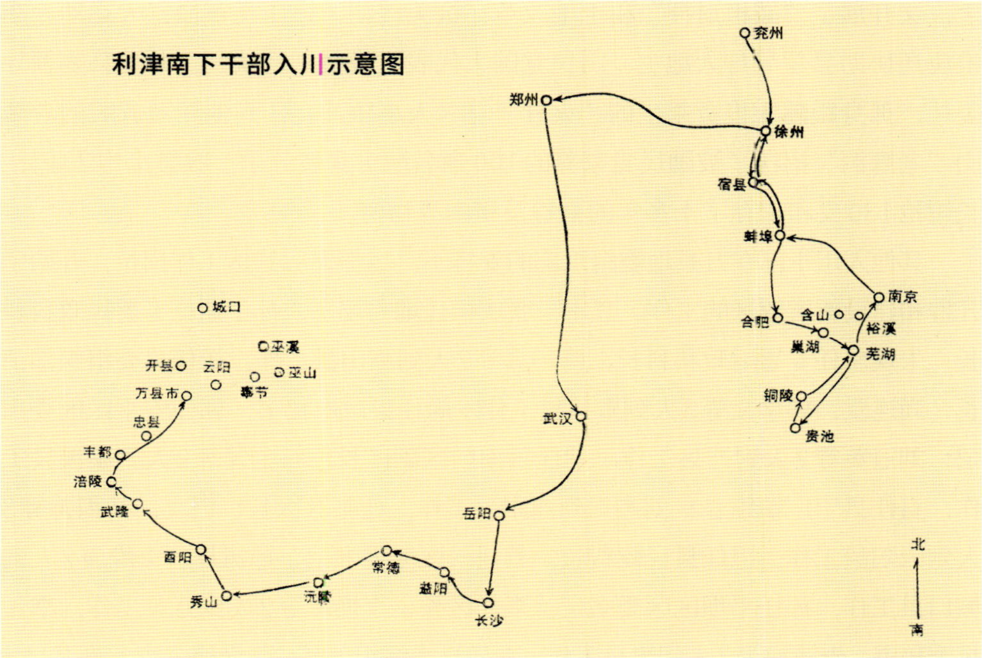

利津南下干部入川示意图

岩和乌江峡等屏障，在蒋介石的军事部署中，白马山是其“确保大西南，还都重庆”的重要屏障，也是拱卫重庆的最后一道大门。一天，南下入川的利津籍27名干部从早晨冒着小雨爬山，登上半山腰天气骤变，白马山变成了大雪山。他们相互搀扶着登上山顶，一看这里到处是国民党士兵的尸体（国民党罗光文兵团在此被歼灭），四周渺无人烟。他们在群众的空房内住了一夜，翌日下午才下了这座大山。在漫长的川湘公路上，有时征集不到粮食，只好用积攒的银元买点苞谷或活羊，煮煮充饥。行军生活虽然艰苦，但大家的情绪仍然很高，没有一句怨言，爬山时啦啦队高呼“某某队加油！某某队加油！”每到一个村庄或住宿时，大家集体唱革命歌曲，一为宣传群众，二为激励自己。

这批干部因为在毛古洞已公布了职务，所以在万县稍作停留即分别去所接管的县、区就职。李维庚赴万县东北靠近陕西边境的城口县平坝区任区长时，经开县谭家乡到城口狗儿坪，爬了40里路的连绵高山，过了苟儿坪又爬过了海拔3000米的祈盘山，才到达目的地。之后，他在当地党员的帮助下，首先建立民主政权、征收公粮、收缴地主武装、剿灭匪特，平息了地主武装的暴动。继之，又开展了“减租退押”和土地改革、抗美援朝、镇压反革命三大运动。李维庚还协助县领导与大地主、国民党国大代表王俊贤举行谈判，并受县委领导委托，孤身跟随王俊贤乘坐的“火杆”（二人小轿儿），到他暗藏武装的老鹰山“老鹰洞”招抚了被国民党豢养的100余名地主武装分子，收缴土炮20门、长短枪130支和积存了十多年的稻谷及猪肉等物资。

其他入川干部在万县地委组织部的安排下，也都先后到达工作岗位，开始了开辟和建设新解放区的工作。其中，张庆松任地委秘书，孙子振任专署民政科科长，朱焕忠任专署财政科科长；杨华真等2人到巫山县工作，杨任县委组织部部长；尚连堂、郭学文等3人到奉节县工作，尚任县政府秘书，郭任安平区区委书记；刘冠英等2人到开县工作，刘任县南门区副区长；石金铎等2人到巫溪县工作，石任县宁厂镇镇长；刘杰三到酉阳县工作，任某区区长；巴文、綦积善等3人到云阳县工作，巴任县民政科长，綦任一区区委书记；孙树林、李维庚2人到城口县工作，孙任平坝区区委书记、李任区长；李焕章等2人到万县工作，李任县委秘书；李镜海等2人到忠县工作，李任县委组织部长；张光增、李非到某县，分别任科、局长；张希训后来调云南工作。

从老解放区抽调干部南下、接管新解放区，是党中央在新中国成立前夕作出的一项重大战略部署。这些抽调南下的干部们响应党中央号召，抛家舍业，别妻离子，离开挚爱的家乡和熟悉的工作岗位，到新解放区后克服人地两生、水土不服、语言不通、饮食不惯、习俗迥异等重重困难，与当地干部们一起迅速开展工作，全力以赴投入剿匪反霸、土地改革、巩固政权、维护社会稳定的工作中，各项工作都取得了卓越成绩，有的干部甚至还献出了宝贵的生命。在接管和建设新解放区的伟大斗争中，南下干部们谱写了一曲曲荡气回肠的英雄赞歌，用青春和热血铸就了顾全大局、不畏艰险、勇于牺牲、无私奉献的“南下精神”。“南下精神”永远值得后人学习和铭记，永不褪色，永放光芒！

第九章
烽火群英

利津县历史悠久，文化底蕴深厚，历代英才辈出。尤其在烽火连天的抗日战争和解放战争时间，英雄的利津人民为民族解放和人民幸福前赴后继、浴血奋战、视死如归，涌现出许多可歌可泣的英雄人物，谱写了保卫祖国、献身革命的壮丽篇章。本章记述的仅是他们其中的代表，人物不分类别，以卒年为序，皆简述生平事迹。

王 荀

王 荀（1863—1929），字允亭，利津县买河村人。自幼失学，从事农耕。光绪三十年（1904），他到利津东洼玉龙嘴一带收割野生植物，见荒地甚多、土质肥沃，便托人到县衙说情领地23顷。从此家境逐渐富裕，常用粮周济贫民。1914年，天大旱，农业失收。翌年春荒，王荀组织邻近数村200多户贫民吃大户（富户），他先献出自家存粮共食，后带领大家到附近其他村吃大户。豪绅上告，县衙派兵将王荀所率贫民驱散。

1923年，匪患四起，民不聊生，王荀在东洼玉龙嘴结识寿光周洪祥（绰号“周铁头”）、潍县董来朋两位“红枪会”师傅。是年冬，他将周、董两人请至本村，帮助建立“红枪会”，众人推选王荀为会长。其后，“红枪会”组织迅速在利津农村扩展。1927年，县署卫队长林振海，仗势欺压人民，群众恨之入骨，王荀率红枪会千余人，围困县城，闯入县署处死林振海。1929年夏，王荀应邀率红枪会百余人赴蒲台老官赵村剿除山东军阀张宗昌余孽，因中计被困，王荀遭火烧身亡，时年66岁。

李星三

李星三（1907—1939），字兰村，利津县庄科村人。自幼聪颖过人、过目不忘，十几岁就帮助父亲管理义学和商行。18岁考入北京朝阳大学（中国人民大学前身）学习法律，后又升入东吴大学医预科。1930年，被山东省教育厅厅长何思源推荐到邹平与梁漱溟一起筹建山东乡村建设研究院，协助梁漱溟研究乡村教育改革，推广农业科技新技术，并将一种叫脱里斯美棉的棉种及种植技术引进到家乡。邀请梁漱溟到利津指导乡村教育。1935年，李星三回到省教育厅，随何思源主理山东教育。1937年12月，他回到邹平母校，带领师生参加抗日游击战争，曾任国民党军事委员会政治部直属第三政治大队第二支队（鲁北支队）队长。

1939年6月，在一次执行收编伪军投降（实为诈降）的特殊任务中，不幸被土匪偷袭、杀害，年仅32岁。

李毓祯

李毓祯（1914—1941），利津县十六户村人。利津县早期共产党人之一。1932年8月，在济南育英中学加入中国共产主义青年团，积极参加校内进步活动。1933年2月，因叛徒出卖被捕，他在中共山东省委书记任作民领导下继续狱中斗争，并转为中共党员。1935年秋，被转押到南京反省院。全面抗战爆发后，国共第二次合作，他于1937年10月获释回到家乡。响应中共中央关于建立广泛的抗日民族统一战线号召，进入国民党刘景良部任政训处长，秘密开展统战工作。1938年6月，因行动暴露奔赴冀鲁边区，参加八路军一一五师东进抗日先遣队曾国华支队。同年8月，任宁津县第一任抗日民主政府县长兼独立营营长。1939年3月上旬，日军侵占宁津城，李毓祯带领抗日民主政府工作人员及独立营一个连转入城外乡村坚持游击战，开展敌后斗争。1940年10月，调任冀鲁边区三专署任秘书主任。1941年12月10日，李毓祯在商河县买虎站开展抗日斗争时，突遭日军包围，壮烈牺牲，时年仅27岁。

李竹如

李竹如（1905—1942），原名李贻萼，字世华，又名一凡，利津县庄科村人。

李竹如幼年在家乡读小学，1922年考入惠民省立第四中学，毕业后又考入南京东南大学（中央大学前身）附中读高中。1927年4月蒋介石发动四一二反革命政变，他回到济南进入正谊中学继续读书并加入中国共产党，1928年

"五三惨案"后，他从济南回到家乡，发动群众，宣传抗日救国，团结青年开展革命活动，后遭国民党当局通缉搜捕，再次来到南京。考入中央大学法学院政治系，曾任中央大学地下党支部书记。1932年后，因南京地下党组织遭破坏，他转而到山东平原第五乡师任教，与该校任教的共产党员马霄鹏一起传播马克思主义，宣传抗日救亡思想，使五乡师一大批青年走上革命道路。1935年，李竹如与几个友人在济南创办《新亚日报》组织、宣传抗日救亡活动。1936年，在上海创办并主编《文化报》，先后介绍了鲁迅、郭沫若、茅盾、巴金、丁玲等一些进步作家及作品，揭露国民党的反动黑暗统治。抗战全面爆发后，他在晋东南历任中共晋冀豫区党委机关报《中国人报》社长兼总编辑，中共中央北方局机关报《新华日报》（华北版）副总编辑和八路军第一纵队政治部民运部部长、太行文化教育出版社编辑部长。1939年6月，随一纵队到达山东根据地沂蒙山区，先后任中共中央山东分局民运部部长、宣传部部长兼任大众日报社管委会主任（社长）、新华社山东分社社长、中国青年记者学会山东分会理事长、宪政促进会组织部部长、山东省参议会秘书长、山东省文化界救亡协会会长、山东各界救国联合总会常务委员、山东战时工作推行委员会秘书长等职。1942年11月2日，在沂水县反"扫荡"突围时，李竹如不幸壮烈牺牲，年仅37岁。

徐向前元帅亲笔题词称赞"李竹如同志是我党宣传新闻战线上一位杰出的组织者和活动家"。

刘景良

刘景良（1899—1944），山东临朐苏家官庄人，早年聚众为匪，后被国民党鲁东民团指挥赵明远先剿后抚，收为中尉副官。

1934年8月，英商"顺天轮"号被劫案，刘景良只身入匪巢，终于说服匪首同意谈判招安，人质得以解救。深得上峰赏识，晋升少校副官，后随赵明远驻防惠民城。

1937年11月，全面抗战开始不久，刘景良任司令的华北民众抗日救国军在乐陵被伪自治联军击溃，后刘只身前往利津陈家庄、台子庄一带继续发动抗战，联合地主武装薄益三、薛纯一两个团，又收编徐杰臣、高庆元、丁廷杰三个团以及部分旧军人、旧职员和招收的一批爱国热血青年约500人，联合组建成军。1938年2月，刘景良率部将驻守利津城的伪自治联军王振礼团歼灭，一举收复利津城，又连续攻克滨县、蒲台、阳信和惠民等县城，生擒伪武定道尹张以朴。1943年秋，刘景良在惠民五区刘家桥活动，遭日军包围被俘，解往惠民城，其间刘景良想假投降换取自由被日军识破，几天后的一个风雨之夜，刘景良从羁押他的房间天窗逃脱，继续组织抗战。

1944年2月，刘景良带少数人潜伏在惠民五区万家村，再次被日军抓获，他表示“宁愿一死决不当汉奸”，最后被日军残忍杀害。

李希三

李希三（1917—1946），垦利县佛头寺村人。1945年1月，加入中国共产党。同年3月，任利津县永兴布庄经理。

1938年，李希三任利二区八路军区中队秘密情报员。1944年，调利二区农救会工作。1945年11月，赴阳信县参加全国土改试点工作，三个月完成试点任务，为利津县全面推行土地改革运动提供了经验。

1946年2月11日，李希三在阳信县鹤李村被国民党“海防六旅”残部杀害，时年29岁。

赵 干

赵　干（1909—1947），原名赵毓官，字振卿，利津县赵家夹河人。自幼聪颖好学，曾在本村读私塾5年，14岁到县城“德泰成”商号当学徒，两年后在外公资助下，考入惠民省立第四中学。1930年，赴北平投亲，到一家财政机关任录事。1938年春，到昌平县山区参加共产党领导的抗日队伍。翌年加入中国共产党。他曾多次化装潜入北平城，利用旧关系为八路军购买军火等物资装备，还动员一些旧友参加八路军。1944年冬，出席晋察冀军区英模大会。抗战胜利后，在晋察冀第十一军分区和野战第五旅工作，历任文化教员、教育干事、技术书记、政指、教导员、旅供给处政委等职。1947年8月，因病逝世，野战五旅供给处为其立“万古流芳”纪念碑。

王节亭

王节亭（1908—1947），原名王叔尊，字节亭。寿光县牛兴镇马家庄人。1937年，参加革命并加入中国共产党，先后任寿光县独立团三连文书、中共寿光六区区委组织科科长、区委副书记、中共广北县委组织部部长、中共海上工委副书记、工委书记兼海防办事处主任等职。1944年9月，任利津县委副书记兼组织部长；1945年8月任中共利津县委书记兼县独立营政治委员，他领导全县开展大参军、减租减息、反奸反霸、土地改革、剿匪反特等运动。

1946年秋，因患肺病住院休养。1947年病逝，年仅39岁。

崔光东

崔光东（1920—1947），利津县北张村人。1943年2月，加入中国共产党，是北张村第一位中共党员，村支部书记，曾任中共利西区区委组织科科长，利五区区委代理书记、无棣县委书记。他是知名抗日拥军模范、被誉为“革命妈妈”的村妇救会主任郭景林的长子。

1947年，任无棣县委书记，开展土改工作中被反革命特务杀害，年仅27岁。崔光东牺牲后，他的母亲郭景林含泪对乡亲们说：“光东是为革命而牺牲的，死的光荣！”

刘祝三

刘祝三（1924—1950），利津县马镇广村人。1944年10月，加入中国共产党，曾任中共利五区（东堤区）青救会会长。1947年4月后，历任支前担架团连指导员、三区区委宣传科副科长、支前担架团连长、江淮五分区肥东县双墩区委宣传科科长等职。1949年4月，参加渡江战役后，任皖南宣城粮食总站一分站组长、副指导员。同年6月，参加西南服务团，12月，抵达四川彭水县后，任二区区委书记。1950年1月，在剿匪战斗中牺牲，年仅26岁。

苏俊岭

苏俊岭（1891—1952），滨县苏家村人，18岁开始做河工。先后在黄河利南营及南岸第四分段充当汛兵、汛目、汛长和段长。抗战初期，因黄河改道夺淮入海，山东河涸，归家务农。1946年黄河归故时，被召回参加河务工作，任利津治黄办事处工程（务）股股长。

在綦家嘴险工抢险中，身先士卒，出谋献策，力挽狂澜。在1949年参加抗洪抢险斗争中，功勋卓著，荣立特等功。1952年病逝，享年61岁。

刘筱楼

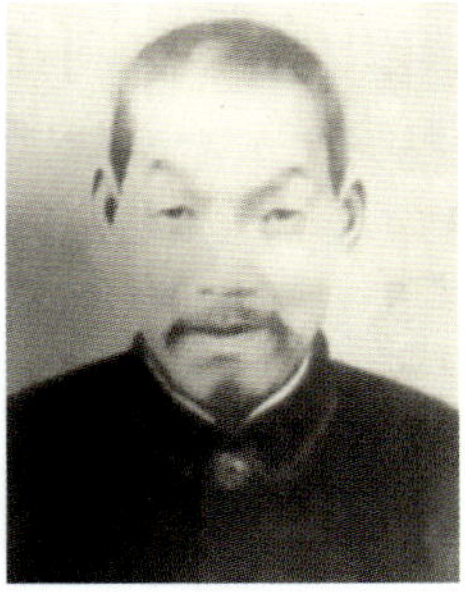

刘筱楼（1890—1959），原名刘凤舞，利津县韩垣村人。幼读私塾，后在本村和南岭村教书，被尊称为“大先生”。抗战期间，曾利用自己特殊的身份掩护抗日工作人员，协助抗战。抗战胜利后，当选渤海区参议员，并于1946年10月加入中国共产党，其间积极参与“减租减息”、参军支前和土改复查等运动。1948年后，先后任西双河完小和新台完小校长。新中国成立后，任垦利县各界人民代表大会常务委员会秘书。

刘筱楼自幼酷爱书法，他的楷书工整俊秀，行书刚劲豪放，内蕴深厚，自成风格。1959年病逝，享年69岁。

张兆义

张兆义（1905—1960），又名张凤先，利津县中望参村人。利津县第一位农村中共党员。

他幼读私塾，闲暇常看中医药方面的书，为谋生计先学木工，后与人合伙开办中药铺。抗战时期，他在沾化县北部接触到中共地下工作者，1940年，在义和庄加入中国共产党，继续以行医作掩护，秘密开展党的地下活动。1942年，在马镇广和西望参村发展苟仲甫、马兰田、马文祥、王兰斋、马廷秀、崔光东6人为中共党员。10月，建立党支部，这是利津西部地区建立最早的农村党支部，也是利津县早期的农村党支部之一。1943年，担任中共利西区委组织委员。1944年8月，利津城解放后，张兆义到县独立营当军医。1946年，因病回家休养。1960年病逝，享年55岁。

赵元敏

赵元敏（1908—1961），利津县十六户村人。1937年，全面抗战爆发后，担任党的地下交通员。1938年，加入中国共产党，为党传递日伪“扫荡”及兵力部署等情报。解放战争中，担任利津二区区中队指导员，其间积极投身于土地改革、支前、剿匪等工作。1949年春，升级到主力部长并随军南下，先后担任浙江省治安大队长、省公安厅副厅长等职。1954年，转任浙江省煤建公司党支部书记。1958年，因病回老家休养，其间，曾带病担任十六户村党支部书记。1961年病逝，享年53岁。

张兰亭

张兰亭（1925—1967），利津县东街人。中国人民志愿军特等功臣、二级战斗英雄，绰号“火线上的鹰”。

张兰亭出身于贫苦农家，父亲张树林是解放区支前模范，二弟张祝信系残退军人，三弟张祝胜1947年在泰安战役中牺牲，四弟张祝庆是转业军人，在当地被赞为“一门四战士，父子五模范”。张兰亭身为长子，自幼随母亲乞讨度日，9岁到利津河东二区大清户村给地主当放牛娃，15岁被日军招劳工到吉林省西安县(今辽源地区)做苦力。1945年抗战胜利后，他参加八路军，翌年1月加入中国共产党。1950年10月，抗美援朝战争爆发后，他随部队赴朝作战，在第38军114师先后任侦察排长、副连长、连长。在著名的第一、三、四次战役中，他带领侦察人员经常深入虎穴、侦察敌情，机智勇敢地抓捕“活舌头”，多次获取敌人的重要情报，屡立战功。1952年11月，他被中国人民志愿军总部授予“特等功臣”和“二级战斗英雄”称号，朝鲜民主主义人民共和国最高人民会议常任委员会也授予他“一级战士”荣誉勋章和军功章。他的传奇战斗经历，甚至成为电影《奇袭》中的重要情节。在整个抗美援朝战争中，张兰亭先后捕捉美、英、土、南朝鲜军俘虏30余人，毙伤敌上百人，多次深入敌后完成艰难任务，获取高价值情报，培养出大量优秀侦察员，是志愿军中名副其实的侦察英雄。

1953年7月，抗美援朝战争胜利结束，第38军从朝鲜战场班师回国，张兰亭先后任师侦察队长、副营长、团参谋长等职。1959年，他响应党的号召，转业到地方，先后任锦州市文化局科长、锦西化工厂人武部部长、保卫科科长等职。1967年9月，张兰亭在“文革”派系武斗中不幸去世，年仅41岁。

张　昕

张　昕（1914—1968），原名张云祥，利津县西南街人。早年在县城书院街小学、师范讲习所读书，1935年，考入山东平原省立第五乡村师范，1937年，毕业后曾受聘于本县三区刘村小学。同年秋，考入山东济宁乡村建设行政人员训练处，曾组建20余人抗日武装小分队并任队长。1938年初，先从河南方城到湖

北均县草店文化站从事抗日宣传工作，后到河南确山竹沟镇新四军第5师8团留守处工作。1939年3月，加入中国共产党，5月正式参加新四军，并入竹沟党校学习三个月，毕业后即任中共河南省委政治部秘书。同年11月，调任中共汝南县西洋店(今属平舆县)中心区委书记。1940年3月，为加强新蔡县党的领导，巩固和开拓敌后抗日救亡活动区，中共汝南地委派张昕任中共新蔡县临时工委书记，着手改组新蔡临时工委，不久后即恢复建立中共新蔡县委，下辖4个区委、20个支部、220名党员。1941年7月，调离新蔡到新四军第5师工作，先后任第2军分区政治部民运科长、第13旅政治部民运科长。解放战争中，历任中原军区第2纵队13旅政治部民运科长和豫鄂边区第1军分区政治部民运科长。1948年，参加中原干部支队，参与了郑州解放后的接管工作。1949年4月后，随第二野战军进军西南地区，先任西南军区后勤部军需生产部副政委、财务部副政委、军区直属政治部副主任和总后勤部武汉后勤学校政委、解放军长春兽医大学政委等职。“文革”中，遭非法关押、刑讯逼供，1968年5月，不幸去世。1978年，总后勤部党委为其平反昭雪，并追认为革命烈士。

綦际霖

綦际霖（1887—1969），字宗杰，利津县綦家夹河人。幼读私塾，1906年，进入县立高等小学堂，1910年，考入山东省优级师范学堂理化科，后任教于青城高等小学、山东聊城省立第三师范、惠民省立第四中学，主讲化学课。1928年，日军盘踞济南，山东省府暂驻泰安，綦际霖受命任曲阜县长，一年后辞职。

1930年至1933年，綦际霖应董事会邀请，先后两次在济南正谊中学主持校务。1934年，参加《利津县续志》编修。1937年，卢沟桥事变后，他离济返乡，参加抗日宣传活动。1938年2月，刘景良收复利津城建立国民党县政府，綦际霖应聘任秘书。同年10月，他在欢迎国民党山东省主席沈鸿烈大会上，借机宣传抗战、痛斥卖国贼，令国民党土顽大哗，扬言要枪杀綦际霖。他闻讯后，立即离开家乡前往济南，不久再任正谊中学校长，使该校成为抗战期间中共地下组织的重要联络点之一。

抗战胜利后，綦际霖先后在省立第一师范、立达中学任教。1948年9月，济南解放，綦际霖出任济南第三中学校长。1956年，担任山东省教师进修学院副院长。1957年，加入中国民主促进会，任民进济南市委主任委员。先后被选为济南市人民代表、市人民委员会委员、省各届人民代表会议代表、政协山东省委员会委员、政协济南市委员会常务委员等。1969年3月病逝，享年82岁。

毕鸣歧

毕鸣歧（1902—1971），字凤岗，利津县毕家嘴人。9岁起入私塾读书，1921年考入济南师范学校，毕业后曾在沈阳礼和洋行、福茂洋行、张家口华德洋行和上海德孚洋行任翻译、文书、华人经理等职。其间，与中共地下党员王华庭常有联系，做过一些对革命有益的工作。新中国成立后，他积极开展天津市进出口同业会工作，推动会员与国外贸易商联系，为国家进出口业务发展做出了重要贡献。其间，他还响应政府关于发展工业生产的号召，先后创办新民化工厂、建业砖瓦厂、新大电锯厂、新城造纸厂等企业并担任经理，并被选为全国人大代表、全国工商联副主席、民建中央常委、天津市副市长、政协天津市委员会副主席、天津市工商业联合会主任委员等职。

1951年，在抗美援朝运动中，他率先捐献飞机1架、带头认购公债。之后，他又参加中国人民赴朝慰问团，担任华北慰问团副总团长，对工商界支援抗美援朝产生重要影响。1954年后，他响应党和政府号召，带头参加公私合营，他多次率天津市工商界代表团赴西北、上海等地访问，沟通贸易往来，促进城乡和地区之间的物资交流。同时还热心创办、资助社会福利及教育事业，资助天津市兴办学校、托儿所等。

1957年，毕鸣歧被错划为“右派”分子。1971年5月逝世。1978年，中共天津市委为他平反昭雪、恢复名誉。

张皋忱

张皋忱（1904—1971），字子久，利津县东堤村人。1926年，毕业于惠民省立第四中学，1937年全面抗战爆发前夕，在利津三区东堤村筹建县立第四完全小学并任校长，在校内外进行抗日救国宣传，教唱抗日救亡歌曲，后学校因日寇侵占利津县而停办。新中国成立后，先后在东堤完小、大牛完小、赵庄完小任教，毕生从事教育工作，曾当选第一至六届利津县人大代表。

1966年退休，1971年病逝，享年67岁。

王旭晨

王旭晨（1916—1977），原名王际登，曾用名王铭九。山东桓台马家村人。1938年3月，参加八路军，历任班、排长之职。调地方后，历任中共桓台县三区区委委员、县农会宣传委员，垦利县一区、三区、二区区委书记，利津一区区委书记、大盖区区委书记、县大队教导员。

1946年后，又转入部队工作，先后任中国人民解放军某部政治教导员、团政治处副主任。之后，又转入地方，先后任福建省福安地委纪律检查委员会副书记、第二书记，福安地委组织部副部长、部长、地委委员、常委，福建省农业厅处长、农业科学院副院长、党委副书记等职。

1977年逝世，享年61岁。

牛振邦

牛振邦（1925—1978），利津县韩大庄人。1944年4月，参加垦利县独立营，后升级到主力部队。历任班长、排长、连长、营长、团参谋长，副团长、生产建设兵团团长、副师长，福州军区“五七”干校副校长等职。

1947年夏，在泰安战役中，牛振邦带领战士担任炸敌碉堡任务，战斗中身负重伤，仍强忍剧痛将敌碉堡炸毁，保证了战斗的胜利。同年11月，牛振邦奉命在陇海路河南柳河车站战斗中担任突击班长，连续突破敌人6道障碍，插入敌人心脏，经半小时激战，顺利占领柳河车站。当晚，又带领全班配合主力，攻下柳河镇。牛振邦为此荣立特等功，该班获“特等功班”称号。

1948年后，牛振邦先后参加淮海、渡江等战役，荣获特等功及一、二、三等功各1次。其中，在孙果山战斗和太仓桥战斗中，各歼敌1个连，并缴获重机枪4挺、迫击炮2门。

新中国成立后，牛振邦先后任福州生产建设兵团第三师17团团长，第2师副师长等职，带领所部开荒、种稻、种菜、种树、建水库、办养猪场等，还经常带病安排生产、进行生产设计，先后4次被福州军区嘉奖。1975年12月，调任福州军区“五七”干校副校长，其间，他患有严重的气管炎，但仍坚持工作，积极抓生产、抓教学，深受学员们的好评，被誉为革命的“老黄牛”。

1978年5月病逝，享年53岁。

邢　钧

邢　钧（1914—1978），原名邢玉椿，山东寿光县邢家茅坨人。1938年12月，加入中国共产党，翌年11月，参加革命。1944年9月至1950年8月，先后任利津县各救会主任、县委副书记、县长等职。领导开展反奸诉苦、“双减”增

资、土地改革、“反蒋治黄”、参军支前等运动。

1950年后，邢钧曾任惠民专署副专员、山东省鲁北水利工程局副局长、山东省南四湖流域工程局副局长、指挥部党委副书记、副指挥等职。

1978年5月病逝，享年64岁。

李长之

李长之（1910—1978），原名李长植、李长治，笔名何逢、方棱、棱振、张芝等，利津县庄科村人。李长之出身书香世家，两岁时随家移居济南，先后在济南省立一师附小、省立一中、省立聊城师范就读。12岁发表诗歌、散文等作品。1929年，高中毕业后考入北京大学预科甲部。1931年秋，考入清华大学生物系，后转哲学系，师从著名哲学家张东荪、金岳霖和冯友兰。1933年至1936年先后任《文学季刊》编委、《清华周刊》文艺栏主编、天津《益世报》文学副主编等，其间出版第一部诗集《夜宴》。发表了文学评论专著《鲁迅批判》等文章。

1936年至1948年，先后任清华大学华侨生、蒙藏生导师、京华美术学院教授、重庆中央大学助教，中央大学中国文学系讲师、副教授，北京师范大学教授等职。主编过《时与潮》《和平时报》《北平时报》等副刊。他发表的作品有《苦雾集》《文学史学与文艺科学》《司马迁之人格与风格》等重要著作和译著20余部。1949年4月，加入新民主主义文化建设协会。翌年，入华北人民革命大学文学政治研究学院学习，为中国作家协会会员，后任北京市文联文艺理论组组长等职。1951年，他赴四川参加土地改革，任西南土改工作团副团长。至1956年，又相继出版《龙伯国》《李白》《中国文学史略稿》一至三卷等作品多部。

1957年，被错划为“右派”。“文化大革命”中被当作资产阶级反动学术权威遭受迫害。但李长之依然尽心竭力从事教学和学术研究，积极参加《红楼梦》的注释和《新华字典》的修订等工作。

李长之不仅在中国文坛上享有盛名，而且在国际汉学界也颇有影响。他撰著的《司马迁之人格与风格》《孔子的故事》《陶渊明传论》等都先后被译为日文出版。日本河出书局出版的《中国新文学字典》、东京堂出版的《世界文艺辞典》，都收有他的条目。

李长之晚年身残多病，但仍积极从事学术研究和著述，1978年12月病逝，享年68岁。

郭景林

郭景林（1898—1978），女，利津县明集村人。17岁嫁给北张村短工崔同元，生有两男一女，29岁时因家乡霍乱流行，母亲哥嫂等8位亲人相继去世，婆母和丈夫也同时死于霍乱。望着失去的亲人，她悲痛欲绝，但仍咬紧牙关，继续给地主干活，领着孩子四处乞讨度日。1942年，他的儿子崔光东加入了中国共产党，走上革命道路。第二年在中共利西区委书记崔辉五和儿子崔光东的介绍下，她加入中国共产党并成为党的地下交通员，后担任村妇救会会长。她冒着风险常往返于马镇广、望参门、郑家等村，为共产党和八路军传递情报，她的家也成为沾利滨工委、利西区区委和利西地下党的秘密联络点。

1943年12月6日，在二十一天反“扫荡”中，垦区独立团二营六连与日军骑兵部队在北张村西发生遭遇战，因众寡悬殊，六连腹背受敌，72名指战员壮烈牺牲。战后，郭景林在村民的帮助下，先后将7名伤员接到家中精心照料，对饮食困难的伤员，做成稀粥用芦苇管对嘴喂食，对大小便不能自理的伤员端屎接尿。伤员痊愈后，党组织要给郭景林报酬，但她分文不要。她还冒着生命危险，掩护过利西区妇救会主任张林、区委书记崔辉五和垦利独立营营长张伯令的母亲等多人脱离险境。

1944年，利津解放后，郭景林曾脱产到店子、十里堡等村开展妇救会工作。

1947年，她的长子崔光东在阳信农村搞土改工作时，被反革命分子枪杀。当遗体运回北张时，她忍着极度的悲痛，控制住自己的泪水，坚定地说：“光东为革命牺牲，死的光荣！”表现出一名共产党员的高尚品质和情操。

新中国成立后，郭景林先后担任过东堤区乡妇女主任、公社党委委员、中共利津县第二次代表大会代表、利津县第三至六届和第八届人民代表大会代表，两次出席山东省妇女代表大会，从抗战时期的“崔大娘”变为了人人尊敬的“革命妈妈”。

1978年12月病逝，享年80岁。

王雪亭

王雪亭（1912—1979），原名王松梅，山东蒲台县王家庄（今属东营区）人。早年毕业于山东陆军士官教导团，曾任鲁北民团指挥部副中队长、国民党陆军第八十一师教导团营长、山东省蒲台县保安九团团长。1938年，他曾与共产党人李毓祯有接触，后与八路军山东抗日游击第三支队取得联系，在党组织的感召下，于1940年6月率部起义、参加八路军。

革命后，先后任蒲台县抗日民主政府县长、八路军山纵三旅黄河独立团团长、政治部统战室主任。1942年，调任垦区行政委员会主任，1943年4月垦区行政委员会改称垦利县抗日民主政府后改任县长。1944年10月，他调利津县工作，担任县长职务。在利津县任职期间，群众称赞他是利津人民的好县长，并敬送他“劳苦功高”匾额。1948年，王雪亭在华东局党校学习后，先后在泰安专属、江淮地委、苏南支前司令部做财粮工作。1949年，他南下到四川重庆，先后任重庆市委行政处处长，重庆市税务局城区分局局长、重庆市市政工程公司副经理等职。1952年“三反”运动和1957年“反右派”斗争中，王雪亭受到错误处理；“文化大革命”中被隔离审查达4年之久。1979年3月2日，中共重庆市委撤销对他的错误处分，恢复其党籍。3月20日病逝，享年67岁。

于祚堂

于祚堂（1899—1981），利津县于家村人。1921年8月，到山东省河务局南四营当汛兵，先后任工班班长、汛目等职，驻守到利津修防段佛头寺、小街、王庄等险工区，参加过多次黄河抢险堵口工程，积累了丰富的治黄经验。1937年7月，他被提升为北六分段第三防守汛汛长，驻守利津王家庄险工区。1938年6月，因黄河改道夺淮入海，山东河务机构撤销，于祚堂回家务农。1946年，渤海区掀起轰轰烈烈的“反蒋治黄”斗争，于祚堂应招重新加入治黄队伍，担任利津县治黄办事处工程股副股长，不久又提升为工程队长，负责驻守王家庄险工段。1947年9月，黄河洪峰泻至利津段，险情频出，又加国民党飞机轮番轰炸扫射，在此紧要关头，于祚堂临危不惧，与县党政领导一起指挥上千民工奋力抢堵奋战20个昼夜，抢修埽坝23段，堵塞漏洞16个，终将大坝水洞堵住，战胜了黄河归故后的第一次洪峰。1949年秋汛中，王庄堤段险情严重，急需石料抛护，但全段却只存300立方石料，杯水车薪，无济于事。于祚堂凭多年治黄经验，断然以万余条麻袋装入红泥3400余立方抛至河中，代替石料护根，保证了埽坝安全。其他垦利一号坝、左家庄两地抢险河工也如法效仿，相继化险为夷。汛期过后，渤海区行署，山东省河务局相继授予他“特等治黄功臣”称号。

1950年，苏北潮河决口屡塞不成，应华东水利部门邀请，于祚堂率工程队赴工。他根据当地“油泥”河底的特点，改以秸料进占，迅速合龙成功。在1951年春堵复王庄凌汛决口和1955年五庄堵口兴工中，于祚堂都功不可没。为此，华东水利部门先后两次赠锦旗表彰。于祚堂也光荣地加入了中国共产党，出席了第一届全国工农兵劳动模范代表大会。先后荣获全国劳模、山东省劳模、黄委会劳模等多项荣誉称号，并当选为山东省第一、二、三届人大代表和利津县各界人民代表会议代表及人民代表大会代表。

1980年6月病逝，享年82岁。

张鹤亭

张鹤亭（1895—1981），又名张汝乐，利津县前左村人。9岁起苦读私塾10年，1914年在本村任教，1922年考入利津师范讲习所，结业后相继在本村和县立第一高等小学任教。1935年，因不满教育界风气败坏，愤然辞职，回乡自办刘庄完小。在他的努力下，该校在当时颇有声名。1937年冬，日军侵占利津城后，学校停办，他便隐居家中攻读医书，间或为群众治病。

1942年，张鹤亭应邀参加垦区行政委员会召开的地方开明士绅、进步人士座谈会，初步明晓党的抗日救国政策及主张。自此，他开始以教书为掩护，从事抗日活动。1943年，共产党抗日工作人员进入利三区开辟敌区，他家成为秘密联络点，曾多次掩护抗日人员化险为夷。

1944年，利津解放后，张鹤亭当选为利津县参议会副议长和渤海区参议会议员，后被选为县参议会议长。他先后任城关完小校长、文教科副科长、教育局副局长、县各界人民代表会议常务委员会副主席等职，被选为利津县一至六届和第八届人大代表。

抗战胜利后，他曾为县烈士祠、烈士碑书写碑文。解放战争大参军运动中，他动员亲属及本村、邻村青年踊跃报名参军。他在土改中带头献地献产，为利津县的统战工作和教育事业发展做出了重要贡献。

1981年12月，张鹤亭因病去世，享年86岁。同年12月17日，中共利津县委根据他生前遗愿和要求，追认他为中共党员。

张雨村

张雨村（1916—1983），原名范振龙，山东寿光人。1938年2月，参加八路军，同年10月加入中国共产党。曾任中共寿光县一区区委青年科科长、组织

科科长、副书记，中共邹平县委组织部副部长，高苑县委组织部长，沾化、阳信县委组织部部长。1946年8月调任利津县委副书记兼组织部长。其间，他于1946年秋至1947年5月，1948年3月至1949年2月，先后两次代理县委书记，组织全县开展大参军、减租减息、反奸反霸、土地改革、剿匪反特、“反蒋治黄”等运动。

1949年后，先后任中共渤海区四地委组织部干部科长，无棣县委书记，华东区土产公司副经理兼党总支部书记，国家财政经济委员会副处长、第二机械工业部七局干部处副处长，天津无线电工业学校党委书记、校长，中共青岛市委组织部副部长、统战部顾问等职务。

1983年6月病逝，享年67岁。

黄顺青

黄顺青（1895—1983），原名黄廷选，字舜卿，利津县左家庄人。8岁入私塾，后因家境贫困辍学。1917年考入山东青州师范讲习所，毕业后在本村小学、济南化育小学、县立一高等校任教。1937年12月，日军侵占利津后，黄顺青辞教回乡。其间，他的父亲因受日军“扫荡”惊吓疯癫，叔父惨遭日军杀害，长子被日伪军打伤，一系列打击使他一度精神失常。1944年8月，利津解放后，他的病情逐渐痊愈，遂投身党的教育事业，创立了县内第一所党领导下的完全小学。1952年，负责筹建利津师范，废寝忘食，终毕其工，堪称楷模。

黄顺青一生热爱书法，字体独具一格。20世纪60年代初，他将收购的利津清代名宦赵长龄手稿等无私捐献给国家，中央文物管理机关为他来函致谢，并表示给予奖励和报酬，他当即复信说：“既不要名誉奖励，也不要物质报酬，这是我应尽的义务。”

他是利津县第一至六届和八届人大代表，第九届县人大特邀代表。1983年2

月病逝，享年88岁。

王墨林

王墨林（1918—1984），原名刘新玺，又名刘耀文。山东掖县左村人。1937年10月，参加抗日救亡运动，1938年1月，加入中国共产党，曾任掖县左村中心村党支部书记、胶东人民抗日救国军第三大队交际员等职。1939年5月，调任清河特委组织部组织科科长。1940年3月后，历任中共邹（平）长（山）中心县委组织部部长、中共长（山）桓（台）县委书记、桓台县抗日民主政府县长、中共清河区党委秘书主任。1943年1月，担任中共沾（化）利（津）滨（县）三边工委书记。其间，带领工委成员为地下党员转接关系、建立基层党组织、瓦解“铁板会”、改造伪政权、开展统战工作、扩大地方武装等，为打击日伪、扩大根据地游击区作出了重要贡献。

1944年10月起，先后任滨县县委书记、渤海区四地委民运部长、渤海区支前纵队支队长、支前四纵队政委、华东支前司令部民工管理处政委、华东三大战役复员委员会专职委员等职。中共四川地委民运部长、重庆市九龙坡区委书记、沙坪区委书记、市中区区委书记以及成都市基本建设委员会副主任等职。

1984年1月病逝，享年66岁。

尚兰亭

尚兰亭（1902—1984），原名尚芝泉，利津县盐窝东村人。1921年起，先后在潍县、周村、青岛等地经商。1937年，筹资在济南创建同兴油坊并任经理。日本占据黄河北岸后，油坊停业。1941年，又筹资重建，时值日军将食油列为控制物资，敌人多次提出要“中日合办”，尚兰亭不为所诱，予以拒绝，两次遭日本宪兵队逮捕，企业蒙受损失。抗战胜利后，先后当选济南市油业同业公会理

事长和济南市商会常务理事。1948年9月，济南解放后，被推举为济南市商会理事长，协助政府做了大量有利于团结、恢复生产、支援前线的工作。

新中国成立后，尚兰亭当选为济南市工商业联合会筹委会副主任委员，当选济南市工商联第一、二、三届执委会委员、副主任委员和济南市各界人民代表会议协商委员会副主席，山东省各界人民代表会议协商委员会常务委员。1955年至1983年，连任济南市政协第一至七届副主席；1958年至1984年，连任山东省工商业联合会副主任委员。

1984年9月病逝，享年82岁。

张玉亭

张玉亭（1911—1985），女，利津县马镇广村人。1944年上半年，她与北张村党的地下交通员郭景林取得联系，之后，她的家便成了中共沾利滨三边工委和利西区委的地下联络点。她白天走村串户以卖自织的毛巾作掩护打探敌情，晚上积极参加党的秘密活动。1946年，加入中国共产党。1951年腊月，她配合东堤区委书记孙守增和马王乡党支部书记高法，带领区中队及民兵一举铲除并击毙了匪特头子苟云成。

1951年至1958年，1961年至1968年，两次担任村党支部书记，是中共利津县委第二次党代会代表和利津县第五届人代会代表。

1985年病逝，享年74岁。

赵　凯

赵　凯（1916—1986），原名赵毓遂，利津县赵家夹河人。自幼家境比较

富裕，父亲一生勤恳，母亲持家有方，四个哥哥皆为有识之士。赵凯从7岁起在本村读私塾5载。12岁时，举家迁到利津城，13岁入县立高等小学，不久又转入济南第一师范附小。1932年，考入惠民省立第四中学，一年后转入济南正谊中学，1934年2月，又考入北平山东中学高中部。1935年12月，在北平参加了著名的一二·九运动，并在不久后加入中国共产党领导下的“中华民族解放先锋队”（简称“民先”），走上抗日救国道路。

1936年12月，他又考入北平辅仁大学。1937年10月，曾到国民党第七十七军一八一师石友三部做友军工作，任手枪营一连政治指导员。1938年6月，加入中国共产党。1939年初，赴晋冀豫区党委党校学习，后任山东《大众日报》社编辑。同年12月，又调军队工作，先后在八路军山东纵队二支队（后改称山纵二旅）政治部任教育干事、宣传干事、宣传队长等职，参加大小战斗60多次，多次受到部队领导机关表彰。

1943年3月起，先后任莒南、日照县抗日民主政府民政科长、代理县长等职。其间经常带领武装小分队，辗转活动在敌占区和游击区，开展反霸、减租减息斗争和大生产运动，组织发动群众参军参战，巩固和建设抗日根据地。1944年冬，他调到新成立的滨海区建国学院，先后任行政队长、教育科长等职。

1946年冬，赵凯调回军队，先后任滨海军分区教导大队副政委、政委。1949年初，国民党黄安号军舰在青岛起义后，开赴新（浦）海（州）连（云港）解放区，赵凯奉命调该舰任军代表、政委，挫败了国民党企图炸毁黄安号，逼迫起义官兵将军舰开回国民党辖区阴谋。不久，他又率黄安号军舰与当地陆军配合，赴奶奶山执行剿匪任务，并荣立二等功。

新中国成立后，赵凯先后担任华东海军学校政训大队政委、海军第一预备学校政委，海军高级专科学校政治部主任，海军通讯学校政委，海军东海舰队后勤部政委等职。1955年被授予解放军海军上校军衔，1961年，晋升为大校军衔。1957年，被授予三级独立自由勋章和二级解放勋章。

1986年4月病逝，享年70岁。

李毓田

李毓田（1925—1987），利津县十六户人。幼年失学，17岁时随父母迁居到利津二区章丘屋子（今属垦利区）。1943年，其父被日伪烧死，李毓田怀家仇国恨于同年10月参加了地方抗日武装。翌年初，调垦利县独立营（后转利津县独立营）。1945年12月，加入中国共产党。1946年6月，在德州战役中，他一人歼敌一个班，缴获轻机枪一挺，被评为战斗模范。1948年夏，在河南上蔡战役中，他带领一个战斗小组20余人，打退十余倍敌人的多次反扑，胜利完成阻击任务。1949年1月，淮海战役进入第三阶段，李毓田所在连队接受攻占金寺庙的任务。在连长、指导员、副指导员皆负伤、牺牲的紧要关头，副连长李毓田主动担负起指挥全连战斗的任务。在他的率领下，全连经过反复冲杀、白刃肉搏，激战半日，全歼守敌500余人，胜利完成攻占金寺庙的任务。

同年4月，在渡江战役中，李毓田所在连被确定为全团渡江第一突击队。6月，在解放平潭战斗中，他又率领该连完成攻坚任务。先后荣获华东二级、三级战斗英雄称号，并4次荣立一、二等功。

1953年后，李毓田历任解放军某团参谋长、福建省军区独立一师师长、中国人民解放军第28军副军长等职。

1986年7月，离职休养。1987年8月病逝，享年62岁。

李　群

李　群（1921—1987），山东临淄人。1939年6月，加入中国共产党并参加革命，历任中共利津县城区区委书记兼区中队指导员、中共利津县左王区区委书记兼区中队指导员和利津县委委员、宣传部长。

1950年5月，调离利津后，曾任滨县人民政府县长、县委书记，博兴县委书

记，惠民地委财经委副书记、专署副专员，淄博地委副书记等职。1960年，兼任中共沾化（利津）县委第一书记，后任中共惠民地委常委、专署副专员，中共泰安地委副书记、专署专员，中共枣庄地委副书记、地革委副主任，山东省建设银行行长、党组书记等职务。

1985年4月离休。1987年1月病逝，享年66岁。

酆云鹤

酆云鹤（1900—1988），女，利津县庄科村人，我国第一位女化工博士，全国著名苎麻纤维化学专家，为中国现代麻纺织工业的发展做出了卓越的贡献。

酆云鹤幼年家贫。光绪三十一年(1905)，因家乡洪水灾害，随父母漂泊到泰安县，后又流浪到济南市，当佣人。16岁考取免费学堂，先后在济南小学、济南女子师范和北京女子高级师范学校读书。她学习刻苦，加之天资聪颖，因而取得优异成绩并连续跳级升学。1928年，酆云鹤留学美国，毕业后，获俄亥俄州立大学化工博士学位。

1933年，她带着祖国的竹子、稻草、苎麻去德国，以此为原料制造人造丝，终获成功，成为世界上第一个用草纤维制造人造丝的发明人。1935年起，酆云鹤开始进行苎麻纤维脱胶的研究和实验，经过近10年的苦心钻研和反复试验，取得成功，在世界麻纺工业上有所突破。

1949年9月，酆云鹤响应中国共产党的号召，从香港到达北平，出席第一届全国人民政治协商会议。会间，她将赶写的《发展我国麻类生产的建议》连同各色麻类纤维样品献给毛泽东主席。

新中国成立后，酆云鹤先后任纺织工业部顾问、中国科学院广州化学研究所名誉所长、上海纺织工业局顾问等职。她是中国民主建国会创始人之一。1979年8月，加入中国共产党。第一至三届全国人民代表大会代表，第五届全国政协常委，第六届全国政协委员。

鄄云鹤为进一步完善苎麻纤维化学变性的生产和开发中国苎麻资源，不辞劳苦，一直奔波于广州、株洲、南宁、重庆、兰州、长沙、武汉等地。1979年，鄄云鹤终于研究解决了中国草席黄麻经线的制造技术和苎麻磺化变性工艺。1981年，经国家科委鉴定，获发明奖。

1988年，鄄云鹤已88岁高龄，为使苎麻纺织工业向更深层次发展，仍不辞劳苦，三下湖北，两进江西，远走四川、广东、江苏、安徽、山东各地。

1988年12月病逝，享年89岁。

王秀英

王秀英（1910—1988），女，利津县北张村人，人称“张大娘”，是利西区抗日积极分子和党的地下交通员，1943年，加入中国共产党。同年11月，清河军区垦区军分区独立团二营六连在反“扫荡”中迂回转移到北张村时与敌遭遇，双方发生激烈战斗，六连共有72名指战员牺牲。战斗一结束，王秀英与郭景林等抗日积极分子就在群众的帮助下抢着把重伤员安置到自己家中，给伤员包扎伤口、喂水喂饭，悉心照料。平时，她带头做抗日宣传工作，在清河区开辟“沾利滨”三边根据地时，她的家是重要的联络点之一。八路军武工队的战士们经常在这里吃住。1944年，中共利津县委成立后，没有固定的办公场所，她的家就是时任县委副书记王节亭的驻留点。当年，耀南中学的学生张林在此开展地下工作，与王秀英一家结下了深厚情谊，为便于工作曾认她为“干娘”。新中国成立后，张林一家还多次从南京专程来看望王秀英，每年都寄钱款表示问候，报答养育救命之恩。

1988年3月病逝，享年78岁。

王　林

王　林（1919—1990），曾用名王淑孔、王景明，广饶县稻庄镇城坞村人。1938年9月，加入中国共产党。历任八路军山东纵队三支队十团干事、连指导员，中共广饶县委青年部部长、组织部部长，清河区清东地委民运部部长，清东军分区政治部主任等职。1943年春，任中共垦利县委书记兼独立营政委。1944年8月，率垦利独立营参加解放利津城战役。9月，被任命为利津县委书记兼独立营政委。任职期间，深入基层，广泛发动群众，开展锄奸反霸、减租减息和大参军运动。1945年，王林率利津县独立营开赴前线，配合渤海军区主力部队作战，参加了解放蒲台和滨县城等战斗。

解放战争时期，王林曾参加淮海、渡江等战役。新中国成立后，历任华东军区装甲兵教导团政委、中央军委装甲兵政治部组织部长、第五坦克学校政委、装甲兵学院政治部主任、中央军委装甲兵政治部副主任等职。曾被中央军委授予二级独立自由勋章、二级解放勋章和中国人民解放军独立功勋荣誉章。

1984年5月离休。1990年12月病逝，享年71岁。

李岫文

李岫文（1910—1990），女，利津县大北街人。1927年，在县立女子小学毕业后曾留校任教两年，其间参加妇女促进委员会，提倡妇女放足、上学识字。1929年后，在北平大学附属高中部、北平师范大学就读。1935年参加了一二·九学生爱国运动，1936年，参加了“中华民族解放先锋队”，1937年3月，加入中国共产党。全面抗战爆发后，与党组织失去联系，后到重庆工作，曾任重庆沙邱坝儒英小学副校长。1951年起，先后任重庆市教育工会副主席、重庆市第二十中学校长、重庆市第三十七中学校长等职。1956年12月，重新加入中国共产党。1957年，在中国教育工会第二次全国代表大会上当选教育工会全委会委员，先后被选为重庆市第一至六届人民代表大会代表。“文革”中受到不公正待遇，1978年后恢复名誉，1990年8月病逝，享年80岁。

李明村

李明村（1914—1991），山东省益都县（今青州市）大高流村人，出身中农。1937年12月，参加革命，1938年2月，加入中国共产党。1939年5月，任中共临淄县委青委会书记兼青救会会长。1941年8月，清河区党委及八路军山纵三旅抽调干部组成工作团开赴垦区根据地，李明村作为清河区党委工作团团长，带领50余名干部深入农村，宣传抗日救国，组织农业生产，培养和发展优秀分子入党，使垦区党的活动迅速发展起来。至9月，中共清河区党委决定成立中共垦区工作委员会，李明村任工委书记兼建设委员会副主任。

1943年1月，李明村与垦利县委宣传部部长向旭、县大队政治协理员由子真一起，带领武工队进入敌占区利津二区开辟工作。不久，成立中共利津二区委员会，李明村任书记。抗战胜利后，李明村调任中共阳信县委宣传部部长。1947年，渤海区土改整党工作会议上，李明村受到错误处理，妻子王刚锋也同样受到处分。

全国解放后，李明村调任四川省开县县委书记，后历任万县地委组织部副部长、部长、地委委员等职。1952年，调四川省委农工部，先后任干部处处长、政治处处长。1979年，任四川省委纪委常委。1982年底离职休养。1991年5月病逝，享年77岁。

陈光桐

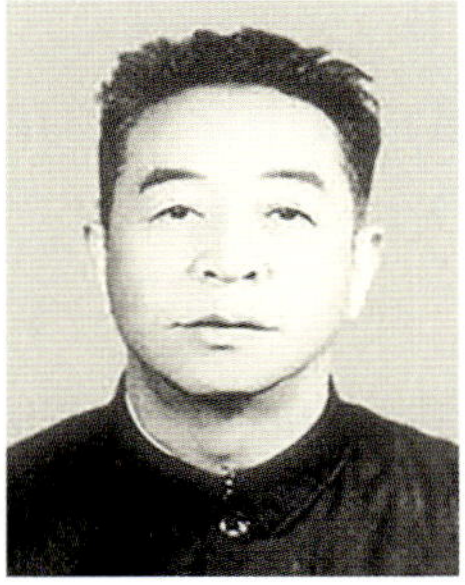

陈光桐（1921—1992），利津县老台三村人。幼读私塾，后考入县立第二高小。1936年，随父母迁往县境东北洼毛丝坨村（今属垦利区）。1941年，八路军进驻垦区后，陈光桐担任村自卫团长和村长，组织群众大挖抗日沟、坚壁清野，开展反“扫荡”、反“蚕食”斗争。1944年9月，陈光桐加入中国共产党。同年冬，担任村长，带领群众开荒生产、参军支前，积极为驻村的渤海军区后勤机关及兵工厂、被服厂、油坊、酒厂等单位服务。

新中国成立后，先后任利津县委常委、组织部部长、县委副书记，沾化县委书记处书记，桓台县委副书记，阳信县委副书记和利津县人大常委会主任等职。

1985年离休。1992年3月病逝，享年71岁。

宫琴堂

宫琴堂（1926—1992），利津县后宫村人。出身贫苦家庭，1943年，曾被日军抓去修据点，其间，在中共地下党员李英奎的教育下从事党的地下工作，通过不同途径搞到了利津城的敌伪情报，为解放利津城起了重要作用。利津解放不久，他报名参军，并于1945年11月加入中国共产党，先后参加了豫东、济南、淮海、渡江、淞沪、平潭等战役。1949年5月，在淞沪战役中，宫琴堂带领特务连突破敌人第一道防线，为取得战役胜利做出了贡献。

新中国成立后，宫琴堂长期从事海军工作，曾担任海军南海舰队司令部军训处科长、政治部文化处处长等职。1976年4月，转业到山东济宁商校任党委书记、校长。1986年离休。1992年病逝，享年66岁。

阎　川

阎　川（1916—1996），原名罗训书，又名王汉章，山东临淄罗家庄人。1933年秋，在潍县广文中学，经乔天华介绍加入中国共产党。1935年，考入济南齐鲁中学，1937年，又考入山东省立医学专科学校。同年11月，日军入侵山东后，学校被迫解散，失去与党组织的联系。1939年7月，重新入党，并任临淄县五区动委会主任。1940年2月，任中共博兴县委宣传部部长。同年12月，调任清河行署教育处处长。1941年10月后，历任中共清河区党委宣传部宣传科长、中共清中地委宣传部部长、中共蒲（台）利（津）滨（县）三边工委书记、中共青城县委书记兼县大队政委等职。1946年后，任德州市委书记，渤海区和平医院院长、政委。1950年6月，任中共淄博地委秘书长。1954年1月后，任水电部东北电力建设公司经理、电力建设总局副局长。1963年3月后，任国家核工业局“816厂”厂长、四川省核工业局局长兼党组书记。

1985年离休。1996年10月病逝，享年80岁。

刘之申

刘之申（1918—1998），山东寿光人。1937年12月，参加中共领导的牛头镇抗日武装起义，1940年2月，加入中国共产党。历任寿光县八支队中队指导员，县立第一抗日小学、渤海行署实验小学党支部书记等职。1945年9月，调任利津县政府建设科科长、教育科科长，负责筹建利津县“庄户医院”，主要接纳解放战争时期前方转来的轻重伤病员和县城周围群众的求医问药，当时也称后方医院。1948年改为“大众医院”，即利津县人民医院前身。

1949年9月，刘之申任利津县委委员、县财委及供销社主任。1951年7月，调离利津，先后任惠民专署供销社副主任、主任，专署计划委员会主任、财办主任，中国人民银行山东省分行党组成员等职。1970年后，历任胜利石油会战指挥部副主任，惠民地委办公室副主任、地委副秘书长、地区行署副专员，山东省胜利油区领导小组副组长，滨州黄河大桥建设指挥部指挥、地区老年大学校长等职。1990年12月离职休养。1998年5月病逝，享年80岁。

孙守增

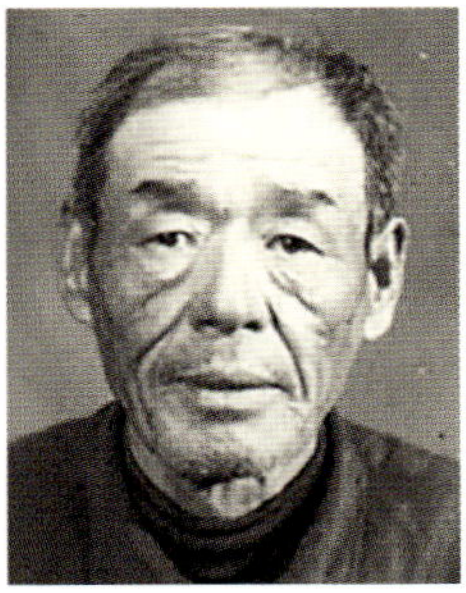

孙守增（1922—1998），利津县临河村人。1942年3月，加入中国共产党，投身党的地下工作。1944年2月参军之后，先后在渤海四军分区部队任班长、排长、副连长。1948年底，在淮海战役中任连指导员。1949年12月，转业回到地方，先后任利津县大盖区武装部部长、徐王区公所区长、县人武部股长、五区（明集区）党委书记，县农林科科长、县农林水利局局长、农业机械管理局局长等职。1984年1月离休，1998年9月病逝，享年76岁。

魏青山

魏青山（1910—1999），原名魏树云，利津县北关人。早年，在沾化县下洼镇当学徒，学习修理钟表和刻字手艺，出徒后即在沾化县城、义和庄一带自营修表刻字铺。1941年10月，投身抗日队伍，在中共清河区党委领导的“抗敌同志协会”办事处任秘书，与抗协办事处的杨少心、张洪勋等人，共同开展抗日民族统一战线工作。

1943年，受党组织派遣，他以修表刻字为掩护潜入利津城，搜集敌伪情报。在解放利津城前夕，魏青山提供了伪二十七团兵力部署方位图，为解放利津城起到了重要作用。之后，他重回沾化县义和庄，携带自营的石印机加入渤海军区第四军分区生产股，建立北海银行印钞厂修械部，对外称利津县建华铁工厂，并任副厂长。1948年10月，该铁工厂迁至德州，后发展成为山东省重点机械工业企业德州机床厂。1954年后，魏青山分别任德州劳改队生建机械厂和山东省劳改局直属的济南生建钢铁厂副厂长。1962年，调山东省监狱任副监狱长。

1980年离休。1999年4月病逝，享年89岁。

彭子东

彭子东（1906—1999），原名彭震英，利津县彭家村人。1926年，毕业于惠民省立第四中学，曾协助李竹如组建成立国民党利津县临时党部。1929年，他被任命为利津县立小学校长。1930年，考入北平中国大学哲学教育系，毕业后先后在莱阳乡师和济阳乡师任教。1937年卢沟桥事变后，学校解散，他回到利津，不久县城亦沦陷。

1938年初，刘景良率部收复利津城，建立国民党利津县府，委任彭子东为县立中学校长。1939年，日军二次侵占利津城后，学校停办，他回到乡下老家。不久，伪县政府决定恢复县立中学，拟聘彭子东出任校长，他坚辞不应。为躲避伪县长纠缠，彭子东被迫迁居济南，到济南师范等校任教。1948年9月，济南解放不久，他加入中国民主同盟。1949年后，他先后在济南三中、五中任教。

1983年离休。1999年1月病逝，享年93岁。

王兰斋

王兰斋（1924—2001），利津县马镇广村人。1942年春，在本县中望参村中共地下党员张兆义的熏陶影响下投身抗日斗争，并于10月加入中国共产党，

担任村党支部副书记。1944年10月，调任中共利津县五区区委委员、宣传科副科长。1945年9月，任利津城区区委委员、宣传科长。1946年3月，任利津县委秘书；9月，任利三区区委副书记。

1947年4月，参加县轮战营，任副教导员兼一连指导员，带领支前民兵随军转战于泰安、连城、鱼台、汶上、梁山等地，实施火线抢救32次，抢救伤员400余人，被华野第十纵队领导机关命名为“模范轮战营”，王兰斋荣立二等功。

同年10月，王兰斋由地方调入军队，相继担任华野十纵八十二团民联股长，第三野战军二十八军二四四团政治协理员、团宣传股长等职，先后参加了豫东战役、陇海路破袭战、济南战役和淮海战役等，荣立三等功两次。

新中国成立后，历任师政治部宣传科长，军政治部宣传处副处长，团政治委员，福州军区守备三师副政委、政委，福州军区文化干校政委，福州军区后勤部政治部副主任等职。

1983年12月离休。2001年7月病逝，享年77岁。

李焕昌

李焕昌（1926—2003），利津县碾李村人。16岁被日伪军抓去做劳工，立下抗日救国之志。1945年，任利津县大盖区青救会主任。1946年10月，第一个报名参军，在他的带动下，全区共有180名青壮年光荣参军入伍，超额完成了上级分配的动参任务。入伍后李焕昌先后任班长、排长、副连长、连指导员和团直属部队党委副书记等职，参加了淮海、济南、渡江等战役。1950年，李焕昌进入中国人民大学学习，毕业后留校工作，历任校马列主义基础系副主任、历史系副主任、党总支书记等职。1970年10月中国人民大学停办，他被分配到北京师范学院，任政教系主任、系党总支书记等职。1978年中国人民大学复校后，他又回校历任校党委副书记、纪委书记、党委代理书记等职，同时兼任教代会常设主席团主席、校务委员会主任等职，社会兼职有北京市法学会副会长、中国法学会理事，国务院经济法规研究中心常务干事、顾问，全国人大常委会法制委员会委员等职。

1986年离休。2003年病逝，享年77岁。

崔云溪

崔云溪（1926—2003），利津县汀河村人。1942年2月，参加革命，历任垦利县青救会干事，渤海区四地委工作队队员，沾化县区委组宣科长、区委书记兼区长、沾化县委秘书等职。

1949年春，被抽调随军南下接管新解放区，后任浙江省丽水县区委书记、县公安局局长、县委宣传部部长，庆元、玉环县委书记等职。1953年11月，调浙江省委统战部工作，先后任工商处副处长、处长、工商党派处处长、统战部副部长。1988年3月，任浙江省政协常委、文史委员会主任。1994年离休。2003年病逝，终年77岁。

安克平

安克平（1918—2004），原名安运昌，字达生，利津县后北衔人。1937年9月，投身革命，1938年9月，加入中国共产党。历任新四军五师某连指导员、团政治处主任、团政委、中共桐柏县委书记、渤海军区直属政治处主任、渤海军区卫生部党委书记兼第一副政委、惠民军分区政治部主任、济南军区后勤部和政治部副主任、济南军区总医院政委等职。

1947年，荣获渤海军区二等功奖章，1955年，荣获中华人民共和国二级独立自由勋章和二级解放勋章，1988年，荣获中央军委颁发的功勋荣誉章。

1966年4月病休，后离休。2004年7月病逝，享年86岁。

李　杰

李　杰（1910—2005），原名陈增光，字耀三，山东寿光北台头村人。1930年，加入中国共产党。曾任中共寿光中学党支部书记、寿光县委组织委员、清河特委秘书科长、广饶县代理县长、清河行署粮食局长、行署武装科长等职。1942年9月，带领工作团到沾（化）利（津）滨（县）三边地区开辟游击区。1943年1月，建立中共沾利滨三边工委、联防办事处，任工委委员兼办事处主任。1944年9月，调任滨县县长，后任渤海行署秘书处副处长、渤海区第三中学校长。新中国成立后，先后任山东分局统战部处长、省政协党组副书记、枣庄市市长等职。“文革”中受到冲击。1970年2月，恢复工作，历任枣庄市革委会副主任、泰安地区革委副主任、省顾问委员会委员。

1985年离休。2005年5月病逝，享年95岁。

祁青若

祁青若（1917—2006），女，原名綦馥，利津县綦家夹河人。童年时随伯父綦际霖在济南长大，先于省立一中毕业。1936年，加入中国共产党。先后任八路军山东纵队司令部机关党总支书记、山东省妇女救国联合会副主任、中共辽东省委妇委会书记等职。新中国成立后，历任中共阜阳市委秘书长、山西省煤炭设计院院长兼党委书记、安徽省煤炭厅政治部主任等职。

1980年离休。2006年1月病逝，享年89岁。

张炳炎

张炳炎（1927—2006），利津县柏茂张村人。9岁丧母，与祖父母相依为命。1944年5月，参加沾利滨三边武工队，后编入野战部队，先后任某部战士、班长、副排长。解放战争中，历任排长、连长、营参谋长、营长，先后参加了济南、淮海、渡江、上海等重大战役及大小战斗20余次，身体多处负伤。在济南战役中，他担任攻城爆破队长，战斗中连续击退敌人装甲车3次进攻，在负伤的情况下，带领全队冲过敌人封锁线，占领制高点，获得“战斗英雄”称号。在上海战役中，带领战士冒险穿过250米平原区突进敌碉堡，全歼守敌，获得“华东二级人民英雄”奖章，陈毅司令员亲自为其颁奖。

1958年转业后，历任福建省建瓯市林业局上栏伐木厂厂长、福建安装公司二处副主任，三明县建筑工程公司经理、印刷厂厂长。1964年4月回原籍，先后任利津县拖拉机站副站长、县手工业局副局长等职。

1990年离休。2006年11月病逝，享年79岁。

林　光

林　光（1920—2007），曾用名孙相如，山东寿光人。1938年8月，参加革命，1939年6月，加入中国共产党。1940年起，先后任寿光县中华民族解放先锋队队长、区委青救会主任、中共寿光县委宣传部教育科科长、沾化县委宣传部长、惠民市委书记、滨海工委书记等职。1949年3月，担任中共利津县委书记兼县大队政委。1951年8月，调离利津县，先后任中共惠民地委财政经济委员会副书记兼工业部长、地委委员、专署副专员、专员，内蒙古包头冶金建设总公司党委副书记，冶金部第二冶金建设公司经理、党委书记，第二十冶金建设公司党委书记等职。

1983年4月离休。2007年2月病逝，享年87岁。

黄全祯

黄全祯（1925—2007），利津县郭屋村人。

早年在村中设私塾当先生，1945年，加入中国共产党。1949年初，被抽调南下，后任浙江龙泉县委副书记，领导当地开展剿匪、反霸、土地改革、抗美援朝、“三反”“五反”等运动。在社会主义建设时期，曾任我国第一座自行设计、施工建造的大型水力发电站新安江发电厂党委书记和云南省以礼河发电厂党委书记等职。

2007年病逝，享年82岁。

刘竹溪

刘竹溪（1920—2010），出生于北平（今北京），1922年，随父亲回原籍山东滨县刘六村。1937年4月，加入中华民族解放先锋队，同年12月参加中共领导的临淄“第三大队”。1938年4月，加入中国共产党。1943年1月，中共沾利滨工委、武装大队建立后，任工委委员、武装大队长兼政委。

解放战争中，曾任第三野战军炮兵司令等职。先后参加了渡江、淞沪、平潭等战役和战斗160余次，负伤4次，体内残留弹片28块。全国解放后，1956年9月，任南京军区炮兵射击场主任。

1965年12月，离职休养。2010年3月病逝，享年90岁。

崔大田

崔大田（1921—2012），山东博兴兴许村人。初中文化，青少年时期，即接触中共地下组织，受到了进步思想熏陶。18岁加入中国共产党。先后任乡青

救会长，区青救会干事、会长，博兴县青救会副会长、会长。1942年9月，任中共蒲（台）利（津）滨（县）三边工作委员会副书记、代理书记，深入利津西南部地区，发动群众建立两面政权，惩治汉奸，瓦解日伪军。其间，他还化名王学文，进入利津西部单家村做争取“铁板会”工作，并将其改造为抗日武装。

1944年9月，崔大田被任命为利津县委委员、宣传部部长。1947年，调任渤海区四地委调研组长。1949年初，随军南下，曾任四川万县地区军管会秘书长、四川省委宣传部办公室主任、涪陵地委副书记、代理书记、成都市委副书记、书记等职。

1985年离休。2012年10月病逝，享年91岁。

酆象观

酆象观（1929—2013），利津县庄科村人。1944年4月，参加革命，1945年4月，加入中国共产党，先后任利津城区文书、二区财粮干事、县实业科科员。1949年初，随军南下，先后任浙江瑞安县副区长、县委副书记、温州地委工业部副部长、临海县委书记处书记、中央组织部二级巡视员等职。1959年7月，赴藏工作，历任西藏自治区申扎县委书记，那曲地委秘书长、地区革委会办事组副组长、机要局局长，地委副书记、行署副专员、自治区党委政法委副书记、人民检察院党组副书记、副检察长等职。

1989年9月离休。2013年11月病逝，享年85岁。

向　旭

向　旭（1920—2014），原名向德昌，曾用名李德昌，山东淄川大寨村（今

属淄博市张店区）人。1937年12月，参加黑铁山抗日武装起义，翌年11月，加入中国共产党。曾任长（山）桓（台）县九区区委宣传委员、新区区委书记兼区中队政治指导员，桓台县委宣传部部长，垦利县委宣传部部长、副书记等职。1947年5月，调任中共利津县委书记兼县大队政委。他积极领导开展大参军、减租减息、反奸反霸、土地改革、剿匪反特、“反蒋治黄”等运动。1948年3月后，历任禹城县委书记、德州地委党校校长、山东工学院党委副书记、济南市教育部部长、农委书记、泰安地委书记处书记、上海电机厂党委书记兼革委会主任、上海市文化局党委副书记、上海市高等教育局副书记等职。

1984年4月离休，2014年9月逝世，享年94岁。

王庆寿

王庆寿（1918—2014），利津县郭屋村人。1942年，加入中国共产党，1943年，参加革命。曾任垦利县武委会干事、河镇区武委会主任、南下支前民工连指导员。1949年，参加西南服务团，入川后历任奉节县寂静区区委副书记、书记，万县专署建设科副科长，奉节县委副书记、书记，万县地委直属机关党委书记等职。

1975年离休，2014年去世，享年96岁。

陈　戈

陈　戈（1925—2016），原名陈汇泉，利津县盖家庄人。1945年2月，参加革命，历任渤海军区第四军分区宣传队队员，渤海军区政治部耀南剧团戏剧组组长、副股长，山东军区政治部文工团戏剧队队长、副团长，济南军区文工团政治协理员、副政委，济南军区前卫话剧团副团长、团长。1951年，赴东北慰问志愿军伤员，荣立三等功；1953年，代表华东军区赴朝鲜前线慰问中国人民志

愿军，全团受到华东军区的通令嘉奖。1988年，被授予“独立功勋”章。系中国戏剧家协会会员，山东省戏剧家协会常务理事、特邀顾问。

1984年离休后，先后撰写了《耀南剧团简史》《双拥剧社始末》等多篇回忆录，在《古城青史》《人到老年》《血染长路》等电视剧剧中饰演过角色。

2016年6月病逝，享年91岁。

王 恺

王 恺（1929—2018），原名王华峰，利津县新台子村人。王恺童年在乡村小学、私塾读书。1943年，与陈戈一起进入渤海区耀南中学并参加“青年剧社”。1944年冬，联络台子庄、八里庄、盖家庄青年创立“双拥剧社”。

1945年2月参军，翌年入党。后历任渤海军区第四军分区宣传队宣传员、渤海军区耀南剧团编导股副股长，山东军区政治部文工团创作股副股长等职。

新中国成立后，先后任山东军区政治部、文化部和海军政治部干事、文化部创作室副主任、文艺处副处长等职。有多部长、短篇小说、散文、传记文学发表。其中短篇小说《童年拾记》获河北省1954—1979年儿童文学创作二等奖，长篇小说《碧雾港》获1980年海军文学创作二等奖，《厦门的美》获中央人民广播电台、中央电视台、海洋出版社等银帆荣誉奖。与人合写的电影剧本《无名岛》被北京电影制片厂搬上银幕。系中国作家协会会员、中国书法家协会会员、中国书画家协会常务理事。1988年，被授予独立功勋荣誉章。

1989年离休。2018年病逝，享年89岁。

许仁昌

许仁昌（1921—2021），利津县许家桥人。1941年参加革命，曾任罗镇区教师、青联主任。1945年至1949年，任渤海区税务局第四分局局长。1949年初，随军南下，先后任浙江省委组织部处长、省纪委副书记。1965年至1972年，任中共中央组织部第八局局长。1972年至1982年，任职于中共浙江省纪委。

1983年离休。2021年2月病逝，享年100岁。

张　林

张　林（1922—2021），女，山东临淄南羊村人。1939年，参加中共清河区党委鲁迅文艺宣传队。1942年起，在利津东北境的老爷庙、杨家嘴一带开展党的地下工作。1944年2月，任利西区各救会会长兼妇救会会长，组织发动群众，建立基点村、基点户，改造乡村伪政权，进行艰苦卓绝的抗日斗争。当时，她就轮流住在北张村郭景林和王秀英家中，并认她俩为干娘，秘密发展党员，培养了一大批抗日积极分子。1946年，经渤海军区司令员袁也烈的夫人罗加和军区政委周贯五介绍，张林与滨县独立营营长刘竹溪结为夫妇。

解放战争后期，张林随丈夫到部队。新中国成立后转业到南京。1965年，张林夫妇把郭景林接到了南京，像对待亲生母亲一样照料。

1982年9月离休。2021年1月病逝，享年99岁。

张孝屏

张孝屏（1910—未详），山东寿光县（今寿光市）人。1939年参加革命，同年加入中国共产党。曾任寿光县独立团特务连战士、司务长、副连长，山东纵

队三旅二、三团副营长，清河军区直属团四营副营长、垦利县独立营副营长、县大队大队长，利津县独立营营长，渤海军区特务二团参谋处参谋主任、参谋处长，教导一团副团长，渤海军区参谋处一科科长等职。1949年2月，随军南下，先后任南下干部纵队二支队一科科长，华东革命大学行政科科长，上海铁路局公安局科长、办公室主任，南昌公安处处长，铁道部公安局三处副处长、保卫处处长、客运局副局长、党校支部书记，铁道部大同工厂工作组组长，太原机车车辆厂工作团团长、党委书记，北京铁路分局工作队队长、党委书记，铁道部运输总局副局长，华北协作组副组长，铁道部规划院院长等职。1970年离休。

附 录

【回忆录】

垦区的开辟

李树椿

进军垦区 七七事变后，山东省主席韩复榘率部逃跑，鲁北行辕主任何思源及顽军刘景良部流亡到沿海一带，盘踞于沾化的义和庄、老鸹嘴和利津东部的罗家镇、八大组等地区。整个垦区兵荒马乱，群众生活极端困苦。

1941年，我清河区部队在杨国夫同志率领下进驻博兴、广北一带，建立了抗日根据地。麦季，顽军刘景良派兵到广北的牛庄、北隋一带抢收麦子，被我军击溃，保卫了群众的麦收，顽军被迫撤回到黄河以北，我军乘胜进攻，占了八大组。然后，我们派出代表与何思源谈判，开辟黄河北抗日根据地，何拒绝。于是，杨国夫同志率部队由八大组出发，越过黄河，攻克罗家，兵不血刃，一直攻到何思源的老巢义和庄。经三天激战，于农历八月十五日解放了义和庄，何、刘率残部逃跑。至此，西起义和庄，东至八大组的广大地区为我解放。

建立工委 我进军垦区后，清河区党、政、军机关及后勤单位也转移到八大组一带。清河区党委为了加强对垦区的领导，于1941年11月份建立了垦区工作委员会和垦区行政委员会（县级）。委员会所辖范围包括：利津东部的八大组、民丰、西宋、朱家屋子及东北部的台子庄、汀河、罗镇、集贤等广大地区。

垦区工作委员会的成员：书记先后有李明村、于廉东、杨世宝，组织部长为张浩，宣传部长先是宋鲁源、后为向旭，各救会主任孙公，妇救会主任李竹萍。1943年春，工委改称中共垦利县委，王林任书记，杨世宝任副书记。这个班子共20多人。

垦区行政委员会主任王雪亭，副主任于廉东。1943年春，行政委员会改称垦利县政府，王雪亭任县长，石青（李伯衡）任副县长。

垦区委员会建立后，又相继建立了分区的机构。先后划了七个分区，每分区设有分区委和分区公所，分区委设有书记、组织、宣传及农、青、妇等群众救国组织，分区公所设正、副区长及民政、财粮等行政干部。当时区公所贯彻“三三制”的建政原则，正区长由统战对象（开明绅士、进步人士）担任，副区长由党内同志担任。

分区委建立后，结合开展工作，发展党的组织，开始先个别发展，后逐步扩大，建立支部。分区政府的工作主要是领导群众发展生产、参军、拥军优属，对群众进行抗日救国的宣传教育，用政权的形式推动各项抗日工作。

开展工作 当时总的工作是：动员群众，粉碎敌人的封锁“扫荡”“蚕食”，巩固和扩大抗日根据地。

1. 宣传群众。向群众进行抗日救国教育，驳斥国民党“亡国论”“速胜论”的谬论，树立游击战争和“持久战”的观点，坚定我们必胜、敌人必败的信心。地方干部或部队住下后，即召开村民大会，用敌人“扫荡”时的残暴罪行和我们反“扫荡”所取得的胜利事实，激励人民群众积极抗战，动员青壮年参军参战、拥军优属，组织妇女做军鞋、军袜等积极支援前线。

2. 组织地方武装。各区都建立了区中队，配合主力作战，并定期动员升级，为主力部队输送兵员。

3. 组织民兵站岗、放哨，盘查行人，开展锄奸活动。到1944年民兵、自卫团已发展到各村联防，每区都有几个联防大队，配有枪支、弹药，他们在反奸、剿匪、配合主力反“扫荡”中都起了很大的作用。

4. 领导人民群众开荒种地，发展生产。1942年，清河区行署在垦区实行：“谁种谁收，谁种谁有”的政策，号召干部、战士开荒种地，结果垦区农业生产大发展，粮食达到了自给有余，有效地支援了抗日战争。

5. 开展“减租减息”和“增资”运动。1942年，在垦区普遍实行了“二五减租”“分半减息”和增加雇工工资的运动。“双减”结束后，行署组织了工作队深入农村搞土地呈报。从1942年冬开始，对土地进行登记造册、国荒分配，土地确权等，此工作1944年春结束。

专门谈下土地局 垦区开辟后，于1942年春建立土地局，局长刘季青，后为崔光进。县局下设两个分局，一个分局住七区，一个分局住罗家。当时土地局的任务：

1. 动员组织外地群众来垦区开荒种地。凡外地来垦荒的群众，规定三年不负担，当时寿光、临淄等地来垦荒者不少。

2. 代管土地。当时对地主有三条政策：一是拥护抗日政府，同意“分半减息，二五减租”和增加雇工工资的，其人身、财产受到保护；二是逃跑地主但未投敌的，何时回来，何时归还其土地；三是逃亡地主投敌的，其土地、财产一律没收。

3. 土地呈报、国荒分配、登记造册、权发证、征收公粮等。

以上是垦区委员会的一般情况，可作参考。

（1982年5月29日访李树椿同志记录）

开辟“三边”根据地

李　杰

1942年，我在清河区任武装科长。当时抗战形势处于相持阶段，清河区党委为了扩大游击区，创建“三边”根据地。于7月份，派我带领工作队到沾、利、滨三边地区开辟工作，一起去的有负责军事的刘竹溪同志，带领一个连队配合我们活动。

沾、利、滨三边包括沾化南、利津西、滨县东、滨县北地区。去后，我们先到了利西望参门，因当地会道门、反动武装盛行，像“铁板会”“蓝法团”“赵三营”“盖天团”等名堂很多，一时难以落脚。当夜我们又插到沾南的宁家，结果跟敌人遭遇，打了一仗，后撤到马营、利国一带住了一个星期。第二次，我与地方干部崔韵琴、崔辉五、张郁亭、陈增田、王清玉等同志，随同刘竹溪同志带领的部队又进驻该地区，经过宣传抗日救国的道理和我党、我军的政策，群众对我们有所认识，并逐步建立基点户、基点村。到年底，我们的工作开展到近百个村庄，区党委又派来了张心田同志。这时，我们在几个灶子和南、北王参门已经站住了脚。

是年11月份，我回区党委汇报工作。汇报后，区党委决定建立沾、利、滨工委和沾、利、滨三边联防办事处，派王墨林同志任工委书记，我任工委委员兼联防办事处主任，刘竹溪任工委委员兼三边武装大队长，工委隶属清河区党委领导。工委成立后，按照行政区划建了三个区，即沾南区、利西区、滨东区，后又扩大到五个区，增加了滨北区和滨南区。在利西区工作的区委书记是崔辉五，区长崔韵琴，后为马胜吉（连长兼）。当时的工作：

1. 发动和组织群众抗粮、抗税、抗捐。

2. 争取、改造伪乡、村政权。经常教育伪乡、村长不给敌人办事，对那些给日、伪办事的伪乡、村长和汉奸，教育他们要“人在曹营心在汉”，对教育无效者则采取不同方式进行打击或镇压。经过教育争取，绝大部分伪乡、村政权成了

两面政权，明里应付敌人，实为我们办事。

3.执行抗日民族统一战线政策。顽匪“赵三营”盘踞在“三边”地区，我们为了争取其共同抗日，曾通过上层关系达成互不侵犯协议，但这伙顽匪后来反悔与我们摩擦，虽经多次工作，始终无效，最后被我们彻底消灭。同时，争取“铁板会”也是一项很重要的工作，特别是利西和滨东的“铁板会”遍及各村，他们去用迷信经常聚会，开始不让我们入村。我们为了教育争取他们，经常装扮成“铁板会”的大师兄，带着两个排的兵力，向他们宣传日伪安据点的害处和日伪“扫荡”时残害人民的事实，铁板会员逐步认识了抗日救国的道理，所以日伪想在马家坊安据点时，由于铁板会的反对始终未逞。经我们宣传教育和争取，除极少数外，多数铁板会自动解散或成为我们的自卫团组织，积极开展抗日活动。

4.发展党员，建立党的组织。我们开辟“三边”以前，沾南区有地下党员李克南、徐俊泽同志，利西区是张凤先。我们去后，随着其他工作的开展，首先在基点村培养积极分子，经过考验发展了党员，并逐步建立了支部。我记得发展比较早的是1942年冬至1943年春，在谢家灶、杨家灶、孔家灶、北张、望参门、马镇广等村先后建立了支部，壮大了党的力量。

那时，沾、利、滨三边地区的工作开展比较快，到1944年已成为巩固的抗日根据地，为抗日战争的胜利做出了一定贡献。

（1983年3月访李杰同志记录整理，李杰同志曾任泰安地委副书记）

插入“三边”扩大影响

刘竹溪　张　林

1942年7月，清河区党委（驻沾化义和庄）调行署武装科长李杰同志和我（直属团三营教导员），带领一个连队到沾、利、滨三边地区去开展政治攻势，瓦解敌伪组织，改造会道门，与人民群众建立联系，扩大我军影响，变敌占区为抗日游击根据地。

亮　相

我们没去三边之前，清河区党委首先派军区直属团政委张辑光同志和杨信副团长带领一个营（四营）的兵力，开进“三边”地区活动了几天，并在郑家与日寇打了一仗，从而扩大了我军的声势。

插　入

沾、利、滨三边地区，顽军“赵三营”盘踞于此，他们打着“抗日”的旗号横行乡里、残害人民。日伪“扫荡”频繁，受敌伪控制的“铁板会”（迷信组织）活动盛行，尤其是滨北、利西，他们以看家护院为借口，对抗我们入村活动。第一次插入“三边”，只活动了一周即跳出敌人的封锁沟。第二次插入活动了三天，在芦洼与敌人打了一仗又跳回封锁沟北。第三次插入才站住脚跟，活动了三个多月，与群众建立了血肉联系，我们的连队由原来的六七十人发展到一百二十多人。有当地的战士就更有利于和群众建立血肉联系。我们为了打开局面，每晚都召开村民大会或小型会议，宣传我党的抗日主张，宣传抗日民族统一战线政策，组织群众，打击、瓦解敌伪组织，打击敌探，争取和改造“铁板会”成为我们的力量。对于顽军“赵三营”，我们通过关系进行统战，并达成互不侵犯协定（后因其坚持反共，于1944年将“赵三营”消灭）。由于我们的部队纪律严明，不拿群众一针一线，不调戏妇女，战斗力强，所以群众都叫我们“神八路”，积极支持拥护我们。

建 政

经过三个多月的活动，“三边”地区的局面已经打开，我们即带部队回到垦区根据地去休整了一段时间。

1942年底，区党委来信让李杰同志去汇报情况。这时区党委决定成立沾、利、滨工委，书记王墨林，委员有李杰和我。李杰同志为“三边”办事处主任，我任“三边”武装大队长兼政委，副大队长是王凤阶。1944年春，大队改为滨县独立营，我任营长。李杰同志第三次插入“三边”时，带领崔辉五、崔韵琴、张玉亭、单子敬、张金凯、李青玉、陈增田等同志一起进入开展工作。

沾利滨工委下辖五个区委：

利西区：书记崔辉五，区长崔韵琴，马胜吉；

沾南区：书记兼区长李克南；

滨东区：书记张心田，区长崔韵琴；

滨北区：书记单本鉴，区长刘志诚（牺牲）；滨南区：书记陈韵清（兼）。

在工委统一领导下，依靠群众开展工作，很快变敌占区为抗日根据地，为抗日战争的全面胜利贡献了力量。

（1983年4月访刘竹溪、张林同志记录）

抗日战争时期的沾利滨工作

（1942年秋—1945年夏）

王墨林

沾、利、滨（即沾化县、利津县和滨县）是山东省东北部的三个县，抗日战争时期属中共清河区党委所辖。这个地区北靠渤海、南靠黄河，是清河区到冀鲁边区的必经之地，是敌、我、顽三方争夺的要地，有其重要的战略意义。

1942年是清河区抗日根据地对敌斗争最艰苦的年月。日本侵略军对我抗日根据地进行频繁“扫荡”“蚕食”，封锁、分割，所到之处奸淫掳掠，无恶不作，对我抗日根据地实行烧光、杀光、抢光的“三光”政策；对国民党蒋介石在敌后的杂牌军则实行诱降政策。这些杂牌军也大肆宣扬所谓“曲线救国”，暗中与日伪勾结，有的干脆公开投敌，他们利用两面国旗、两种军装的办法，配合日寇向我进攻，形成了日、伪、蒋合流的反共战线。

中共清河区党委面对残酷的斗争形势，一面动员全区军民进行反“扫荡”、反“蚕食”、反封锁的斗争，巩固抗日根据地；另一方面积极派出武工队、工作团，深入敌占区开辟工作，采取“打出去”的办法，把钢刀插入敌人的心脏，使敌人难于对付，借以牵制、打击敌人。

一、沾、利、滨工作团，深入敌区查敌情

这年七八月间，区党委决定派出六个工作团分赴沾化、利津、滨县、阳信、无棣、惠民六县开展工作。沾、利、滨工作团由行署武装科长李杰同志负责，带了一个大队的武装，队长是刘竹溪，当时工作团的成员有张心田、张郁亭、单作绪、赵双全、崔辉五、王清玉等同志。

工作团在沾、利、滨三县边区活动三个多月，掌握了大量的敌伪活动情况。10月份，李杰同志回区党委汇报，听取汇报的有区党委书记景晓村、军区司令

员杨国夫、行署主任李人凤、区党委组织部长苏杰等同志。当时我在区党委工作，也参加了这次会议。

李杰同志汇报了沾、利、滨三县边区敌、伪、顽各派势力的情况及广大群众的反映和要求：沾、利、滨三县已全部日伪化，城内驻有日军中队和伪宪兵，以伪宪兵为主，还设了伪县政府。各乡、村也成立了伪政权，为日伪筹粮款、送情报。他们在城区大肆宣扬“王道乐土”“大东亚共荣圈”，还利用汪精卫的“新民会”进行亲日反共的奴化教育。他们在农村操纵控制了反动会道门“铁板会”，以奉神、站岗放哨、保家园为幌子，阴谋抵制我八路军及地方工作人员进村工作。

各县城都筑有坚固的城墙，墙外有护城河，四门有吊桥，水深河宽，警备森严。大的集镇也设有敌伪据点，碉堡林立，公路成网，“乌龟壳”可攻可守，企图做到一方有事、八方联系，很快就能把兵力集中起来，残杀我抗日军民。他们从沾化南部的黄升镇、泊头镇到利津西部的利国镇、陈家庄、盐窝直达利津城挖了一条封锁沟，沟深河宽，碉堡林立，企图割断我沾、利、滨军民与垦利沾抗日根据地的联系。

国民党地方武装杂牌军很多，滨南有国民党五团杜孝先；滨西有五旅韩兆坤；滨县、无棣交界处有六旅张子良；滨县、惠民交界处有二旅刘景良；滨县、蒲台、北镇附近交界处有特务大队徐炳义、特务队长“小鬼火”；盘踞滨县中心的是赵三营，还有什么“天团”“地团”“压天团”一伙土匪。

这一带老百姓被日、伪、蒋一伙豺狼糟蹋苦了！他们苛捐杂税、名目繁多，横征暴敛、敲诈勒索。伪军到解放区烧杀抢掠后，要向老百姓摊派慰劳捐、辛苦捐、压惊钱，伪军头子生孩子要“喜酒钱”“长命钱”；国民党杂牌军赵三营的连长娶小老婆要“贺喜捐”。再加上连年干旱和蝗虫灾害，老百姓只有吃糠咽菜、逃荒要饭、卖儿卖女，民不聊生。老百姓对敌人恨之入骨，日夜盼望共产党、八路军来拯救他们。沾、利、滨地区原中共党的组织属冀鲁边区党委领导，由于敌人频繁“扫荡”，全区抗战力量遭受很大破坏，原中共沾化、滨县县委领导干部有的牺牲、有的被捕，只剩下沾南区有几个村支部没遭破坏，工作团和他们取得了联系，尽管人数不多，这也是唯一的可靠力量了。

当景晓村、杨国夫、李人凤、苏杰等同志听完汇报后，大家一致认为开辟这一带工作很重要，并指示首先把沾、利、滨三县边区的工作做好，有了立足之地，就向内地进展。该地区是战略要地，它的东边与我垦区根据地相连，北边与冀鲁边区毗邻，西边与惠民（日军在鲁北的军事指挥中心）接壤，又是沧（河北沧州）、潍（山东潍坊）公路必经之地，我们把沾利滨开辟起来，利津城内敌人就处于我东西夹攻之下，沾化城内敌人就在我四面包围圈之中了。同时一再强调，要坚持党的抗日民族统一战线政策，争取一切可以争取的力量；要发扬党的优良作风，深入实际、调查研究、实事求是、讲究策略，斗争方式以分散隐蔽活动为主，稳住阵脚后，首先消灭土匪，为民除害，既得民心又扩大我军影响。

会后，由组织部长苏杰同志宣布区党委决定：成立中共沾、利、滨地区工作委员会，由王墨林同志任书记，李杰、刘竹溪同志任委员；李杰同志是沾、利、滨行政公署办事处主任；刘竹溪同志是军区独立营营长；原工作团成员一律留在原地工作，又调了焦益文、刘浩义、刘义昌等同志到该地区工作。

二、扎根沾、利、滨，机智勇敢斗群魔

我们从垦区出发时，每人背足了粮食进行长距离行军。爬过敌人的封锁沟，来到利西、滨东交界处的南望参、北望参、马家坊一带。这一带沙丘地多，地薄人穷，文化落后，封建会道门“铁板会”盛行，又加旱灾、蝗虫灾，天灾人祸，很多人饿得躺在炕上爬不起来。我们把自己背的军粮送给他们吃，再让伪村长背着口袋收拣农民家的糠饼子给我们吃，什么棉花籽饼子，榆树皮、高粱皮饼子，豆皮窝窝头是最好的（豆面被伪军收去）。有的战士一看全是糠皮皮，没见过、没吃过，瞪着两眼不说话，领导干部带头吃，大家也一口一口往下嚼，群众看了非常感动，开始偷偷地接近我们，悄悄和我们交谈。主要是怕伪村长和“铁板会”头子看见，将来脱不了手。后来，随着我们工作的深入开展，群众觉悟提高了，把我们当作贴心人，当成他们的救命恩人。开初，我们在这一带住四五天就得回到垦利沾根据地休整几天再回来，后来群众和我们熟了，喊我们老张老李的，不让走，我们就住下不回去了，我们的活动范围也逐步扩大了，经常到利津

的谢家灶、孔家灶、官庄，滨县的西营子、瓦屋张家，沾化的芦洼一带去活动。还由李克南同志带路，到沾南一带去活动。刚去时扛着门板，爬过封锁沟，在泊头镇敌人据点附近的季姜堂住下来，与南徐家地下党员徐俊锋、吕王庄的共产党员吕茂林等同志接上了关系，在这些同志的协助下，很快又在这一带扎下了根，展开了工作。

我们的斗争方式是隐蔽斗争与公开斗争相结合，以隐蔽斗争为主，“非法斗争”与“合法斗争”相结合，文武相济、见机而行。工委会没有机关，非常战斗化。除少数干部定期碰头开会外，一般不搞大集中，工委会主要成员还定人定点地划分区域开展工作，几个地区的主要负责同志是：沾南赵双全，利西崔辉五，滨东张心田，滨西张郁亭，滨南王方梓、张金凯等同志。我们的干部不多，但各有所长，都能独当一面地开展工作。

独立营营长刘竹溪（原为大队，后改独立营）、副营长王凤阶、协理员赵修德、特派员王道生等同志，都分头带部队在划分区域内进行活动。独立营人数只有一个连的兵力，但兵精将良、战斗力强。他们忽而东、忽而西，声东击西，使敌人无法捉摸、无法应付。

不久，我们公开打出了“清河区行政公署沾、利、滨办事处”的牌子，办事处主任李杰、独立营营长刘竹溪、副营长王凤阶都以公开身份对社会上层、伪军政人员、国民党杂牌军头子进行工作，其他干部皆以办事处工作人员身份作基层工作，不公开露面。

李杰同志善于做社会上层统战工作和知识分子工作。我们刚去不久，滨县敌人密谋在单家寺附近设据点清剿我们，李杰同志带一个班的武装，他本人化装为利津县“铁板会”大师兄，以视察名义借机揭露敌人阴谋。滨县瓦屋张家“铁板会”头子闻讯后，大摆坛场，并纠集受蒙骗的“铁板会”会员，背着大刀，扛着长矛，武装整齐地列队出村欢迎，齐声大喊：“欢迎东方来的大师兄。”李杰身穿长袍，卫兵保护，既阔气又威风。见面后，拱手相拜、互相寒暄一阵便直奔坛场，在神案面前焚香、画符、作揖、磕头拜坛场。把全部应付的礼节做完后，安坐上面，伪乡长、村长、“铁板会”的头头们排坐两旁听吩咐，李杰同志摆出大师兄的架势，传达“神”的旨意说：“‘神’的安排不能在这一带修炮楼、安据点，如果修了炮楼，破坏了这里的风水，祖孙三代就会死完，断子断孙无人烟……”这一来，“铁板会”成员奔走相告说：“利津来了个大师兄，传授了‘神’的旨意，不让鬼子安据点。”各村群众听了纷纷起来一拥而上，把炮楼地基铲平、木桩拔掉，并发誓：“谁再来修据点就和谁拼！”结果据点没有修成。根据当时的特定环境，这样的斗争进行了多次，都取得了胜利。

有时，李杰同志还化装成天主教的神父，身穿长袍，怀揣耶稣十字架和《圣经》，留着满脸大胡子，走起路来大摇大摆的非常神气。沾化南部的地下党员多以小学教员身份作掩护，他又化装成卖书卖笔的，肩上背着帆布做的“搭子”，装满笔墨纸张，这个学校里出来，那个学校门进去，大家都喊他李先生。他的警卫员王清玉同志，化装成钻磨子的，身上背着一捆铁器，随时都可以惩治敌人。后期，李杰同志就以办事处主任身份进行工作了。他每到一处，就走访社会上层、伪乡长、村长和知识分子，向他们讲形势、交朋友。凡是他去做过工作的人都主动靠拢我们，心服口服地佩服他。当时社会上层传着很多赞扬他的话，有的说：“清河区来了个主任，能说会写，胆略出众，文武双全，有舌战群儒之才。”有的说：“他学富五车，智高北斗，胸怀宽阔，礼贤下士，必定是共产党的一个大官。”等等。群众对他感情很深。有一天，他住在邢家大洼，有几个青年端了一碗小鱼，手里拿着糠窝窝送到李杰同志的桌上，说：“主任啊，你太辛苦了，我们捞了几条小鱼给你吃，慰劳慰劳你……”

独立营营长刘竹溪，是军区“模范营”营长，滨县城南刘家人，父亲刘树勋是该县上层知名人士，他在此人地两熟，工作起来得心应手，滨县的伪军全部起义投诚，刘竹溪同志和他父亲刘树勋做了很多工作。副营长王凤阶，机智勇敢，枪法很好。他善于带小部队出去，灵活机动地袭击敌人，特别是伪军“扫荡”时，听说他在此，便闻风而逃，躲进据点里不敢出来。有的说，王副营长是神枪手，指到哪里打到哪里，百发百中，他要打你的鼻子，决不会打到你的眼睛里去。”也有的说，水里的游鱼，他一枪打去，马上就浮上来。还有的说，他在院子里一枪就把屋子里的油灯花打掉，油灯还完好无缺。群众就是这样把我军领导干部描绘成文韬武略、带有传奇色彩的非凡人物。很多群众还把我独立营战士描绘成神话里的天兵天将，说什么八路军是飞毛腿，今天东、明天西，一夜可走几百里。

也有的说，八路军能爬山过海，能飞檐走壁，能双手打枪，一个个都是天兵天将、神枪手；有的说，滨县城东有了八路军，有的说城南也有，有的说八路军就在滨县城里，到底有多少、在什么地方，谁也不清楚。就这样传来传去，大长了我军士气，大灭了敌人威风。

做农民工作的张心田，为了便于深入群众、开展工作，他在张家集开了个烧饼铺，走东家串西家，很是方便。为了及时地掌握情报，他还在张家集伪村公所当过勤杂工。后来，他也和李杰一样，化装成卖书笔的，在侯家、朱家等村认识了很多小学教员、小知识分子，经过一段工作后多数成了我抗日救国组织中的骨干。当时在群众中流传说，“卖烧饼、油条的是八路军”“卖书笔、针线的也是八路军”。总之，人们都知道有扛枪的八路，也有不扛枪的八路，有“明八路”，也有“暗八路”，说得有声有色。这些传说，在群众中造成了一种印象：八路军到处都是，干什么的都有，谁干坏事随时都会被八路军发现、捉走，使敌人和坏人心惊胆战。

我们到沾、利、滨不久，在广大人民群众和社会上层的支持下，很快扎下了根，壮大了自己。闹腾一时的土匪“天团”“地团”“压天团”“小鬼火”等很快销声匿迹了，初步打开了有利局面。

三、改造伪政权为抗日政权

我们部队进村后，首先打交道的是伪乡长、伪村长，第一件事就是要他们帮着找房子、住下来，第二件事是筹给养、解决吃饭问题，第三件事是要他们为我们保密。因敌人规定，凡住了八路军都要报告、送情报。如何使他们应付敌人、保护我们，就要抓紧进行工作，不这样做，我们就站不住脚。

伪乡长多数出身地主、富农、社会上层，他们政治上大体有三种态度：一种是靠拢我们，应付敌人，这是少数；第二种是两面应付，对我们存有戒心，这是多数；第三种是忠实为敌人效劳、敌视我们，这也是少数。我们针对不同对象，采取不同对策。

滨县宁家乡乡长宁洪三主动与我们接头，表示欢迎，李杰同志就以沾、利、滨办事处主任身份进行接待，和他谈心。宁洪三说：“为日本人干事是迫于无奈，在日本鬼子面前卑躬屈膝，亡国奴的滋味难以忍受。他们动辄辱骂训斥，我们敢怒而不敢言。”他向我们诉苦，求得对他的谅解。李杰同志向他宣传我党的政策，表示谅解他的处境，希望他能为共产党、八路军办事。他非常激动，认为取得八路军的谅解是最大的宽慰，站到抗战方面来是弃暗投明有了出路，非常光荣，他不但自己主动靠拢我们、为我们服务，还积极串联望参门、侯家、张家集、单家寺等伪乡长去做他们的工作，要他们主动找李杰同志及我工作人员谈话，表明拥护八路军的态度。当宁洪三听说打镰张家据点内伪军队长耿兴胜（我们的敌工关系）想当特务时，他马上报告我们。当敌人大“扫荡”时，他将我军区后方医院一部分伤员安插在打镰张家保护起来。单家寺伪乡长孙世清主动为我军探听情报，有一次，他听说敌人要“扫荡”，又怕消息不准确，就马上指派乡丁骑车进城侦察敌情，报告我军。季姜堂伪乡长主动买了两支国民党逃兵枪支，送缴我们，以示支持抗日。随着我们各村抗日救国群众组织的发展壮大，有的人也不得不考虑自己的出路和下场，主动投靠我们。就这样，在不到一年的时间内，相当大的一部分伪乡长都被我们教育争取过来了。

马镇广伪乡长马子明特别坏，是个长期依靠伪军干坏事的坏家伙，他不敢住在家中，长期住在东堤伪军据点里，要伪军中队长刘培玉保护他。刘培玉很坏，枪杀了我独立营侦察员刘连生同志，又是这一带“铁板会”的头子。1943年夏天青纱帐起来后，我们决定打掉这个据点。战斗一开始，刘培玉调动他的“铁板会”队伍打头阵，因“铁板会”里全部是受蒙蔽的群众，我们先扔了几颗手榴弹，有意把他们吓跑，然后再打伪军，伪军弹尽无援很快全部投降，战斗取得了胜利。

独立营副营长王凤阶同志，把伪乡长马子明的小老婆及他刚刚满月的小儿子捉住，用小毛驴驮到任马庄。这个村“铁板会”头子的老婆暗中与伪乡长的小老婆接头，并出主意说：“你快给他们做个小老婆吧，不然他们要杀你。”伪乡长的小老婆就一个劲儿地向我工作人员磕头，苦苦哀求说：“我给你们当小老婆就是了，看在我孩子身上，千万不要杀我。”我工作人员揭穿了这一阴谋，又把她转移到瓦屋张家住下来，我们派专人对她进行工作，向她宣传抗战道理。伪乡长小老婆被捕的消息很快传到各乡村和敌伪据点里。这时，沾南流钟口的伪军据点偷偷撤掉了，有些据点的伪军偷偷把家属送走了。老百姓气愤地说："乡长的小老婆、狗崽子都抓住了枪毙算了，让他断子绝孙。"经过一段工作后，我们让伪乡长马子明把小老婆、孩子接回去，马听小老婆说八路军如何优待她，又看看孩子也长胖了，在我工作人员面前又是低头鞠躬，又是弯腰道谢，口口声声保证今后要改恶从善、立功赎罪，我们也趁机把他狠狠教训了一番，放他回去。伪乡长的工作做好了，伪村长的工作就更好做了。伪村长的社会地位、经济基础、思想状况与伪乡长有些不同，他们中除少数地主、富农、上层人物外，多数是中农，还有少数地痞、流氓、"青红帮"，有的是基本群众，是村民把他们推选出来应付敌人的，在群众中没干坏事，与日伪有矛盾，是我们的主要争取对象。经过一段工作，并通过教育和斗争的考验，有的被吸收为抗日救国会员，他们为我军筹给养、送情报，应付日伪军、"赵三营"。1943年秋，单家寺伪军中队长到瓦屋张家催粮款，伪村长向伪军讲："八路军在村里，你们去吧。"伪队长听了扭头就走。对少数兵痞、流氓、"青红帮"，能教育改造的就教育改造，个别有民愤的选择适当时机、适当形式把他们换掉，就这样改造伪政权为抗日政权，粉碎了敌人的"伪化"阴谋。

四、登门拜访，动员知识分子参加抗战

沾、利、滨地区的知识分子社会经验比较复杂，思想顾虑也多，真正有觉悟的爱国知识分子早已远离家乡参加革命了，留在家中的这些人，由于他们的社会地位不同、经历不同、思想觉悟也不同，其中绝大多数对局势不满，悲观失望，对日本侵略军愤恨，对国民党杂牌军鄙视，对共产党八路军既钦佩又害怕。他们中流传着一句顺口溜："干伪军可恨，干国民党可耻，干共产党八路军可怕。"主要是怕吃苦、怕流血牺牲、怕共产。尽管知识分子有这样那样的问题和顾虑，但他们的共同点是对局势不满，不甘心当亡国奴，对自己的处境不满，大有英雄无用武之地之感。

我们首先抓紧了对各村小学教员的发动工作，我们每到一村，都是采取拜师

访贤的办法，主动到学校、到他们家中接近他们，与他们谈心、交朋友。李杰、张心田化装成卖书笔的，主要是把发动知识分子作为重点，便于接近这些人，当然也便于隐蔽自己。当时，我们不但抓了利西、滨东一带的知识分子发动工作，还在沾南通过地下党员李克南、吕茂林、徐俊峰等同志把那一带的知识分子发动起来，还通过他们做费家高级知识分子隆梦华的工作，他在这一带知识分子中有威信、有号召力，在社会上层、伪政权、国民党军队中的头面人物中也有一定的影响。李杰、刘竹溪亲自做他的工作，主动拜访他，与他讲形势、交朋友，解除顾虑，还请他做国民党“赵三营”营长赵忠顺、副营长李聘青等人的统战工作。隆梦华在我们的帮助下有了觉悟，积极主动地完成了任务。在敌伪统治很严的沾南地区，他为了保护我工作人员张心田同志的安全，大“扫荡”时亲自从沾南费家庄将他护送到滨县张家集，直到脱险后才回去。解放后，隆梦华任我沾化县政府教育科长。又如利津县东堤社会上层知识分子鞠鹤园、洛王家窦国琛等，通过他们对国民党军“赵三营”营长赵忠顺、副营长李聘青，伪县长兼伪警备队长杜孝先、伪乡长孙七清等人做了大量工作。在敌人“扫荡”的最困难时候，我们很多伤员和生病的干部，都转移到伪军据点附近和伪乡长家中隐蔽起来。

对知识分子的发动，除了登门拜访、个别谈心、交朋友等形式外还经常利用各种机会召开座谈会，向他们讲形势、宣传我军胜利战果，听取他们的反映和意见。他们感到我们对他们尊重、诚恳，也积极主动为我们当宣传员，支持和帮助了我们的工作，后来多数人参加了抗日斗争，不少人成长为无产阶级的先锋战士，有的通过党的培养教育已经成为我党的优秀领导干部。

五、组织抗日救国会，“铁板会”的神鬼不灵

“铁板会”是被日伪军掌握了的封建迷信组织。他们利用群众的封建迷信落后思想，笼络人心、欺骗群众。胡说“铁板会”的神最灵，信了它，可以刀枪不入、避鬼驱邪，免去大灾大难。很多村都摆神位、设坛场，烧香磕头，求神保佑。“铁板会”的头子装神弄鬼，拿着笔乱画一通，胡说这是神仙附体，神仙叫他画“符旨”，吃了“符旨”、喝了神水神仙就会附入身体，就会有病除病、无病免

灾，可以避邪，刀枪不入。群众在这种愚弄欺骗下，背起大刀、扛起长矛，不论白天黑夜，在村头站岗放哨，名为驱鬼魔、保家园，实际上是抵制我八路军和地方工作人员进村工作，把矛头对准共产党、八路军。“铁板会”闹得最厉害的地方，是利津西部东西营、北望参、谢家灶和滨县瓦屋张家村一带。开初，我们夜行军刚到村头，狗一叫他们就敲锣打钟、乱闹一阵，一个村子闹起来，周围各村都响应，锣声钟声、人吼狗吠声闹成一团，紧跟着日伪军就来增援。夜深天黑还好办，我们可以隐蔽起来，困难的是在寒冬腊月皓月当空的夜晚，月亮把村子照耀到如同白昼，他们大闹起来我们就暴露了目标。这就迫使我们在夜行军前要做出能进能退的几手准备。“铁板会”一闹，我们就迅速撤走，让日伪军扑个空。当时，正是1942年冬天，室外是零下几十度，天寒地冻，我们就抓住这个时机，故意暴露目标，惹他们出来挨冻。就这样真真假假，戏弄他们，让他们不得安宁。时间久了，他们认为“铁板会”所报情况极不灵，再敲锣打钟也不想出来挨冻了。有时，真的是八路军路过，“铁板会”赶快向主子送情报邀功，遭到的却是一顿臭骂，骂他们是蠢猪，谎报军情，影响皇军休息，把“铁板会”的头子骂得灰溜溜的，再不敢神气了。群众知道后，一气之下，也不站岗放哨，纷纷回家睡大觉去了。有时，夜行军到达某地后，因“铁板会”头头的工作还没做通时，我们就一面派人进行工作，一面在村头露营等候，经常还为交涉驻防弄到拂晓才进村。零下几十度的严寒冬天，同志们头顶霜雪，胡子眉毛都是白的，群众为我军的纪律严明、秋毫无犯所感动，悄悄骂“铁板会”头子是浑蛋、糊涂虫，亲人不亲，仇人不仇，狗咬吕洞宾、不识好人心。

“铁板会”总头子张德胜家住北镇天王堂村，我们通过北镇镇长赵玉等人进行工作，说服他不能与八路军为敌，他接受了劝告。对群众中流传的所谓大灾大难，我们采取正面教育，让大家知道大灾大难是日本鬼子、汉奸所造成的，让群众把希望寄托在共产党、八路军身上。开始，我们进行抗战宣传时，有的农民说：“打什么鬼子哟，老鼠掉到面缸里，白了头也打不出去。”尽管群众想法很多，顾虑重重，我们坚持启发诱导、正面教育，坏人想从中搞鬼也搞不起来。“铁板会”的头子都是与伪乡长、村长串通一气的，随着我们对伪政权的争取改造，“铁板会”在群众中影响大大减低了，“铁板会”的坛场逐渐变得冷清了，有人想去烧香磕头也觉得不好意思了。随着工作的开展，上级又陆续派来了妇女、青年干部，还从耀南中学调了一批学生补充干部队伍，有张林、王杰、吕忱、江泉等同志，他们和张心田同志一样，与群众同吃同住，促膝谈心，和群众打成一片。为了减少目标，避免敌探发觉，妇女干部一律把头发留长挽成髻和农村妇女装束一样，男干部一律农民打扮。不久，在沾化南部季姜堂、利津西部谢家灶、滨县东张家集一带，秘密成立了“农民抗日救国会”“妇女抗日救国会”“青年抗日救国会”，会员都是一个一个地发展的，最后把全村进步力量都组织起来，孤立了“铁板会”的头头，他们在群众的监督下也不敢轻举妄动。

一年后，群众觉悟提高了，特别是青年人常把“铁板会”这一段历史当谈笑经，当他们回忆起某人如何装神疑鬼、下神、画符旨，某人又如何跪着“咚咚”地磕响头，磕得头上鼓起大包才算数，不由得一个个捧腹大笑。瓦屋张家刚刚参军的小张说：“我从小信神怕鬼，八路军来了，我脑袋里的鬼神都跑了。每次八路军从我村转移时，都是我带路，和八路军在一块夜行军时，我胆大心不跳，遇到情况就地卧倒，想看看鬼神是个啥样子，也看不到了……”

六、“三角”部队毒如蛇蝎，一场包围战全部歼灭

日本宪兵特务部队，左臂上佩带一个黑色三角符号，群众喊他们“三角”部队。他们的使命是专门进行特务活动，残杀我八路军、共产党政工人员。他们经常是身穿便衣，三五成群，出没无常。外出时有时骑车，有时骑驴，有时骑日本大马，经常在老百姓家门口偷听，有时还扛着梯子爬到老百姓房顶上观察动静。

每次大“扫荡”时，日伪军铁壁合围，把各村老百姓围困起来后，三角部队就搜查所谓可疑的人。他们查看男人手上的茧疤长在什么部位，如果长在右手掌心里或大拇指和食指之间，就肯定是长期使用步枪和匣子枪的人，拉过去就枪毙。冬季还察看腿上的屑皮多不多，如果多，就判定是长期不脱衣睡觉的八路军或地方工作人员，也要枪毙。他们见青年妇女就扯头发（农村已婚妇女都挽着发髻），察看是长发还是短发，如果是短发，就是伪装；还察看右手中指头是否有茧疤、厚皮，如果有，就判定是用钢笔或刻钢板的八路军政工人员。凡有这样嫌

疑的人，多是当场枪毙，或是捆绑到大卡车上，拉到据点里受酷刑。

1943年3月，我独立营驻防敌伪军据点黄升镇、流钟口附近，这一带敌人据点密、统治严，抗日救亡工作基础较薄弱。正因为如此，沾、阳、棣大队驻这一带进行工作（都是隐蔽活动，事先没有联系），由于当时部队多、目标大，引起了敌人的重视，他们集结了兵力到这一带“扫荡”，他们预先将大批日军埋伏在黄升镇东边，伪军埋伏在南面，“三角”部队则在黄升镇、流钟口之间，化妆穿插侦察。他们都身穿便衣，有的还穿着女人的花衣服，有的骑马，有的骑驴，稀稀拉拉，慢慢腾腾地走在大路上，完全像老百姓赶集一样，令人难以识别。我独立营闻讯后，判定“三角”部队出动，必有日伪作后盾，营长刘竹溪同志带了一部分武装往东冲，正中敌人的包围，副营长王凤阶同志带一部分武装佯往南冲，正中伪军包围。伪军是滨县来的，他们一枪不发，把我们部队让过去。刘竹溪同志被敌人包围后，打得相当激烈，最后把敌人逼到坟墓地里仍与我们顽抗。我们把他们包围起来，拼了刺刀。这次战斗，我们把遭遇战打成包围战、歼灭战，敌人大都死亡，个别跑掉。我军也有伤亡，刘竹溪同志负了伤。战斗结束后，老百姓都抢着去摘日军尸体上的枪支子弹，他们的狼狗还活着，守围着那一大片死尸狂吠。事后才知道有三个鬼子突围逃窜，被我外线沾、阳、棣大队打死，缴获重机枪一挺。

七、张家庄子遭遇战，革命烈士浩气长存

1943年冬，敌人集结了2万多的兵力，对我根据地大“扫荡”，上有飞机炸，下有坦克攻，汽车900余辆，战马400余匹，把我根据地一块块包围起来，进行铁壁合围大“扫荡”。在方圆几十里的垦区根据地上，村村被包围，户户被清剿，最后把每个包围圈缩小到几百米的范围内，老百姓都集中了，猪、狗、牛、马成群，被围得水泄不通，连兔子也在人群中窜来窜去跑不出去。敌人扬言要把我八路军全部消灭，把漏网者赶到东海里淹死。

他们反复“扫荡”垦、利、沾根据地后，又回师“扫荡”我沾、利、滨地区。一天早晨，敌人400余骑兵突然出现在利西据点利国镇一带，我冀鲁边区一

个连也转移隐蔽在附近的北张家庄，他们在大“扫荡”中转战南北与敌人周旋，苦战数昼夜，疲乏已极，对这一带地理不熟、敌情不熟，又没有与我地方工作人员取得联系，在夜行军时踏出一条路，暴露了目标，被敌特发现。这伙骑兵闻讯后，火速从利国镇直奔北张家庄，他们在大“扫荡”中，到处碰壁，到处扑空，这回就好像饿狼觅食一样，几百人一齐上，把北张家庄团团围住，火力相当凶猛，几次突围冲不出来。该村唯一的有利条件是有土围墙，地势比较高，便于防守。我军与敌骑兵激战一整天，打退了敌人的五次冲锋。有些同志当场就牺牲了，有些同志受伤后坚守阵地、不下火线。很多战士满脸是血、血肉模糊，躺在围墙阵地上，手里拿着最后一颗手榴弹，准备和敌人同归于尽。村民为我军英勇奋战所感动，冒着枪林弹雨为我军送水送饭，从围墙上往下抬伤员，把煮好的鸡蛋一个一个剥了皮往战士嘴里喂。青年们把砖头瓦块、木头桩桩、棒棒棍棍搬到围墙上，主动配合我军作战。敌人用炮火把围墙炸开缺口，他们就迅速用门板、树桩、砖块堵起来，继续阻击敌人。日军中队长骑着战马，举着指挥刀，跑来跑去，似乎很得意，结果被我机枪射手一梭子弹打中，死在马肚子底下。战斗整整打了一天，最后我军子弹打光，除少数伤员被老百姓抢走幸存外，整个连队的多数战士都壮烈牺牲了。

该村干部崔大娘，儿子参战去了，在战斗开始时，听到枪炮声就吓得把门关上。后来听说我军伤亡很重，她也和村民们一起，勇敢地爬上围墙抢救伤员，抬到自己家中，一连抬了十多个，满满躺了一屋子，炕上地下都是血。她把衣服和被子都撕成条条，当绷带给伤员包扎伤口，把棉花烧成灰为伤员止血，有的伤势过重，就死在崔大娘炕上。战斗结束的当晚，崔大娘家中的十几个伤员，死了的当即掩埋，活着的也马上转移。后来，大家问崔大娘共抬了多少伤员到家，大娘哭着说：“炕上地下都是满满的，我忙着给他们喂水做饭、包扎伤口，到底是多少我也说不上来，现在我眼睛一闭上还看见他们躺在炕上，我心里多难受啊！”

北张一带的村民，谈起这次战斗来无不咬牙切齿，愤恨敌人野蛮残忍，悼念死难烈士，壮志凌云。这场战斗充分表现了我军顽强战斗的光荣传统和崇高的民族气节，也充分体现了军民间的鱼水关系。当然，从领导来讲，经验教训也很沉痛。

八、先礼后兵，彻底消灭“赵三营”

国民党杂牌军，三营营长姓赵（赵忠顺），人称“赵三营”，是沾、利、滨三边地区的地方实力派，老百姓喊他们“三鬼子”（喊伪军“二鬼子”），我们到此工作后，他们有三怕：一怕我们挤掉他们的地盘，当不了地头蛇；二怕“赤化、瓦解”他们的军队，使他当官不成；三怕有朝一日把他们吞掉，全军覆灭。因此，对我们望而生畏，戒心很大。

较长时期把他们作为我们联合抗战的友军，主动与他们建立抗日统一战线关系，拉他们向进步方面转化。工委会分工由李杰、刘竹溪、王凤阶三同志做他们的工作，主动与他们接近，敌人“扫荡”主动给他们送情报（实际上敌人不打他们，我们这样做以示尊重），驻防较近时主动拜访他们、和他们交朋友，过年过节请他们吃饭，以示团结。我们还邀请当地知名人士，高级知识分子隆梦华、鞠鹤园、窦国琛等人，做“赵三营”的工作。后来，我们了解到他们为什么害怕我们，原来是周围国民党顽军都在拉他们，其中五旅旅长韩兆坤、副旅长梅芝田抓得最紧，我独立营文书陈升楷同志，在五旅附近工作，被他们杀了。工委会决定对该部进行反击，让“赵三营”认清投靠五旅反共没有好下场。我副营长王凤阶同志夜间带一支小分队，进行远距离奔袭，将五旅副旅长梅芝田连同其小老婆芦荣亭一块捉住。王凤阶同志让他二人骑上自己的马乖乖地跟着我们走，这一下子震动很大，到处在传说活捉副旅长梅芝田的故事，说我们战士如何捉拿岗哨、封锁消息，如何飞檐走壁，跳到梅芝田的院子里去，我副营长王凤阶如何机智勇敢，让他两口子骑着自己的马经过敌据点、爬过封锁沟，乖乖地押送到根据地。军区敌工科教育他们后，又把他们二人放回去等等。群众大大赞扬我军机动灵活的战术，佩服我党的对敌斗争政策。

此后，“赵三营”老实了一阵，随着我们工作的深入开展、抗日根据地的扩大，他们的活动范围越加缩小。我们的工作基础越好，他们的横征暴敛就越小。我们以行署办事处名义出面和他们谈判，要他“赵三营”和我们独立营一样，在抗日民主政府的统一领导下统筹统支，他们不干。他们深深知道同我军统筹统支，只有吃饭的钱，没有吸鸦片的钱，也养不起小老婆。这时，国民党的二旅刘景良、五旅韩兆坤、六旅张子良等部，都派人拉拢他们，逼他们就范，他们也逐步向反动方面转化，向敌人方面倒。特别是我们把伪政权改造为抗日政权后，挖了他们的社会基础，他们更惶恐不安，以致发展到公开反对我抗日政府的政策法令，成了我们贯彻执行政策法令的一大障碍。

1944年2月，军区决定由军分区司令员王兆湘同志负责，在他的统一指挥下，对“赵三营”来个一网打尽，彻底消灭。具体分工消灭赵三营骑兵营由独立营负责，消灭其步兵营由利津县大队和军区一营负责。在消灭他们的当天，独立营还给他们送情报说，敌人可能来此“扫荡”，要他们小心，还向他们借了唱片，转移视线，借以麻痹他们。当天傍晚，副营长王凤阶同志带了一个侦察班到赵三营骑兵驻地，走到门口，先把四个哨兵活擒了，缴了枪，关在小屋子里不准动。紧跟着用两个排包围了营部，营长等十几个人正在听收音机，王凤阶同志大喊一声：“不准动，要来解决你们了。”他们一个个目瞪口呆，半信半疑。营长警卫员张丙银正想掏枪打我们，王凤阶出手一枪，就把他打倒在地，接连打了几枪，掷了四个手榴弹，他们就都乖乖地把枪扔出门外，缴械投降了。副营长李聘青吓得趴在床底下昏了过去。营部枪一响，全营缴械投降。我们抓紧时间对他们进行教育，迅速遣散回家。

利津县大队负责消灭赵三营的步兵营，结果不够理想。本来他们戒心很大，长期躲在滨县边境活动，与韩兆坤、张子良等部靠得很紧。我们部队到此之后，目标很大，地形不熟，指挥不利，结果一部分被我消灭，一部分跑掉，投靠了六旅张子良部。后来，对我沾化、无棣两县交界威胁很大，直到解放时才把他们消灭，这是一个教训。

九、分化瓦解敌伪军，顺利解放滨县城

对敌伪军上层人物，在摸清他们的思想底细、心理状态后，对不同对象采取不同对策，进行政策攻心。利用伪军与日军、伪军与伪军、伪军与伪政权之间的矛盾，从中分化他们。对作恶多端、罪大恶极的首先给以警告，屡教不改就狠狠

打击，坚决镇压。经常向他们宣传抗战形势，宣传抗战必胜、日伪必败的道理，讲清楚当伪军是汉奸，是背叛祖国、背叛祖宗，对不起后代子孙的事。过去干的坏事既往不咎，今后要学关公，“身在曹营心在汉”。要立功赎罪，以求人民的宽大。死心塌地的人，只有死路一条。让伪军懂得我党宽大与镇压相结合的政策，何去何从自己选择，这就争取了大多数。有的通过伪军中的上层做下层的工作，有的通过下层做上层的工作。争取单家寺伪军据点中队长，是通过伪乡长孙七清做通小队长刘林的工作，又通过刘林做中队长的工作，后来他二人都长期潜伏敌内部为我所用。1943年春季大“扫荡”时，我独立营部分武装驻在单家寺据点附近赵家庄，突然日军骑兵400多人进驻该据点，并到赵家庄抓人遛马，副营长王凤阶同志当机立断，下令部队插枪，化装成老百姓给敌人遛马，免去了这场敌强我弱的遭遇战。

我独立营营长刘竹溪同志的父亲刘树勋，他与伪县长兼警备大队长杜孝先是拜把兄弟，我们通过刘竹溪的父亲去做杜孝先的工作，还通过杜孝先介绍派人到伪军内做“打入工作”。每次“扫荡”时，我们的伤员都转移到敌人据点附近隐蔽治疗，我们从滨县城购买的军用药物、石印机，都是通过敌伪关系购买，护送出城的。地下党员赵云青同志被捕关在滨县监狱里，也是通过伪军关系营救出狱的。

我们在做伪军工作的同时，还做伪军家属的工作。我军未到这个地区之前，伪军家属在村子里趾高气扬、不可一世，有的横行霸道、仗势欺人。我军到后，每到一村就召开伪属会议，向他们讲解抗日大道理，指出当伪军就是汉奸，并宣布我们建立了伪军登记簿，也叫“红、黑”点簿，从今后谁干坏事就在他名字上点“黑点”，干了好事就在他名字上点“红点”，善有善报，恶有恶报，不是不报，时间未到，时间一到，就要同他算总账。立功可以赎罪，再作恶，罪上加罪。这样就为广大群众撑了腰、壮了胆，扶持了正气，大灭了伪军的威风，伪军家属也感到家里有人当伪军不光彩、压力大，在村子里抬不起头，捎信给他们干伪军的亲人说：“不得了啦，八路军把你写到生死簿上去啦！”“他们还说将来和你算总账，你可要干好事啊，让他们给你红点啊！”有的伪军主动托人向我们传话说：“我们没有忘记自己是中国人”；有的主动为我送情报，还再三嘱咐说：“可别忘了给我点‘红点’啊”。就这样争取了多数，孤立了少数，打击了敌人。

我们还往据点里送宣传品、喊话。军区耀南剧团曹永山同志，经常在据点附近说大鼓书、讲形势，赞抗日、骂汉奸、唱英雄，警告伪军不要与人民为敌，“一个朋友一条路，一个仇家一堵墙”“残杀无辜百姓没有好下场”。还说唱了三国演义，让伪军学关公“身在曹营心在汉”，不要忘记自己是个中国人。尽管敌人有时放冷枪进行干扰，但绝大多数伪军是听得清清楚楚的。我们对极个别顽固反动的坏家伙坚决打击。东堤伪军据点中队长刘培玉很坏，1943年春我们把这个据点打掉了，吓得流钟口的伪军全部跑掉。单家寺据点的伪军警察所长，一上任就干坏事，我们警告他不听，第七天我们就把他打死了，在伪军中震动很大。

利国镇位置最为重要，据点修筑坚固，敌人最多，对我根据地威胁最大。1943年夏季攻势中，我们在四军分区司令员王兆湘的指挥下，集中八个连队，采取围点打援战术，围困这个据点。日本鬼子见势不好立即逃窜，其中一个鬼子跑散了，藏在高粱地里，第二天清晨农民发现他在吃高粱叶子上的露水，想抓活的，他手持刺刀反抗，被农民活活打死。据点里的伪军妄图依仗坚固的碉堡围墙，缩在乌龟壳里等待援军。我打支援的部队多次打退富国镇、泊头镇、黄升镇、利津城等据点的增援敌人，把利国镇的伪军围困了十多天。他们粮尽弹绝，又加天气炎热，气温高达43度，我们用机枪封锁了他们的水井，他们开始喝澡堂里的污水，喝完了，就喝自己的尿，就这样也渴死了一些人。我军伤亡虽小，但也热得受不了。在围困据点时，一天之中就有80多个指战员昏倒在地爬不起来。尽管这样，我军仍士气高昂，仍坚持战斗。敌人最后没办法，只得打出白旗缴械投降，俘虏们一个个胡子长得老长，嘴巴上长了很多水泡，肿得嘴巴鼻子都连在一起了，押送俘虏到根据地时，很多群众一见俘虏那副狼狈样都大喊大笑说：“快来看猪八戒哟!”

利国镇的据点拔掉后，富国镇据点的敌伪军吓得自行撤走了，临走前放火烧掉了乌龟壳。从此沾、利、滨三边地区就同根据地连成一片。住在黄升镇的伪军不敢动了，即使有时跟着日本鬼子出动，也是采取消极应付态度，托着枪朝空打。

我们在分化瓦解伪军的同时，也向日本侵略军展开了攻势，四军分区敌工股长安硕庭同志经常在此蹲点帮助我们的工作。我们在每年三月底樱花节前后，通过伪军内线关系，向据点里送去很多“慰问袋”，有用日文写的慰问信、宣传品、糖果、饼干、点心，还有樱花节的画片等，告诉他们不要与中国人为敌，不要为侵略军卖命，引导他们“每逢佳节倍思亲”的反战思家情绪，动摇军心，涣散斗志。军区还派了“日人反战同盟”支部的日本人松木、中野、田中等人向敌军展开政治攻势。有一次，在二十里堡附近放日本唱片，用日语向他们喊话，他们一枪不发，静静地听着，最后我们告诉他们说：“给你们送来了慰问品，你们自己派人来取。”第二天清晨一看，他们早已派人悄悄拿走了。我们还经常在晚上、在公路两旁，将我们的电话线搭在敌人的电话线上，松木、中野、田中等人用日语向敌头头通话，假装是他们的上级，问长问短套取情报，还告诉他们不要杀害中国人，杀害善良的中国人是有罪的，告诉他们日本国内人民已经掀起了反侵略战争的浪潮，日军侵略者已陷入“瓮中之鳖”的困境。他们突然接到这些电话，感到惊恐万状，不知道是哪里打来的，既不敢回话，又不敢追问，只哼哼几声，隐瞒下去。日本侵略军的上层是非常奸诈狡猾的，他们采取勤调动、勤换防的对策来维持军心，不管他们如何调来调去，日本军的番号和他们头头的名字我们是清清楚楚的，“日人反战同盟”的人照样指名道姓地要他本人接电话，向他做工作。

1944年夏季攻势中，沾、利、滨三边地区的敌伪据点有的打掉，有的吓跑，边缘地区的少数据点敌伪也不敢轻易出动。在我军节节胜利的形势下，又将利津城外围据点张许、小街、盐窝、单家寺等据点打掉。8月间，在军区司令员杨国夫同志的指挥下，攻打利津城开始。敌人非常嚣张，火力很猛，他们满以为战斗不久援军就到，殊不知敌人的援军都被我军纷纷包围，就地歼灭。激战一日两夜，把守敌全部歼灭、毙伤1000多人。乘胜挺进，又把沾化附近据点黄升镇、泊头镇、董卜堂、王皮家的据点拔掉，沾、利、滨三县敌伪只守在沾化、滨县两个城内了。群众充分发动起来了，农民救国会、妇女救国会公开活动，青年男女大都参加了民兵组织，站岗放哨，埋地雷，配合主力军打敌人。我们的独立营更加发展壮大，敌人陷入我人民战争的汪洋大海之中。

1945年春，我军开展了春季攻势，在攻打蒲台、北镇敌伪据点时，4月17日滨县日本侵略军吓得弃城逃往惠民，全县伪军宣告起义投诚，主动打开城门欢迎八路军进城，起义伪军被我整编了一个独立团，掉转枪口打敌人，伪军警备队队长兼伪县长杜孝先，被我任命为独立团副团长。沾化敌人自知末日来临，也弃城跑了，我们顺利地解放了滨县、沾化城。敌人长期对我沾、利、滨施行的残酷镇压、封锁分割宣告破产了，沾、利、滨三县肥沃的田园旷野，与垦利沾根据地连成一片了，胜利的凯歌声、锣鼓声响彻云霄，尽管敌人又几次卷土重来，进行“扫荡”，均被我军民粉碎，残留在鲁北的军事指挥中心惠民城的敌人，惶恐不安，如热锅上的蚂蚁。

这年8月15日，日本侵略军宣布无条件投降。革命红旗插遍了沾、利、滨，我们终于胜利了。

在这片肥沃的土地上

——忆抗日战争时期在利津县反“蚕食”反“扫荡”的情景

韩连祯

抗战时期，利津城、盐窝都有日伪军据点，东张、宁王驻有国民党杂牌军保安七团，从荀家屋子、韩家园子、老鸦岭向东，汀河、五庄向北，向西北一直到海边，都是我们的抗日根据地。向东北这片地区，全都是黄河决口淤地，土地很肥沃，盛产大豆、高粱、棉花，春天白种种上，秋后就亩产三四百斤。沿海边是一望无际的芦苇、荆林，渤海日报社印刷厂、北海银行印刷厂、渤海军区后勤兵工厂、被服厂、医院等，都在荆柳附近的村庄里。从1941年，我们赶走了国民党顽固派何思源、刘景良以后，到1943年春天，这里的土地即全部开垦起来了。我们党的建设、政权组织、抗日团体、地方武装、民兵组织已都很健全了，已成为我渤海军区、冀鲁边地区的战略后方了。日伪军也很重视这块地方，下了最大的决心和我们进行争夺，因为这里的人民拥护共产党、拥护抗日，最后我们完全胜利了。

反“蚕食”斗争

1942年对垦区的建设我们才刚刚开始，敌人便开始“蚕食”这块地方，妄图扩大它所谓“东亚共荣”的地盘。8月14日，敌伪6000余人，从利津城出发，以突然袭击的方式，长驱直入地进攻到罗家镇，并在陈家庄、五庄、罗家镇修筑堡垒、安设新据点。西边沾化、富国敌伪3000余人，也进犯到徐家坝，向义和庄蠢动。当我主力击退西路之敌后，于8月20日向罗镇出击，一举把罗家镇、五庄据点拔掉，毙伤敌500余人，缴获枪支200余支，胜利地粉碎了这次敌人的“蚕食”计划。虽然还剩下陈家庄据点，但敌人已惊恐万状了。1943年1月10日，敌伪6000余人，汽车50余辆，大车100余辆，又以突然袭击的方式一直进入我永安镇。因我早有准备，部队、机关早已转移，粮食早已运出，敌人扑空。13日拂晓敌人返回利津城时，突然包围了保安七团，在东张、宁王把保安七团击溃了，团长张家麟被俘。敌人满以为利津二区可以全部“蚕食”到手了，可我清河军区迅速派来了部队，垦利县迅速派进了工作组，立即宣传抗日、建立抗日团体组织、改造村政权、成立了区政府，巩固了这块地区，致使敌人“蚕食”政策又遭到失败。

1943年7月4日，我垦区军分区部队主动出击，把部队埋伏在八里庄，派出便衣催粮诱敌上钩。下午，陈家庄敌伪果然来了，我部队发起攻击，激战两个小时，毙敌伪30余人，将鬼子一个小队全部消灭，缴获日造小炮1门，轻机枪1挺，大盖枪13支，其余杂牌步枪20余支。经过这次战斗后，更刹住了敌人“蚕食”的威风，陈家庄敌据点不久即自动撤离了。至此，敌人的“蚕食”政策已全面破产了。

在反“蚕食”的斗争中，我垦利县的民兵、自卫团和利津县的人民都做出了很大的贡献。1942年的夏季，为了防止敌人再占陈家庄，进行了一次大破袭，把盐窝至陈家庄的公路挖成了抗日沟。陈家庄重设日伪据点后，1943年冬，在垦利县独立营掩护下，垦利县调集了2000余民兵、自卫团一夜将陈家庄至盐窝的公路全部破坏了，敌人只是打枪，未敢出据点，电线杆、电线大部运了回来，我无一伤亡，给敌人威胁很大。随后，垦利二区、六区的民兵、自卫团也自动去破袭数次。敌人是很笨的，为了封锁、分割我抗日根据地，从盐窝到沾化的利国挖了两条深、宽两三米的大封锁沟，1943年7月在垦利县独立营掩护下，垦利县调动了1500名民兵、自卫团，一夜即破坏了20余里，随后当地群众即自动平毁了。陈家庄敌伪撤走后，民兵、自卫团配合当地群众很快即平毁了敌碉堡，盐窝东北又挖上了抗日沟。那时垦利县独立营副营长是张孝屏同志，我是垦利县武委会主任，这些事绝大部分都是我们两人领头去干的。现在正在行车脚底下笔直宽阔的柏油马路，大概就是那时候敌人的公路和我们的抗日沟了。

反“扫荡”斗争

从1942年到1944年的10月，敌人为了侵占和破坏这块地区，大小“扫荡”

共6次。开头都威风凛凛，后来都是像出了气的皮球，夹着尾巴狼狈地跑回去了。1942年8月14日的“扫荡”，除增设了陈家庄新据点外，没得其他便宜。1943年1月10日的“扫荡”，没有包围上我们部队、机关，也没有抢去粮食，只有我垦利县一区组织干事贾文俊光荣牺牲了，永安镇被烧了几间房子。击溃保安七团后，也没有占到利津二区的地盘。1943年6月下旬，陈家庄敌伪百余人到黄家油坊的“扫荡”，完全是麦后抢粮，被我垦利县独立营在郭家屋子打了伏击，连抢粮食的20余辆大车也丢了。1944年的秋季和冬季敌人还进行了两次“扫荡”：一次是秋季，张店、广饶城之敌，2000余人突然进入我下八里庄、毛丝坨；一次是10月16日，敌伪500余人突然进入左家庄、蒋沟子。这两次“扫荡”，完全是破坏性质的，连抢粮的劲头也没有了。那时利津城已解放，敌伪士气十分颓丧，敌人兵力又小，我们没有动用兵力，三五天，县独立营、民兵围攻，就把敌人赶回去了。以上的五次“扫荡”抢掠，敌人均是大败而归。比较艰苦的是1943年11月份二十一天的大“扫荡”，敌人动用了3万多兵力，由日寇华北战区司令官冈村宁次亲自指挥，曾到过张店、利津城督导作战，还有2000多骑兵快速配合，有7架战斗机每天从张店机场飞起，配合地面作战，另有装甲车数辆，以备遇上我主力作战时配合进攻，还有后勤车跟部队缝补衣服和鞋子，并派了民用汽车1000余辆，准备拉粮食，可真算是大动干戈了。而我们也早做了反“扫荡”的准备，垦利县委召开了反“扫荡”会议，要求县干部不离县、区干部不离区，领导民兵、群众反“扫荡”。首先要整修抗日沟。村与村要有交通沟，每村要有疏散群众转移的抗日沟。动员群众藏粮藏物。公粮要埋藏在村子半华里以外，上面再把地耕起来，不露踪迹，群众的粮食要分散埋在村子附近。武委会要把民兵工厂的地雷、手榴弹分发到民兵手中（那时，县民兵工厂在薄家屋子村南头，能修枪，造地雷、手榴弹），分发不足，再向军区后勤要部分。敌人快要来时，把水井一定埋好，饭锅要带走。“扫荡”期间，干部都要带领民兵作战、埋地雷。我们做好了反“扫荡”的一切准备，敌人来了。敌人的骑兵在前面进得很快，怕踏上地雷，每到村庄都是绕村而过。骑兵过去，我们带领民兵在大路口把地雷埋好了，后面的敌人误以为平安了，向前进，结果踏上地雷，坐了“土飞机”，丧了性命。敌人的骑兵在朱家屋子、宋家院、小口子等村住了三天，就到义和庄去了，留下鬼子步兵“清剿”荆条洼。上午分散成若干个小队，拉网“清剿”到东海边，下午即返回到杨家嘴、宋家院、永安镇。反复拉网“清剿”十数日，同时杨家嘴、宋家院、朱家屋子、黄家油坊、永安镇等村都安了临时据点，住有大量伪军，天天出动抢粮、运粮。西双河一家地主叫袁青水，就被抢去粮食7汽车。白天我们带领民兵隐蔽观察，夜间就向临时据点掷手榴弹，在重要路口挖沟，叫敌人汽车通不过去。夜间敌人不敢出据点，20多天我们都是夜间煮上一锅红小豆，放在荆条篮子内，白天放在太阳光下晒晒、化开冻，用手抓着吃，很少吃上顿热饭。12月8日最后一天敌人撤走时，朱家屋子、道口屋子、柳行一带的民兵组织了七个追击小组，我和二区青年干部齐洪俊同志带领，从三、四段村出发，一直追到陈家庄附近，缴获了大批的牲口和衣物。这次大“扫荡”后，垦利县民兵在朱家屋子召开了反“扫荡”胜利大会，展览了战利品，表彰了一批模范民兵。敌人在这次“扫荡”中，也没有袭击合围我们多少部队，渤海军区主力早就跳出包围圈，到广北去了；军分区机关部队被调到滨、利、沾边境了；我垦利县独立营被调到二区隐蔽了，“扫荡”中亡一人。我全垦利县民兵无一人伤亡，未丢掉一枪一弹。唯我垦利二区区中队在肖神庙一北被敌人发现，指导员许俊芒等10多名战士壮烈殉国。我冀鲁边地区的两个主力连队（四、六连）向滨县边区转移时，分别在小麻湾、屠户张与敌人骑兵遭遇，除副连长张文志带20多名战士冲出外，其余全部壮烈殉国。在这次遭遇战中，我毙敌150余人，毙敌战马160余匹。以上这些即是抗日战争时期我垦区军民的6次反“扫荡”斗争，现在回忆起来仍历历在目。那时我们情绪很高，党中央号召今年打败希特勒、明年打败日寇，虽盟国军队开辟第二战线推迟了一年，实现党中央的号召也推迟了一年，但已经明显地知道日伪军的寿命是长不了了。

夏季战役光复利津城

1944年8月12日，我渤海军区主力会合三军分区部队，带领广饶、蒲台、垦利等县数千名民兵发起了第二阶段夏季战役，向利津县敌伪展开了攻势。至16日，张许、崔家庄、小街、盐窝、侯王庄、店子、单家寺、宋家庄等据点已全部攻下。16日夜，已向利津城敌伪发起进攻，17日夜11时，利津城、官庄敌伪，已全部被歼灭，18日上午击退了滨县敌伪援军，至此，利津全境解放。此役共歼灭敌伪2500余人，伪绥靖军二十七团团长苏冀南被活捉了。伪绥靖军全是马大盖装备，我们用这些精良武器装备了自己的部队，把缴获的粮食全部救济了当地群众。那时我带领垦利县一个民兵营参加了战斗，开始驻住五股道待命，自盐窝据点打下后就随军参战、打扫战场并送伤号，动员当地群众平毁敌人碉堡工事。直到18日进入利津城，那时亲眼看见这里人民抗战的情绪十分高涨，对我主力、地方武装、民兵十分爱戴，慰劳品有西瓜、白面、鸡蛋、猪肉，抬着的、推着的，连连不断地向部队运送。平毁这10处据点的敌伪工事堡垒计有1万多人，二三天即完成了。我们这个民兵营通过此次战役装备起来了，大部都换了较好的武器。在利津城搜索了60多支马大盖枪，全部交给了主力部队，还向垦利县运回了20多大车白面粉。在18日上午我们进城时，觉得太阳也特别亮了，几乎和1945年8月鬼子投降时一样的兴高采烈。

光阴似箭，过得真快，转眼间40多年过去了，我们也老了。但我们党所领导的事业是伟大的、光辉的，心想利津城也一定大变模样了。当我正在忖度着过去的时候，利津县城展现在眼前了，开车的司机低声说："利津城到了。"汽车喇叭中断了我的回忆，我真的到达了利津城，举目一看，如我想象的一样，解放40多年，利津城大变，显示出了利津县社会主义"四化"建设事业的无限生机。变了，大变了！利津在前进，在发展！

回忆我在利津县的一些工作活动情况

向　旭

抗日战争期间，我在垦利工作了五年，1947年5月到利津任县委书记工作不到一年，于1948年3月离开，现据在利津的一些工作活动情况写这份材料供作参考。

一、关于利津北部地区减租减息和土地改革情况

原来利津北部、陈家庄、汀河、罗家镇一带地区，都隶属垦利县。罗家镇一带是三区，为根据地；汀河、陈家庄一带为四区。当时陈家庄有敌伪据点，大部为敌占区，部分为接敌区。

1942年夏季，在清河区党委统一部署下，在垦利县委的具体组织领导下，罗家镇地区和汀河周围地区开展了减租减息、增加工资的群众运动。这年7、8月间，我曾到三区同这个区的区委书记张增等七八位同志，在罗家镇以西新城乡赵满堂屋子搞过一段减租减息工作。这里的大片土地，当时为四区汀河、五庄几家大地主所占有。这里的住户，有利津户、有寿光户，还有少数其他县移来的贫农，绝大多数都是靠租种土地的佃农，只有少数有自己开垦的土地为自耕农，也有自己有一部分土地再租种一部分土地的佃中农、佃贫农，还有的富农家里有骡、马、车、雇佣长工，但土地全部或部分是租种的佃富农。我们住在赵满堂屋子，赵满堂本人有他自己的一些土地，也租种一些土地，有雇工，按说应该算个佃富农。同时，他还为大地主代管经营部分土地，就这种土地关系来说，也可以说他是个“二地主”。这里地主出租土地有个特点，很少是地主直接与佃户发生关系，绝大多数是经过“二地主”或地主的代管人，他们向大地主承租大片土地，再分散租给农民。佃户与地主不见面，有的还说不清楚地主是谁，知道的是直接立租契收地租的二地主和代管人。这里地租不算很高，一般一大亩地的地租

是三七开（地三佃七）或四六开（地四佃六），好地最高的是对半开（地、佃各半）。还有二地主或代管人的中间剥削叫“份子粮”。有的是“明份子”，即在收取地租中，说明有一部分是二地主或代管人的“份子”报酬；也有“暗份子”，地主不从收取地租中给“份子”报酬，而是由二地主或代管人向大地主承租多少土地，交多少租粮，每亩地具体地租多少不定，而由二地主或代管人自定，这种办法中间剥削额大，地租也较高。虽然说地租租额不算太高，但就这里的土地来说，多是“花碱地”，比好地说就不算低了，再加上二地主或代管人的中间剥削，更加重了地租对农民的剥削。这里雇佣关系很少，借贷关系也不多，有的是农民内部的人情互助借贷，不言明利息，而由借主归还时多给一成或二成的粮食。有的农民是吃“份子粮”，这多是新来户，秋天交租时估计来春口粮不足，即在交租时少交部分地租，转为借贷关系，来年则一斗还斗半，有的更多一些。这一类实际上已是高利贷了。一个佃户受着地租和高利贷的双重剥削，常是半年糠菜半年粮，终年不得温饱，实在难以翻身。

当时减租减息的政策，实行二五减租，分半减息。主要是减少封建地租、高利贷的剥削，适当改善雇佃贫农的生活，还不是消灭封建剥削。二五减租，即按原租额减百分之二十五；分半减息，即按年息分半计利息，超过分半息的要减。雇工增加工资没有限额，一般是在原工资基础上适当增加一些，少的增一斗二斗粮食，多的有增一石粮食的，这种情况多是原工资较低而劳力又强、农活技术全面的雇工。

减租减息，要发动群众。经过通俗地反复地对雇、佃贫农进行宣传教育，说明封建地租、高利贷剥削不合理，讲明党的减租减息、增加工资的政策内容，提高雇、佃贫农的阶级觉悟后，由群众自己组织起来要求实行减租减息。新城乡地域大、村庄分散，赵满堂屋子有30多户人家算是大村了，其他像蛤蟆湾子、金盆底、前后小墩村等是只有10多户、20户左右人家的小村。一般情况是小村工作好做，大村特别是同姓村工作难做一些。寿光户、其他外县户比较容易发动，而老利津户则不易发动。其原因是，老利津户的老家多数在上边四区、利三区的老村，有的与地主或二地主、代管人是同村的，或是有亲友关系，老家在敌占区，这多种关系纠缠在一起，思想顾虑就多。主要是情面观点重，怕得罪人，不肯直讲地租多少、借贷利息多少。一般租佃关系容易了解，而借贷关系则不愿说出利息多少，主要怕以后再借粮食困难。雇佣关系比较容易了解，但也有个别的雇工与雇主有亲属关系，不肯讲实际工资多少，也不主动要求增加工资。当然帮他增加了工资，他也是高兴的。发动群众，要解决普遍存在的情面观点问题。经宣传减租减息政策后，广大农民是热烈拥护的，都感激共产党想穷人的事，为穷人办事。现在抗战有钱的出钱、有力的出力，认为让下力种地的人多留一点、少交点租子是合理的，借了粮食少交点利息也是应该的。但是想到租地借粮，都是托人情讲面子才弄到的，自己不好张嘴改口要求减租减息，情面拉不下来，还顾虑减了租、息以后，租不到地种、借不到粮食吃。经进一步深入地进行了是财主养活穷人，还是穷人养活财主，谁养活谁的教育，才能逐步提高阶级觉悟，认识封建地租、高利贷剥削的残酷性、不合理性，懂得了减租减息是共产党的政策，但不想自己去找地主、富农、二地主、代管人，去要求减租减息，而想依靠干部给代办。再说明减租减息是穷人自家的事，靠大伙组织起来去争，有共产党、八路军、抗日民主政府给穷人撑腰，就这样一步一步深入地进行教育，不断提高认识、提高觉悟，鼓励贫下中农大胆地起来进行说理斗争，要求减租减息。至于怕租不到地、借不到粮的顾虑，则向群众说明减租后立契约保证佃权，减息后立字据依约还债，以后难借粮可以组织起来进行借粮斗争。此外，部分群众还有变天思想顾虑，也必须解决。有的说，共产党、八路军的办法好是好，以后共产党、八路军走了，国民党来了怎么办？打破这种怕“变天”的思想顾虑，要通过形势教育，及根本改变旧社会的革命基础教育，提高雇佃、贫农、下中农的革命意识。一般村庄，经过几次宣传教育，再经个别的访贫问苦培养出积极分子带头，就可以建立农救会、青救会、妇救会等群众组织，进而召开减租减息大会进行说理斗争。当时，农民进行减租减息的说理，都比较简单，只是说按照共产党（或说按照政府）的政策规定二五减租。我租了某某人的地，地租多少，应减多少就完了。减息也大致如此。一般的大地主多不到会，由二地主或代管人到会代表作表态。他们多是说政府规定减多少就减多少，一般也没有什么人反抗。经过这样简单的说理和表态，会后再组织分别立契约为凭，既保证减租减息，也保证交租交息，这个乡的工作当时一个工作组有七八个人，大约经过一个月时间即基本搞完。

四区，因为陈家庄有敌伪据点，前几年只是在汀河周围十几个村庄搞过减租减息。1944年陈家庄敌据点被迫撤走后，才开始搞减租减息。当时按照新解放区的政策，先搞了以反奸、反霸、反贪污为主要内容的反奸诉苦运动以后，再转入减租减息。陈家庄周围几十个村庄，在敌伪统治时期，受尽了敌伪的欺骗凌辱和残酷压榨。解放后，人民群众最痛恨的是汉奸、恶霸及依仗敌伪势力欺压人民、侵吞公款、贪污肥己的一些伪村长。这个地区的伪村长，有些人沾有吸食“白面”毒品嗜好，钱都是从老百姓身上刮来的，他们为了讨好鬼子、伪军，送钱送礼，也都是从群众中横征暴敛来的。为了逼粮逼款，他们依仗敌伪势力随意抓人关押毒打，有的竟被弄得家破人亡，群众恨之入骨。为了满足新解放区广大人民群众要求报仇雪恨的愿望，先通过反奸诉苦、开展清算斗争，铲除伪政权，打掉人民最痛恨的汉奸、恶霸地头蛇，为受欺压的人民群众申冤，以伸张正气。在此期间，我参加了杨家河村的反奸诉苦运动，发动群众对伪村长王献之开展了清算斗争。通过反奸反霸清算斗争，发动群众、组织群众，为开展减租减息运动打下基础。但减租减息不是搞一次就可以搞彻底的，往往还有反复。从1943年至1946年连续搞过多次复查，称为查减运动，主要是解决遗漏、明减暗不减或减租减息后又复辟、甚至倒算的问题。同时，检查解决部分村干的不纯及各种组织的整顿、巩固问题。历史的事实证明，随着查减运动的开展，减租减息的深度都有所发展。至1946年的查减中，减租减息的时间，有的追溯到垦利解放或抗战开始，经说理斗争，实行退租退息。

发动群众，组织群众，建立农村基层群众团体组织，加强基层民主政权建设，这是根据地的基础建设工作。随着减租减息运动和新解放区的反奸反霸清算斗争，把各村的农救会、妇救会、青救会、儿童团、民兵、自卫团等群众组织都建立起来，它是群众力量的体现，是党联系群众的纽带，也是党教育群众的学校。通过这些基层的群众组织，对群众进行教育工作，贯彻执行根据地建设的各项政策，动员参军，开展大生产运动，组织识字班、午校、夜校等，开展冬学运动，开展春节文娱活动，组织拥军劳军、支前等各种工作活动，无一不是通过这些农村基层群众组织来实现的。一个村工作的好坏，这些基层的群众组织是否有战斗力是起着重要作用的。村政权的改造和建设，都是在减租减息或查减运动的基础上进行的，把群众运动中表现好的、活动能力强的、群众中有威信的积极分子，通过民主选举产生自然村长和行政村长。各村设有村政委员会，有调解、粮秣、武装、文教等委员，协助村长进行各个方面的工作。一个村的重大事情，都是通过村民大会讨论实施，体现了根据地是由人民群众当家作主的民主制度。

土地改革，统一是在1946年下半年开始进行的。这是一场彻底消灭封建土地所有制，消灭封建剥削制度，消灭封建地主阶级的民主革命运动。罗家镇、陈家庄两个区都是利津的老区，土改都强调发动群众开展清算斗争、没收地主土地，对少数在抗日战争中表现好又无历史罪恶的中、小开明地主，实行献田办法以示区别对待。运动初期，献田的面宽了一些，后经领导指出，逐渐纠正。至1946年底，当时垦利全县土改基本完成。土改是一场严重的残酷的阶级斗争。从1946年开始，蒋匪军派遣武装特务潜入我内地进行破坏活动，反动地主与之互相勾结，残杀我村干、农村党员以及减租减息、土地改革运动中的积极分子，极力破坏我土地改革。1946、1947年，三区、四区的反对蒋帮武装匪特的斗争是十分尖锐的。1946年上半年陈家庄附近几个村曾有五六个村干部、四五个群众被杀害，夏季我三区区公所曾被他们夜间包围袭击，一度严重地影响了社会治安，影响了土改的进展，后经大力剿除、镇压，1946年下半年情况好一些。土改进展比较顺利。在清剿匪特中，我们还有几个干部牺牲了，也有几个人受伤。

通过减息、土地改革运动，先后涌现出了一批批积极分子，也培养了大批干部，绝大部分成了村干部，少部分脱产到区县或外地工作，有些后来成为县区或更高一级的领导骨干。但也有部分在抗日战争时期曾参加我“三三制”政权工作的人士，有的则过不了减租减息、土改关，离开了革命的队伍。如汀河的曹峰、罗家镇的胡竹轩都当过区长，他们一般对抗日民主是赞成的，对我党我军也是拥护的，但对减租减息、土地改革却不那么拥护而持消极态度，甚至支持其地主家庭或亲友反对减租减息和土地改革。随着减租减息、土地改革的深入发展，先后触及了他们的地主家庭，他们本人也都脱离了革命队伍。

二、关于利津二区、三区的开辟工作

1943年1月间（旧历“腊八日”），盘踞在利二区的国民党保安七团张家麟部遭受敌伪的合围袭击而溃散。我军区立即派直属团政治处主任王洪模、营长朱志明带领部队进驻这个地区，接着区党委指示垦利县委组织工作队进入开展地方工作。当时垦利县委决定我和李明村同志带领八九个干部赶赴二区，随军开展工作。我们每到一村就召开村民大会，宣传我党我军的抗日主张，宣传国民党“七团”被鬼子打垮了，有共产党、八路军来和利津二区的人民一起抗战。同时，对“七团”过去做的一些“反共”宣传，什么诬说“八路军不抗战”，讲“一个政党、一个军队、一个政府、一个领袖”等的反动谬论，进行批判消毒，以明辨是非、伸张正义。我们初进入时，群众很恐慌，怕在这里再打仗，许多老百姓都逃向垦利内地，也有逃到河西三区去的。而有些地主和较为富裕些的上层人物，则大都逃往利津城敌占区，直至春节前才逐渐稳定下来。这个期间，我们的工作主要是做一般宣传工作，寻找可靠的基本群众建立个别工作关系，同时，积极筹建区公所，建立区政权机构。经“抗协”杨少心同志推荐，请小宁海的一位“抗协”会员、青年知识分子荀久泽出来做区长，另从垦利内地调来单彪同志任副区长。当时的用意是想通过荀做“七团”的一些闲散人员的工作，团结地方上的一些知识分子和上层人物，以利开展工作。“抗协”还介绍了大宁海的李继增、巴家集的王洪德积极协助我区干部开展地方工作，建立区中队武装。春节前后，我回县，垦利县委决定在二区建立了工作委员会，由李明村同志留任书记，单彪、赵丰同志任委员，以后又调去季哲同志做妇女工作，还增派了区中队干部许文同志，也增加了区公所的干部，逐渐搭起了一个区的党、政、军、民工作机构，配备了一套工作班子。后来，军区令朱志明同志带领部队撤离这个地区，由垦利县大队教导员由子真同志带领一个连常驻这个地区活动，积极协助开展地方工作。春节后不久，敌人又在沿黄河的崔家庄和宋家庄安设了据点，加南部原有的官庄、小街子据点，共有4个敌据点，使这个区又变成了敌占区和接敌区。经过这个区的同志坚持对敌斗争，深入细致的群众工作，在二区东北部的巴家集、小宁海、小巴家、坨家庄等十几个村庄组织起了农民抗日救国会、妇救会、青救会、儿童团等群众抗日组织，也有五六个村庄发展了党员，建立了党组织，使这个区的工作逐渐扎下了根。以后县委撤销了工委，改建利二区区委，仍由李明村同志任区委书记。当时，这个区的主要任务是对敌斗争，在群众中进行宣传党的根据地建设政策，只在东部少数村庄，采用调解方式进行个别户的减租减息，当时这里还没有条件大规模地搞减租减息群众运动。

利津三区工作的开辟，是在1943年的夏季。当时在清河区党委、军区的统一指示下，组织武工队深入利津三区开展敌占区工作。经县委、县独立营共同研究，指定由我和独立营政治协理员由子真同志负责带领独立营的三连组成武工队，连长王春林、指导员宫保安，还调了比较熟悉情况的李继曾参加武工队，又配备了杨同芳、张玉两个年轻的干部，安排单彪同志在利二区北部为我们做后勤工作，并开展利三区十六户、盐窝的工作。后来，军区敌工部还派来了一位姓李的同志与我们一起工作。

我们乘夏季青纱帐期间，进入三区开展工作。以利二区北部的东张庄为基地，经王家庄和盐窝两个敌据点之间插入买河、双井、刘官斗家、前后邢家一带活动，以后又到东堤敌据点附近村庄及沿黄河大堤向南到达夹河一带村庄。一般进入时带两个排，约60人左右，进入后采取白天隐蔽、夜晚活动的方式，每到一村先抓住伪村长不放，要他给选择不靠大街、易于隐蔽、又比较可靠的三四户人家去住下，要他给办给养送饭吃。对村长讲明“约法三章”，不准走漏消息泄密，如有敌伪军进村，允许村长去应付敌伪军，但要绝对保证我武工队安全，如发现伪村长泄密使我军遭敌袭击时，将给予严惩。要求他以伪村长身份做抗日的工作，逐步建立“两面政权”。部队住在一家都关在房子里，不许外出，放一只泥瓦盆在房子里小便，以利于封锁消息，以班排住房，各自为战。派出便衣侦察，在村庄周围游动警戒。如发现有敌人进村时，一般不动，沉着应付，敌人不进入院内、不推门不开火，当时叫作“掀帘战术”或叫“叩门战术”。那时每天吃两顿饭，早饭8点多吃，下午4点多吃过晚饭后再开始活动。初次除通过村长、房东做些调查了解村情以外，还找到我军军属家里访问，或找进步人士、开明士绅去他们家里访问。有时也召开小型座谈会，主要宣传我军我党的抗日政策主张，宣传抗战形势，有时还找伪军人员家属做工作，主要是宣传“身在曹营心在汉”，要他们不要忘记是中国人，不做死心塌地的汉奸，动员他们把当伪军做伪事的家人叫回来，不为日寇出力、卖命。初次进入活动，主要是了解情况、熟悉地形，做抗日宣传，扩大我党我军政治影响。随着进入活动的增多，工作活动亦逐渐扩大，以后在少数村庄召开过少数人参加的座谈会，也曾到学校（私塾）去做抗日宣传，做基本群众的访问，发展农民抗日救国会会员，建立个别工作关系，同时，还用给伪军队长、翻译及伪县长、区长等写信的办法开展政治攻势，向他们宣传抗战形势，要他们“身在曹营心在汉”，保护抗日人员，不残害中国人，争取立功赎罪。有时，我们的侦察员捉住个别伪军人员，也采用记红榜黑榜的办法（做好事记红〇，做坏事记黑×），进行简短教育释放，对其使用“七擒七纵”的办法，借以起分化瓦解作用，使之不与我为敌。

当时，三区各村比较普遍的有“兰花团”“铁板会”会道门组织。一个村有二三十人，多的达五六十人不等，每人有一件武器，有的是红缨枪，有的是大刀，每天夜晚有头目带领集中活动，在村内外作游动巡逻，一旦发现什么情况，周围村庄的“兰花团”即呼啸而来。他们名义上是自卫，实际上是被敌人利用反对我军进入活动。他们村村互传情报、实行联防，一村有事、众村来援。开始，我们没有重视做他们的工作，有时阻拦我们进村。在一次我们经过黄河堤下几个村去夹河时，几个村庄的“兰花团”就追逐我们。后来重视了做“兰花团”的工作，每到一村，都找他们头目谈话．向他们宣传抗日道理，不与八路军为敌，晓以大义，联合抗日。经过工作之后，他们改变了对我敌对态度，后来，有些村的“兰花团”还为我们放哨站岗，我们转移时主动为我们带路，个别村庄的“兰花团”小头目还请我们到他们集中的地方去，对他们讲话，做抗日宣传。

整个夏季两个月左右时间，我们武工队进入三区活动，先后到过二三十个村庄，通过这些活动。初步了解了三区敌占区情况，扩大了我党我军在敌占区的政治影响，对敌伪势力起了威慑作用，鼓舞了群众的抗日信念，争取了群众，还建立了一些个别工作关系，为以后进一步开展工作创造了一定的条件。

入秋，青纱帐倒了，我们改变了大武工队活动的方式，以短小精悍的小股武装潜入活动。至这年底前后，垦利县委决定建立利三区建制，设置区工委、区公所，从一区调王允文同志去任工委书记，有一段时间单彪任三区区长。不久，又调赵景同志去任区长，郑焕文同志去做财粮工作，还配备了其他几名干部去工作，独立营也派去武装工作干部，逐渐发展区中队武装。当时，李继曾同志对开展利三区、二区工作，是出过力的。利三区敌区工作的开展，和利三区一套干部的配备，为解放后三区工作的开展奠定了基础。

三、1947年到利津县委的一段工作

1947年5月，渤海区党委四地委从垦利调我到利津县委工作，任县委书记。5月7日到县任职，至1948年3月调离，历时不到一年，中间去区党委参加土改整党会议4个多月时间，实际在县工作仅5个月左右。我到时，利津县委及各部的领导成员：我任书记，张雨村为副书记兼组织部长，副部长牛瑞卿（以后去支前），宣传部长李群，民运部长兼县各救会主任邢钧，县委秘书为辛魁元；其他群众团体：县妇救会主任王建新，青救会主任张景村，农救会主任由邢钧兼任，另有孔兆祥为副主任；王雪亭为县长，单景轩为公安局长；县大队：王雪亭兼任大队长，我兼任政治委员，王旭晨为政治教导员，贺福安为副大队长。

这一年蒋介石重点进攻山东解放区，反蒋自卫战争开始反攻。国民党引黄归故经受第一个汛期，必须确保黄河汛期安全，做到万无一失。支前任务紧张繁重，土改复查须深入进行。

一到利津，感到工作头绪繁多，支前任务紧张。利津城地处东西交通要道，有一个小街子黄河渡口，部队转移、北撤的军政机关后勤单位及家属人员络绎不绝，战争物资运输繁忙。各区都有大批人员驻扎，各村供应给养都是碾磨一起转动，有的还是做熟了再送，蔬菜、柴草供应亦十分紧张，每个驻村还须每天拨给几名民工服务。治黄任务亦重。黄水归故，这一年要经受第一个汛期的考验。利津境内黄河两岸长达100多里，险工就有10多处，不管河东、河西万一有一处决口，将对我反击蒋军、支援前线及人民的生命财产造成极大损失。就土改来说，复查的任务也比垦利多。工作怎么抓法？支前工作原有一个支前指挥部，有一位民政科长在主持日常工作，还设有兵站、粮站负责解决来往过路及驻扎部队、机关单位的食宿供应问题。土改复查，各区正在进行，不过由于参军等工作，

支前任务多，又需组织民工上河修堤，干部力量很难集中到土改复查上来。修治黄河是当务之急，保证黄河不决口，不仅关系人民生命财产安全，且对反蒋自卫战争有着重大影响。万一决口，将会造成历史性灾难。

经过对当时工作情况的初步了解分析，决心把治河搞好，确保黄河不决口，土改复查暂时误了以后有时间再补，而黄河决了口则是难以弥补的大祸。于是决心自己亲手抓这件大事。支前发挥原有组织作用，及时做些督促检查。土改复查分工由副书记张雨村同志去主持进行，其他日常工作由各部门各司其职。

（一）反蒋治黄、紧张的防汛抢险战斗。

我到利津后参加的第一个会议，就是县治黄委员会的会议，通过这次会议了解了治黄情况，一起研究了治黄措施，立即组织民工上堤抓紧进行大堤修复工作。防汛没有现成的砖石材料，即发动群众献砖献料。拆除城墙大砖，运往险工备料。由黄河办事处物色老河工，组织专责的河工技术队伍，加强各险工的检查防护工作。并成立县治黄指挥部，由县长王雪亭同志任指挥，黄河办事处的张汝淮同志为副指挥，我任政委，我和县长两个人一起抓治黄，并研究制订了治河立功标准，号召以献砖献料为治黄立功，保质保量完成修堤工程，为治黄立功。

黄河大堤修复工程，由行署河务局统一部署，在利津县境内，除利津本县民工外，还有阳信、沾化县的七八千民工上堤，新修王家庄套坝。各县都是超额完成出工数额。浩浩荡荡的治黄大军，在“反蒋治黄”的口号下，群情高涨。利津的工段安排在河东大堤，任务是加高加宽大堤，我和王县长一起上堤，具体组织检查工程进度、质量，组织施工经验交流。不到一个月，如期完成了修复工程任务。

防汛准备工作，除黄河办事处组织部分河工、民工沿堤检查，整理秸料垛，加筑“土牛”堆外，治河材料准备主要靠各个区动员群众开展捐献砖石料物治黄立功运动。有许多村拆除旧庙、砸断石碑送上险工，驻利津城的县区机关、部队、学校、企事业单位等军民齐上阵，不顾敌机的骚扰扫射，都积极拆扒城砖，抢先运上大堤，大家都为确保黄河安全出力流汗。渤海银行还拿出县城唯一的一辆大汽车，冒着敌机扫射抢运城砖。当时驻在县城北的两广纵队官兵也积极参加拆砖运砖工作。在拆城墙砖时，常捉到大老鼠和蛇，一般人见了都感到有些怕，两广纵队的同志们都带回去吃。记得在麦收期间，有一次两广纵队邀我和王县长到他们那里做客，他们还特地把蛇和猫肉放在一起，做了“龙虎斗”招待我们，饭后曾生司令员和邬强副司令员有意地问我们这菜好吃不好吃，因为事先不知道是蛇和猫肉做的菜，又是到这里做客，就客气地违心地回答说好吃。后来经他们讲明，才知道是蛇肉、猫肉做在一起叫“龙虎斗”，竟是广东的名菜。把蛇与鸡肉做在一起，叫“龙凤呈祥”，也是名菜。

8月间，阴雨连绵，黄河水位猛涨，大马家、綦家嘴、王家庄三处险工告急，县里立即紧急部署防汛抢险的战斗。把防汛抢险作为头等重要的任务，调动各方面的力量，用尽一切办法抢修险工，确保黄河汛期的安全。从大马家到王家庄防汛战线长达40多里路，只好分工把口。经研究确定，黄河办事处驻守大马家险工，并与行署河务局上游各县加强联系，王县长到王家庄险工，我负责綦家嘴险工。险工多、料物少怎么办？就再次动员群众献砖石和秸料，料少不能平均使用，只能“先上后下”，先保上游险工，首先供应大马家险工，兼顾綦家嘴、王家庄二处险工。当然，三处险工同样重要，但相比之下，大马家更为重要。如果大马家险工决口，将造成滨县、惠民、阳信、沾化、利津一片汪洋，它给人民和战争造成的损失远比綦家嘴、王家庄险工决口要大。大雨下个不停，道路泥泞，不能车运，就动员群众、男女老少用手搬、人背、肩挑、二人抬，把拆除的城墙砖料送往大马家险工。

綦家嘴险工，原有石料护堤，都被洪水冲刷殆尽，强烈的东南风卷着巨浪急流迎河直冲綦家嘴拐角处大堤，来一个急浪，大堤就坍塌一批，长达200多米的险工，先后下柳枕做秸埽都无济于事。本来这处险工背河取土就困难，大雨下了五六天，取土更难，别的工具用不上，只能靠两只手像燕子衔泥一样，从大坝底下20多米低处，一筐一筐地向大堤上传送。没有干秸料，就在大堤下边砍了鲜高粱秆、鲜树枝做秸埽。东南风大，浪高水急，秸埽工程也难做，刚打下木桩拴了缆绳，拢住秸料加了泥土不到尺把高的秸埽，来一个浪头，就随着坍塌下去，付诸东流。有几百名民工日夜战斗了五六天，秸埽做了10多个，结果一个个都被黄水吞没了。大家信心不足了，怎么办？就集中民工做战地动员，说明綦家嘴险工关系利津、沾化、垦利广大地区人民生命财产和自己家乡的安全，必须用上各种力量、想尽一切办法抢住险工，确保安全，动员大家继续战斗。后来从大马家运来了铁丝笼、麻袋，又动员运来了一批砖料，大家把希望寄托在新的措施上，冒着大雨打桩。用粗绳缆吊了铁丝笼，塞满砖头放下去，一放到水下就被巨浪冲击得漂来荡去，最后还是把缆绳绞断被黄水冲走。已经近十天了，老天爷还是不睁眼，雨一个劲儿地下，蒋介石的飞机还时常来干扰扫射。敌机一来，民工就四散奔逃，只有少数河工在坚守岗位。东南风不停地吹，卷着黄水巨浪冲刷险工，眼看着堤身泥土一批批地不住塌入水中，原来20多米宽的坝顶，只剩下不到3米左右宽了。既无天时又无地利，人心也散了，有的民工已逃回家去搬家了，就连老河工苏俊岭同志也信心不足而动摇了。他两眼红红的，低声地对我说："政委啊！看来难抢住了！大伙也尽了力了，就准备放炮吧！"黄河上的老规矩，黄河决口，先放炮报警通知各村搬家。要准备"放炮"？我犹豫了，曾想老苏是老河工，他有经验，是否就按他说的办。一转念，想到黄河决口对人民、对战争造成的严重后果，立即感到此时此刻的一句话责任重大。如果綦家嘴决口，就将成为历史的罪人！转身再同老苏商议：不能放炮，还是坚守！就是剩下一尺坝、一个人也要坚守！决口的后果实在不堪设想。怎么办？老苏疑惑着回答了一声："那就再抢吧！还就再作秸埽护堤，也没有别的好法子。"老苏同意坚守，我就再作动员。先稳住抢险的河工民工，向大家说明还有两公尺左右的坝顶，还不是就绝望了，而是还有希望，可以再增调民工，砍运鲜秸料、鲜树桩，继续抢住险工！民工增加了，运来了新料，也带来了一批扁担挑筐新工具，靠近险工处的民工有的回家扛来了自家的木箱子装泥土，大家的行动统一了，都在为抢险继续战斗。经过一昼夜，风向突然倒转了，由东南风向变成了西北风。西北风顶着冲向险工的水浪，水势渐缓，不那么凶了。这首先还是老苏发现的，凭他多年治河的经验判断，风向转了就快晴天了，有希望了！这个话一传开，大家干得也起劲了。但坝顶只剩下不到两米宽了，只有背河一个三角形的堤坡，在迎水打桩后坡都感到震动，但做的秸埽能稳住不下沉了，能起迎水护堤的作用了。险情不断好转，化险为夷，在场的河工、民工也随着险工的好转转忧为喜，把埋怨老天爷转而感激老天爷（转风向），大家都为綦家嘴险工抢住了而高兴。在关键时刻，坚持就是胜利！

在抢险战斗中，对大马家险工还有些放心不下，中间曾去跑过两趟。下雨路不好走，借了老百姓的小毛驴赶去看险工，与他们共同商议办法，帮他们做民工动员工作，黄河办事处的副主任张汝淮同志和于股长带领四五百民工在大马家日夜奋战，省河务局主任江衍坤同志也亲临指挥抢险。这里险工靠流，滔滔黄水大浪顺着东南风，不住地顺流冲刷着大坝，在险工前面呼啸急下，做了秸埽即掉蜇，放下铁笼、麻袋箱护沿立即随着急流而去。这里工程力量较强、料物较多，但工程不得做，也是眼看着坝顶一块块地坍塌下去，原来20多米宽的坝顶，差不多已有15米到河里去了。他们一直坚持战斗，秸埽冲走了就再做，坚持到风转天晴始转危为安。

王家庄险工，有王县长坐镇，我是比较放心的。王家庄险工坐湾顶冲、怀抱全河，似乎挡住了黄河的去路。黄河由南而北流向，到此作90度转弯折向东流，这里是黄河下游出名的大险工。从抢险开始，王雪亭同志和三区的同志带领上千名民工，冒着狂风暴雨战斗。中间有一天傍晚，有数架美制蒋机盘旋到险工上空，阻止我抢险，飞机反复低空扫射近一小时，当时有一民工中弹牺牲、两名民工受伤，秸料垛亦中弹起火。蒋机的这种暴行，更加激起了民工们“反蒋抢险”的决心。飞机扫射完了，大家照样爬起来战斗。抢险的秸料不够，就再次动员献送。有些村庄伐了大树，截下梁檩作木桩，砍了还未全熟的高粱秸往大坝上送。没有大缆绳群众就把牲口用的套绳送上险工使用，日日夜夜苦战了10多天，还是守不住。怎么办？王雪亭同志写了信，提出放弃大坝退守套坝、坚守二线的意见。派通讯员送信来同我商议，我又很快地赶到大马家同黄河办事处的同志与省局江衍坤主任和吴士一同志商议，遂决定同意了王雪亭同志的意见，立即电话转告他们。这一决策，看来似乎缓和了王家庄险工的矛盾，大家稍微松了一口气，不料想黄河灌满了套坝后，竟发现套坝渗水漏洞百出，多处出现出水洞口，于是又全线吃紧。他们增调民工，动员送料支援，拼命地堵漏洞。突然，背河出现一个大漏洞，喷水达一丈远，眼看着套坝背河外坡洞口扩大，但临河却看不到洞口，情况十分紧急。这时，王雪亭同志与五六十名民工一起抢险，手挽着手探索洞口，很快在堤脚深处找到洞口。但水势扩大，洞口处已形成漩涡流，人不能接近，投入很多麻袋料物都被吸入洞口冲走了。三区区公所的一个通信员落入水中，由堤外洞口冲出来，有两名民工也被漩涡卷入水下去，经奋力抢救才得脱险。黄河办事处技术股长于祚堂先几天赶到这里，他看到近处有秸料垛就拖了秸料往漩涡里塞，大家也跟着拖来秸料往下塞，随后洞口漩涡小了，渐渐地没有了。外洞流水也小了，大家又抛下去一些麻袋、棉被，洞口被堵住了。经近两小时的激战，才转危为安。这是整个汛期抢险最后一场战斗。这个漏洞堵住了，利津全县汛期抢险胜利了，黄河在利津没有决口，大家高兴极了！

黄河归故第一年的防汛抢险考验了利津干部、险工多处，经广大干部、群众全力支援，上河的干部、民工坚持抢险战斗，才得以化险为夷、转危为安。当时靠什么力量？靠动员人民群众，这是利津人民和广大干部对反蒋治河、支援自卫战争反攻做出的重大贡献！

当时的《渤海日报》头版报道了这一胜利消息，表扬了县长王雪亭同志及所有抢险的河工同志们。应该说，受到这种表扬是当之无愧的。事后，行署主任李人凤同志亲到利津来看望我们，邀我到县政府共餐，午后还亲自驾驶吉普车带了王雪亭同志和我一起到綦家嘴、王家庄险工察看。平时，各县的领导同志对李人凤同志的严肃态度总有点怕，见了他有些拘束，但这时却感到他是那么的温暖亲切。在去王家庄回来的路上，又碰上敌人飞机沿河侦察，他把车开到堤边上一丛小柳树旁隐蔽，又指挥我们下车到堤下分散防空，待敌机远去他才招呼我们上车返回县府。当晚，他又赶回了惠民。

1979年3月，王雪亭同志因患癌症，经上海中医学院的郝晋卿同志介绍住进龙华医院，我得悉后曾赶去看望过雪亭同志。那时，他已不能讲话，只是睁睁眼睛向我点点头示意，似乎表示还相识。但不久，他经医治无效，不幸逝世。我向雪亭同志的家属和他单位的陪同人员，讲述了雪亭同志在利津“反蒋治河”的这段战斗故事，据说曾对他们单位改变对雪亭同志的看法起了一定作用。缅怀去世的王雪亭同志，在此再次致以深切的悼念。

（二）关于土改复查工作。

土改复查工作，是当时根据地工作的中心任务。由于入春以来参军后，农村基层组织须整顿，善后工作须处理，又要动员组织民兵轮战营、担架队、运输队，支前任务繁忙，还有黄河春修大堤的任务，县区干部力量分散，村干部也有许多外出带队执行任务。因此，上半年土改复查工作基本处于停顿状态。7月，区党委发出了关于土改复查工作的“七一指示”，上旬县委召开县区干部会议，传达贯彻“七一指示”精神，研究适当集中力量开展土改复查运动。当时，县委机关住在城里西街，因蒋军飞机常来城区上空和小街黄河渡口盘旋扫射，为了防空起见，会议移到北关的北坦去开。记得会议结束时，我作会议总结报告，先在树林里开会，蒋军飞机又来利城骚扰，在渡口扫射渡船，于是会议移至北坦小学教室里继续进行。这时，蒋军两架喷气式飞机在利津城上空往返，反复低空飞行扫射，机声呼啸怪叫、震耳欲聋，加上“噼噼啪啪”的扫射，使人震惊不安，当时开会作报告只好停停讲讲。敌机在孟家坦投下了两颗重型炸弹，“轰隆”巨响，屋顶上尘土下落。接着，又在北关低空扫射，会议实在开不下去了，只好暂停，待空袭警报解除才陆续开完会议。这次敌机对利津城的轰炸扫射，我县的银行曾受严重损失，还有几个同志牺牲了。

这次会议确定，县区党群干部主要集中搞土改复查工作，县区政府干部搞支前治黄工作。对土改复查，强调查漏网地主、查清算不彻底的地主，以及多留土地、留好土地的地主，发动群众开展清算斗争，坚决打击恶霸地主；清理土地、浮财、斗争果实，检查分配情况；防止贪污、多分多占现象；清理村干、积极分子队伍中某些不纯现象，强调要雇贫农当家；注意不侵犯中农利益，不侵犯工商业。工作方法上、强调放手发动群众、走群众路线，纠正包办代替作风等。县委分工，仍以张雨村、邢钧同志为主主持这项工作。我曾先后去二、四区，三、五区检查过土改复查进展情况。会后，为了防止敌人飞机空袭，县委及各机关迁出县城，县委机关移驻大李家夹河，县政府驻庄科，县大队驻城西，只有银行、邮局留驻北关。

这个期间，区党委、青联曾派人来利津研究在利津试建“新民主主义青年团”。抗日战争结束，青年抗日救国会已失去现实意义，影响青年积极性的发挥，创建“新民主主义青年团”代替过去的青救会，团结广大青年投入新民主主义革命。经县委研究确定，要张林（女）同志负责去做这项试验工作。当时，区党委也常来人联系检查工作，我也经常同张林同志一起研究工作。不久，张林同志在城区几个村，结合土改复查工作，先后建立起了“新青团”。

7月间，华东局、华东军区机关人员经小街渡口转移至渤海区，华东局秘书长魏文伯同志曾暂在庄科停留。一天的下午，曾找我和县长王雪亭同志去做过工作情况汇报，晚饭留我们在他那里就餐，还特地从河东请来了黄敬同志（当时负责经济工作，也管救济物资），大家一起共餐。数日后，华东军区政治部主任舒同同志带领一批机关人员，也经小街渡口过河，我同张雨村、王雪亭同志，还有县接待站的同志一起到河口去迎接。这天晚上渡河很安全，没有敌机袭扰，他们未在利津停留，当晚离城西去。这个期间，送往迎来的事情较多。四地委副书记夏戎同志，兼四分区支前指挥部政委，还来利津检查过支前工作，他住在城西一个村庄，我们曾去作过工作汇报。

（三）保卫小街渡口，确保运输畅通。

黄河汛期结束，八月底、九月初，蒋军十二军进犯黄河以南大片地区，我军大部渡过黄河向西转移，形势十分紧急。这时，县大队接到军分区命令，要县大队派一个连到河东保卫小街渡口，要确保小街渡口畅通。县大队原有三个连队，已有一个连升级去主力部队，当时只有两个连队。经大队部研究，贺副大队长年龄大了留河西，由我带一个连去河东执行保卫小街渡口的任务。我们住在小街以南黄河堤上的一个小村庄，并与蒲台道旭渡口取得了联系。仅几天时间，东线蒋军占据了羊角口、广饶城。不久，蒲台的道旭黄河渡口也被蒋军抢占了。这时，道旭以上所有黄河渡口皆已被蒋军占领，只剩利津小街一个黄河渡口，且只有一只装了马达的机船摆渡，运输任务日夜不停。为了赶运物资，有时敌机来扫射，摆渡也不停。现在想想当时的船工真好，他们日夜不停地干，眼睛熬得红红的，喉咙都喊沙哑了，无人叫苦。有时，船上东西装多了，人上多了，船舷几乎与水面相齐，他们照样开动，船载超重靠不了岸，他们就下水推船。他们那种冒着敌机、不怕苦不怕累、不怕牺牲、坚守岗位履行职责、为人民为支前服务的精神，令人钦佩。中秋节，部队送给我们许多罐头，还送了一些救济物资军毯给我们，二区区长陈玉书同志还特地带了酒、肉慰劳品前去看望我们。这时，我们知道三分区、三专署的部分同志住地离小街不远，我还特地给专员王云生同志写了信，委托陈玉书同志作代表带上些酒（王云生同志好喝酒）和别的东西前往慰问他们。后来，到区党委参加土改整党会议时，碰到一起，王云生同志还讲起这件微不足道的小事。

后来，占据道旭渡口的蒋军撤走，河东这个连队随亦撤回。现在回忆这段战斗历史，当时的形势似乎像是一出“空城计”的戏情。蒋介石大军压境，占据了黄河以南大片地区，抢占了道旭以上所有黄河渡口，蒋机天天沿黄河及至河北地区疯狂地袭扰、扫射、轰炸，而我大军西下，只有军政机关稳坐惠民一带，敌人对我只是隔河观望，却不敢渡河北犯。

（四）清剿蒋军武装匪特，保卫土改复查正常进行。

支前工作至9月下旬，渡口任务渐缓，各区驻军单位及北撤的家属大队粮、柴供应任务仍十分繁忙，一般由支前指挥部、接待站、粮站可以应付完成任务，不再牵扯县区领导的精力。这时，工作也逐渐稳定，干部力量逐渐集中到土改复查工作上去。利津三区、五区北部与垦利、沾化接壤地带入夏以来，先后发现蒋军武装匪特活动，对这片地区各村土改复查工作曾有一定影响，我县区武装民兵配合邻县组织过几次清剿，积极保证了这片地区土改复查工作的正常进行。

（五）捉拿潜逃蒋军俘虏军官。

华东俘虏军官团，随着我华东大军的转移，他们转移到利津，驻五区内部几个村庄，虽有部队昼夜看管，并专门对他们施以教育，但这些被俘虏军官中常有少数人闹事，有时借伙食、医疗卫生工作不周而寻衅捣乱，也多次发现有个别人夜间逃跑的现象，结果都是被周围村庄民兵抓住扭送回俘虏团，被关禁闭。这里使我想起抓俘虏的一个小故事。记得9月末一天雨后的下午，我正在机关写东西，突然通信班的同志报告说，有群众来反映在綦家嘴以下、刘家夹河不很远的河滩里，曾发现一个园屋子里有二三个可疑的人。得知这一信息后，初认为可能有蒋匪武装特务潜入，只有几个人，也无需通知县大队。我即带县委通信班的六七个青年同志一起赶去侦剿。到达坝下刘家夹河村，经再三摸清情况地形，弄清楚有四人钻进朝南的一个小园屋内已经半天，于是我们又找上村里几个民兵分成三组，三面包围进攻，只给留临黄河一面缺口。待接近后，先用手榴弹打响封锁园屋子门口，决心捉活的。通信班长小张为主攻，我担任右翼，任务是阻击敌人向黄河方向逃窜。其实，这些家伙也都是胆小鬼，听到手榴弹在园屋门前爆炸，都吓呆了，四个人畏缩在园屋子里的一个角落里不敢动，没有敢向外逃窜，乖乖地等我们把他们一个一个揪出来上绑带走。经审问，知道他们是夜间从俘虏军官团偷逃出来，打算白天潜伏在这里，等待夜间泅水渡黄河南逃。但是，他们没想到，竟第二次再做俘虏，又被押回俘虏军官团去。

（六）参加区党委土改整党会议后，我调离利津。

10月间，接区党委通知，我和张雨村、邢钧同志一起去区党委参加土改整党会议，县里由李群同志等组成领导小组、主持工作。

会议开始，听传达中央关于土改整党指示精神，听邓子恢同志所作土改工作报告，学习《土地法大纲》等文件。以后，集中检查区党委领导，对区党委领导提意见批评。告一段落后，又集中检查地委领导和县委领导，进行批评提意见，而后分组作自我检查，开展批评与自我批评。最后是调整领导班子，部署工作。这次会议期间，除邓子恢、康生是会议的领导之外，陈毅、张云逸、曾山、张鼎成，还有饶漱石、南汉宸以及其他路过渤海区的领导同志都到会作过报告。

这次会议当时在康生等极“左”的思想指导下，对渤海区的一批领导干部全盘否定，加上“富农路线”的罪名“搬石头”，从区党委书记景晓村、行署主任李人凤，到各地委书记、专员以及一些县委书记全部撤下来。历史的事实证明，这是一次对渤海区干部队伍的摧残。据说，后来中央知道，在别的地区也有“搬石头”，毛主席对“搬石头”曾有过批评。但当时的区党委没有传达毛主席的这一批评，也未及时彻底纠正这一错误，致使不少的同志长期背着这个“搬石头”的包袱。我在这次会议后，也是被“搬石头”的，由四地委新上台的领导宣布我调区党委另行分配工作，利津县委由张雨村代理书记，另派魏俊哲为副书记兼组织部长，邢钧为县长。至此，会议至春节后结束。回县交代工作后，于3月间离开利津县到区党委报到。后来，康生虽到何家坊找被“搬石头”的同志谈话，讲明“搬石头”不算处分，处分一个干部要按干部管理范围，须由区党委正式通知才作数。经这次谈话，大家的气稍微消了点。以后，分配我到区党委土改工作团二分团工作。

据了解，中央三中全会后，景晓村等同志曾向中纪委写过报告，中纪委作了批示，山东省委对此已作了平反，并通知了有关地区和有关同志，纠正了康生等人在渤海区犯下的这个历史错误。

1985年9月修改稿

【报刊文摘】

鲁北我军收复利津

毙伤俘敌伪团长以下千六百余人
缴获大小炮十四门步机枪千支

【新华社渤海廿日急电】本月十二日，渤海我军所发动之夏季战役攻势，已于十七日夜攻克敌重要兵站基地——利津县城，前后共毙伤俘敌伪团长以下一千六百余人，缴获重炮一门，小炮十三门，重机枪一挺，轻机枪廿八挺，步枪九百余支，其他军用品甚多，获得辉煌战果（按利津县位于我渤海根据地中心，为惠民、广饶、蒲台、沾化、博兴、滨县、高苑数县之重要联络点）。兹将详情报道于后：本月十二日夜我渤海军区主力一部，配合蒲广民兵数千，围困张许据点（蒲博昌区史家口西北十里），又一部配合四分区独立营及其当地民兵，进击利津城东北四十里之盐窝据点。当我军将张许包围后，该据点之伪绥靖军曾数次发出信号向利津城敌伪求援，并企图凭借据点顽抗，但在我军民之昼夜围攻与强烈的政治攻势下，于十五日夜将据点完全攻克，俘伪营长以下伪军伪组织人员四百余，缴获轻机枪十三挺，大盖枪三百余支，其他军用品甚多。进击盐窝我军经二日激烈战斗，将据点南寨攻下，摧毁碉堡六座，全部歼灭伪利津县警备队三个中队及警察所，俘伪八十余人，缴获步枪廿五支。十三日上午，利津城敌百余前来增援，在许家庄与饶王庄遭我两次截击，毙伤敌伪连长以下廿余名，该敌伪慌忙窜进该据点北寨，我军继于是日晚对北寨作紧密围攻，旋即将该据点完全攻克。同日下午四时，我军一部将利津城西侯王庄据点攻克，毙伤伪中队长以下四名，毙伤伪警察所长以下六十余（内有小队长四名），缴获长枪四十余支，小炮三门，子弹三千余发，手榴弹六百余枚，炮弹廿余，电话机一部。以上据点攻克后，当地群众欢欣若狂，纷纷赶赴我军驻地慰问。十六日下午，于某地召开祝捷大会，到会军民达万余人，各地群众献旗献花，极为热烈，我军士气益加旺盛，乃继于十六日夜直逼利津城，经半夜之激战，攻入城内，当即解决伪绥靖军廿七团团部军需处等，伪军大部被俘，所剩残余，窜入日军据点固守。继经一昼夜围困，于十七日夜，利津城乃全部被我军攻克，计俘伪军廿七团团长苏冀南，二营长周伯真以下治安军伪县警备队警察等七百余人，毙日军五名，及伪廿七团一营营长姜起元一名，缴获重炮一门，重机枪一挺，七九轻机枪十四挺，六五机枪一挺，小炮九门，大盖枪三百余支，战马卅六匹，望远镜五副，汽车两辆，子弹千余万发，及其他军用品甚多，现正清查中。我军仅伤亡四人，轻伤十余人。十八日拂晓，敌二百余自滨县向利津增援，当与我在城郊激战，被我击溃，窜回滨县城。

又讯，攻克利津城之夜，我派出一部主力攻克伪绥靖军据点官庄（张许北十余里），俘伪连长以下一百六十余人，缴获大盖枪一百五十支。本月十六日，我二分区部队攻克曲提伪据点，缴步枪一百九十九支，小炮一门，造枪机器造炸弹机器各一部，电话机三架。毙伤伪连长以下十九名，生俘八十二名，缴获步枪弹二千余发，麦子两万斤。在我军胜利影响下，王家集、李洪庭家、唐庙子等据点伪军，亦被迫逃窜，我当将上述据点攻克。

又本月十五日，五分区昌邑李家法子敌七十余，伪警备队两个中队出动，遭我伏击，敌伤亡四十余，伤亡二十余，缴获机枪一挺，步枪多支。

渤海区位于旧黄河下游，地势平坦，加以敌军配合大批华北伪军驻守，我军及游击队向来活动比较困难，此次我军胜利发动攻势，攻克敌重要联络站及向渤北根据地进攻，前哨——利津县城，乃该区我军向敌伪积极进攻扩大根据地工作之开始。我军力量之日益雄厚，由此可见。

《解放日报》中华民国卅三年八月二十三日（星期三）第一版

王雪亭告蒲台同胞书

各位父老兄弟们:

雪亭自一九三八年即追随抗日游击队，迄今已三年余矣。在此三年中，因我领导无方，部队教育欠缺，成分又甚复杂，干部更形缺乏，是以我部队屡次发生事变：如牛长庆团长于一九三九年六月十日被惨杀，当时部队哗然大骚，民众被难者尚属不少；又如：一九四〇年七月十一日因我部下心意不齐，又遭投降派薛汝华、杜孝先将我家属、财物抢劫一空，部队又形成四分五裂，当蒙八路军于一九四〇年六月二十三日将我部队及家属营救出来，幸免于难；俟后雪亭在感激之余，特于一九四一年二月十九日于博兴县阎家坊要求改编为八路军三旅独立团。于整编之后，经三旅训勉有嘉，雪亭即遵循所示，努力工作。但以我才能浅薄，领导无方，又于三月二十日前后分崩离析，自相瓦解，歧途彷徨，无法收拾。查此种一而再，再而三之事变，我为负责人之一，实不能稍辞其咎，假如此种不幸事件再继续下去，非但于抗日不利，于蒲台民众更形加重痛苦，即于雪亭个人亦实为无益之事也。

此次事变发生之后，雪亭当时彷徨在十字路口，迷失方向，无所措手足，当经三旅再三训示，雪亭始猛然醒悟。于是，始本上级所示：“以抗战为重，以教民为先。”雪亭深夜三思，过去职所带部队对抗战工民无显著功绩，对地方不无扰乱之处，兹经上级指示，实乃惭愧之至。乃追念上级对我栽培宽大准予另行分配工作。

更想此次事变上级处置一则有利抗战，二则有利蒲台民众，三则于我更加进步。不然，则我蒲台抗战局面不可设想，蒲台全体父老之涂炭更不可设想也。望我过去部队、家属及父老兄弟，勿听奸人造谣，仍本以往抗战意旨与敌伪汉奸及投降派奋斗到底，望我部下一切官员，仍本努力向上，奋斗杀敌之精神，各自归队工作，万勿走入歧路，贻害民众而自取没落也。恐我父老不明真相，特此声明，一体周知。

一九四一年三月二十六日

（摘自一九四一年四月四日《群众报》）

我军成立利津办事处

——广泛救济抚慰难胞城区充满一片新气象

本月十六日晚进攻利津城战斗开始之前，区党委、军区政治部工作同志共同成立前线委员会，随军行动。打开城后即到城内进行治安工作，检查纪律，安慰居民，并搜集伪军、伪组织住处之军需器材，随时向外转移。

十七日，我军继续作解决城内残余敌伪之战斗，我前线工作委员会即进行维持已占领街区之社会治安，调查伪军、伪组织之潜伏人员，搜集敌人粮食仓库，料理店（敌人之购买征收机关），代理店积存之敌伪物资，捕获汉奸三十余人，解放了敌监狱中所有被伪囚禁之同胞，并在占领地区召开商民座谈会，群众大会，说明我军打利城是为了解放在敌人压榨下的老百姓，并说明我们共产党、八路军的各种政策，动员群众检举伪军、伪组织人员，进行破获，恢复社会秩序，帮助军队，对我军开诚布公提出建议。十八日，我们前线工作委员会因战争已告结束，宣告取消，成立渤海八路军驻利城办事处，维持全城治安，清算伪军伪组织人员，搜集敌伪资财，号召伪军、伪组织人员自动出来登记，随即有伪县公署秘书、财政科长以下三十七人出来登记，经我们解释了共产党、八路军的宽大政策，指出过去的错误并劝其悔罪图功，全部找保释放，他们都感激地落泪，一致地说 “我们想过来了，今后永远不再当汉奸”。此日并继续搜集敌伪资财，放粮救济难胞，开始搬运敌伪存粮，组织群众破袭城垣及碉堡，所有碉堡是日全部破坏，城垣大部破完。同日成立利津县城区抗日行政临时办公处，共有委员七人组成，其中除有我八路军代表一人外，其余六个委员均系当地人。成立会上，行署王处长除将民主政府的各种政策作了详细说明外，并指出了目前该办公处在做的工作。委员胡先生讲话说：“我们要接受抗日民主政府之委托，给老百姓好好办公。”此办公处即正式办公。除因敌情十九、二十日停止办公外，二十一日下午开始，我八路军驻利津办事处继续进行工作，调查群众损失，放救济粮，被救济的难胞已达数万人（每人救济半斗至一斗）。又将敌伪涂写与张贴反动宣传品铲除净尽，换上了抗日墙报、标语等，全城焕然一新。此外，我办事处诸同志并分别挨户宣传、慰问，各户亦皆欣然迎接招待，俨如久别刚见的同胞兄弟，极为亲密。现在各项工作仍在进行中。由于我军纪律严明，慰问赈济等善后工作的及时进行，群众对我极为爱戴，纷纷议论：“别的队伍进城都是大抢三天，唯有八路军进城秋毫无犯，这样的好军队俺一辈子未见过。”“若不是八路军救了俺，我们就叫鬼子汉奸快逼死了。”现全城群众皆以极高度的热情进行破袭、检举、救济等工作。

（摘自1944年8月27日《渤海日报》）

利津复活了

自从何思源投降逃跑，利津沦陷于敌手已六年了。由于敌伪的横征暴敛，这一繁荣的水旱码头，而今商业凋零，民穷财尽，已成了死城。直到我军于八月十七日夜，全部歼灭了城里的敌伪，人民获得了解放。

城里好像突然增加了人口，十分热闹。敌人在这里的时候，人们是昼夜关着大门，躲在屋里，乡下人除了当保、甲长的，也没有敢到城里去的。敌伪借口检查“良民证”而搜腰包，借口查户口而翻箱倒柜，已把人们教训够了。可是，现在躲在家里的出了头，乡下很多都敢来看亲戚、看朋友了，人们对于利城觉得陌生，又觉得亲切，像对久别重逢的亲人一样。一致说“要不是八路把鬼子和汉奸打垮，咱哪会有今天！”

八路军成立了驻利津办事处，利津抗日政府也成立了临时办事处，同志们挨户慰问着居民，向他们介绍共产党、八路军的政策和抗日根据地的情形。

家家户户都在亲切地招待着我们的同志，恰像招待亲戚一样，我们的同志走时，老大娘总是挽留，拉着手说：“咱才是一家人啦，没和你亲够，坐下再拉吧！”

城外，也到处是人，谁只要站在黄河大堤上看，将会看见东门外，南门外，都被大车小辆，赶驴的，肩挑的，挤得都拥塞了，他们都是从三四十里甚至七八十里路以外赶来运粮的。“这都是鬼子抢的咱那粮食，这回可叫咱军队夺回来了。”

城里的东西大街则表现出另一种情景，老头子、老婆子、小孩子个个面黄肌瘦，在等待着救济，他们都被敌伪搜刮得净光了，一见到我们的同志，就马上围拢过来，孩子见了大人似的诉苦。救济是普遍的，只要是穷的没饭吃的，只要是面黄肌瘦、衣衫褴褛的谁都可以得到一纸条子，去救济处领到应领的粮食。人们到处可以听到这样的呼声：“八路军真是救命恩人啊!”一个六十多岁的老太婆，得了一斗粮食后，感动地流着泪说：“金八路、银八路，您是泰安山的神八路，您才是拉巴岭的活菩萨啊!”

一切的人现在都已认识："共产党、八路军是老百姓的救星。"

对敌人的仇恨，人们的心里激荡起来，许多人向我们同志揭发了敌伪、汉奸人员。我们实行宽大政策，对伪县公署秘书、伪财政科长以及潜伏的其他三十多个伪人员宽大处理后，都感激涕零地说："今后我们永远不再当汉奸了。"

从前的"皇军司令部"门前，从来没有人敢用眼睛看过，可是现在却聚集着许多城里、乡里人，并且愤愤地说："这个碉堡就花了三四十万，这不都是咱庄户人的血汗吗！"他们不但骂而且还破，三五天的工夫，敌人所有的碉堡都被破完了，城墙也大都被破坏。

现在城里的面貌焕然一新，饭馆、铺子都开了门，叫卖的小贩也照常营业，卖瓜果的挑子和小摊比往日更多了。敌伪的标语被刷光，代替上我们的标语、图画、报纸。宣传队的大鼓响着，听说书的人们挤得水泄不通。

"同志，您说得真好，都是人们心里要说的话，俺已六七年没听说过书、看过戏了。"一群众高兴地说。

（摘自1944年8月30日《渤海日报》）

建设巩固根据地 利津成立民主政府

利津光复后，两个月来的建设气象焕然一新，人民欢欣鼓舞，情绪高涨。现在为了实现彻底民主政治，准备反攻，建设巩固的利津根据地，于十月十八日在利三区双井村正式成立了全县人民临时代表会及根据地抗日民主政府。到会的有渤海区参议会李议长，行署王副处长，四专署冯副专员，渤海区各救总会夏会长，垦利刘县长等各机关代表及全县人民代表共七十多人。主席略述会议意义后，李议长讲话。接着冯副专员，夏会长，王改委讲了话。

本日下午，成立人民临时代表会及民主县府，以无记名投票法，选出人民代表会的七个常务委员，并且推邢钧、张鹤亭为正副主任委员，当即宣誓就职。接着兼代县长王梅亭同志率领各科局长宣誓就职。

第二天开始选举渤海参议员，张鹤亭、邢钧当选。王兼代任县长，然后宣布了今后的施政方针：（一）建立巩固的利津根据地；（二）加强民主文化建设，实行“三三制”，改造私塾，开展冬学；（三）组织抗日，人民积极备战，保卫利津；（四）加强经济建设，提倡纺织、建立公私营业，废除苛杂，禁用伪钞，停用法币；（五）统一财政收支，实行土地陈报和公平合理负担；（六）保证地权，正确处理解决民事纠纷；（七）开展群众性的锄奸运动，实行宽大政策，实施规劝运动。各代表热烈讨论，并满意地说：“不是八路军，咱庄户人哪能参加这样的大会，今天才是真民主了。什么汉奸、国民党那些办法都是哄人的。”

（摘自一九四四年十月二十九日《渤海日报》）

利津县人民代表大会通电要求改组国民政府、统帅部

（一九四四年十一月十日）

新华社山东分社转延安总社并全国各界同胞公鉴:

山东八路军渤海军区子弟兵团为配合正面作战，牵制敌人进攻，发动了夏季战役攻势，血战数昼夜，将本县敌、伪全部消灭，光复县境国土一万二千零六十方里，解放城关及大小市镇村庄四百一十处，人民十八万四千二百七十九名，重得自由。大会代表全县民众感谢共产党、八路军为国家及人民之忠诚。

本县被敌占领后，长期处于残酷压迫之下，民不聊生。一旦解放，百废待举。为建设巩固之抗日民主根据地，尤待继续努力，幸赖上级政府之帮助，本代表大会及县政府随于上月十八日正式成立。大会以知无不言，言无不尽之态度，讨论了今后之施政方针和建设方案。大会自始贯彻团结与民主精神。大会对推动全县对敌斗争积蓄力量成为反攻基地，抱有无限的忠心和信心。

但国际形势急转直下，德国垮台在即，日寇覆灭将至，对中国抗战极端有利之时，奈正面战场连战皆北，丧权辱国，丢城失地，造成严重危局。此种恶劣形势，系由国民党一党专制，反共反人民之错误政策所致。大会悲愤之余，仅代表全县十八万民众，要求国民党迅速考虑更张，放弃误国政策。为国家、为民族设想，接受中共中央所提出之“实行民主、增强团结”之意见，彻底改组国民党政府与统帅部；承认敌后各抗日民主政府为合法之地方政府；立即驱逐和惩办卖国贼、投降派、失败主义者及法西斯分子。配合盟国准备举行大规模之战略反攻。对国共两党及全民之团结，挽救目前之危局，大有裨益。

望当局实力图之，谨此电闻。

山东省利津县人民临时代表大会

张鹤亭　王　林　邢　钧　王锐夫　王雪亭

杨皋臣　王刚峰等六十五人 印

（原载一九四四年《渤海日报》）

利津县参议会正式成立

利津讯 在民主光辉普照下，在十六万人民热烈拥护下，利津参议会正式成立。该会一届议员大会于四月五日开幕，到会正式议员五十五人，代表着利津十六万人民各阶层的利益。会议经过竞选，用不记名的投票，选出了邢钧、张鹤亭、王节亭、孙子振、林风亭（女）、王建新（女）、由子真七人为驻会议员，并推选邢钧、张鹤亭为正副议长，由议长率全体议员宣誓：保证实现政协会的一切决议与建立全国范围内的模范地区。随后，会议又选举为人民办事的委员会，选出了王雪亭、王节亭、张鹤亭、邢钧、王锐夫、赵辛芳、孙子振、丁世杰、李金亮九人为行政委员，推选了王雪亭为主任委员（县长），由新选县长率全体行政委员与各科局长宣誓后，县长并宣布了施政方针：一、为巩固和平与民主的彻底实现，必须彻底实行“减租减息”，扶持人民翻身，以求人民生活之改善，组织群众大多数，巩固民主力量。二、在“减租减息”的基础上，开展大生产运动，无论男女老少，全投入大生产运动中。三、开展新民主主义的文化，以成年人为主推行社会主义教育，普及全县扫除文盲，提倡科学，破除迷信，发展卫生，以减少人民死亡。四、实行民主，彻底改造村政，实行民选，拥军优属，抚恤伤病员及烈士遗属。五、发展经济贸易，繁荣市场，增加收入。六、实行合理负担，做好以上工作后，办土地陈报，整理县、区、村财政。七、实行民主主义的政策法令，保证人民之权力，照顾各阶层之人民利益。八、加强社会治安，实行社会戒严，开展群众性的反奸防匪运动。九、改革社会上的一切恶习如缠足，买卖婚姻，禁止吸食和贩卖毒品。十、选出行政委员会后，工作是繁多的，以上仅是原则，必须培养与提拔干部，以充实领导。

大会共开三天，会上充满着民主与为人民服务的热情。在提议案时，无论男女议员皆踊跃发言，并提出二十多条议案，有的是改革恶俗的，有的是群众翻身的，最后全体议员一致通电全国拥护与彻底实现政协会协一切决议，反对反动派不执行政协决议的一切行动，要求合理解决东北问题，并通电蒋介石提出如下要求：1. 迅速改变二中全会的各项错误政策，实践政协会议的诺言；2. 认真缩编国民党的军队，履行复员，撤退违约派遣的军队，合理解决东北问题；3. 彻底解散伪军，撤办何思源等卖国汉奸，合理解决受降问题；4. 彻底取消特务、土匪政策，把主谋者的罪恶公布全国，给法西斯分子以严重打击。

（摘自一九四六年四月十五日《大众日报》）

黄委派员抵利勘察黄河故道
利津参议员已呈意见书

本报十三日讯 为勘察我渤海区黄河故道损毁情况，拟定具体复修计划，黄河水利委员会委员长赵守铨，黄河水利委员会山东筹备处主任孔令瑢，联合国救济总署代表（一人），我晋冀鲁豫边区救委会副主任赵明符，交通局长程润偕工程师及厅员一行十余人，于本月十一日，由济南出发，沿旧黄河北堤勘察，当晚抵利津城，利津县民主政府，当予以热情招待，并转达渤海行署复河修堤三点意见。赵委员长、孔主任、陶总工程师由程局长陪同，于十二日赴垦利县八大组、杨家嘴一带考察黄河入海口情况，并负责与我渤海行署联系外，十二日即乘专车由南岸大堤返济。

又讯 当黄河水利委员会赵委员长及各方面代表抵利消息传出后，利津县参议员即代表全县人民会见孔主任、陶述曾工程师、程局长等。面陈复堤修河意见，并呈递意见书，要求：

1. 先修堤而后改道；
2. 妥善照顾因黄河改道而影响生产之群众；
3. 彻底改革以往河防工作之弊端；
4. 必须由地方民主政府参加领导，地方公正人士负责监督；
5. 发扬民主，倾听群众意见。

孔、陶、程等允将意见代为转达。

（原载一九四六年四月十六日《渤海日报》）

利津县一年政绩

【特邀通讯员 王云亭】本县县府在广泛民主基础上领导与扶持群众翻身，组织生产，发展扶持工商业。进一步建设，使全县各阶层人民互助团结，成为全县三百一十三个村（庄）十六万人民自己的政权。兹将其在广大群众拥护下，今年善政设施之政绩，摘要报道如下：

一、民政工作

甲、行政工作：全县所辖区域：面积是三千九百平方华里，共三百一十三个村庄，划分为六个区，把占全县百分之九十以上的封建操纵及未改造的伪政权，在结合群众翻身运动中彻底改造与摧毁，干部经过了民主选举，成立了人民自己的村政委员会，重新建立了村政权，消除了群众被统治压迫的痛苦。

乙、优救抚恤工作：1. 政府优待，全县主力、地方军属共一千一百五十二户，共获得优待粮三十九万四千七百一十五斤，六千四百一十四人受到优待；救济工属四百零四户，共优待粮五万三千零八斤，一千九百八十二人受优待；除正式优待外，对个别贫困军属照顾救济粮食七千二百九十七斤，烧柴八万七千九百八十五斤，款一万零三百三十六元五角。精神优待：如过春节发给军属光荣牌一千四百一十六块（工属不在内），发给军、工属慰问信二千五百七十五封（精神慰问及统计），有计划地召开军、烈属、荣誉军人座谈会九十五次，共邀请人数一千五百五十九人，共用粮一千五百六十九斤，共用款三万九千五百九十九元，对过路军属照顾，共来往经过的八百四十七人，除安置、精神安慰外，用粮四千零一十二斤，买菜招待用款八千一百三十五元。抚恤方面，复员荣誉军人四十四名，发残废金三千七百元，药费二百元，并安置就业；死难烈士五十四人，用埋葬款四万零五百六十四元，抚恤烈士家属用款七千八百元，用粮九百斤，发动群众性的扫墓二十三次，参加者达一百六十四村计五千五百一十三人。

2. 发动群众性的优军。（一）救济贫苦主力军属七百九十二户，救济粗粮三十九万七千七百六十斤，麦子二千零一十九斤，款六万五千四百二十四元，耕种锄地六万五千零三十八亩，泥屋八百四十六间，盖屋十六间，捐地五百八十四亩，烧柴八万二千零四十斤，衣服七十四件，月饼四百三十二斤，肉四百二十二斤，梨五百三十五斤，鞋袜各六十五双，人工十四万五千八百三十八个工（每人每日算一个工）。（二）救济贫苦地方军属七百二十六户，救济粗粮七万九千二百零二斤，款二万五千一百八十元。耕种、锄地一万五千五百三十亩，泥屋三十间，盖屋十一间，捐地三百一十三亩零八分，烧柴一万二千二百九十六斤，衣服二十六件，月饼二百四十斤，肉九十六斤，梨四百五十斤，鞋袜各七双，帮助人工五万八千三百零八个工。（三）救济贫苦工属共二百零七户，救济粗粮一万八千零七十六斤，款二千三百八十元。耕种地三百二十八亩，捐地一百七十三亩，烧柴一万三千三百一十斤，以上用人工十二万二千零二十一个。春节时群众送光荣牌四十六块，光荣灯一千四百零九个，光荣对联二千三百四十一幅。

丙、群众工作：发动群众自动劳军共二十二次，群众自动捐款九十万零四千六百四十五元，馍馍六百二十九斤，烟二千一百三十二条，肉二千零八十一斤，干粮二百六十斤，鸡二百六十只，鸡子一千一百五十二个，豆腐一万一千三百一十五斤，月饼三百九十八斤，梨一百八十五斤，冬瓜一百二十七斤，白菜二千八百九十九斤，羊三十二只，茄子五百七十七斤半，猪两头，全县商民劳军洋五十五万元。

丁、减租减息：1. 息借关系：调查出放粮户一万二千二百六十五户，取粮户二万三千零六十一户，共减退粮食二万二千九百一十四石三斗三升，共减息款三十七万二千五百六十三元，共减退麦子五百八十七石三斗五升，退息折地二百六十七亩七分五厘。退花生一百八十五斤，退息折布一丈五尺。折豆油一千二百八十八斤，折退豆饼一百二十三斤。

2. 租佃关系：查出出租地主八百七十八户，佃户五千八百七十五户，减退租子粗粮三千七百零八石七斗，减退租折款八万九千二百七十三元五角，减退租麦子十八石一斗五升，减退烧柴一千一百斤，减退粗粮折粪一百七十斤，减退棉花九百三十七斤，花生一千四百八十五斤。

戊、雇工增资：全县雇工一千零七十八名，共增资麦子一石，粗粮九百七十五石七斗四升，款子二万九千五百七十一元，鞋二百五十双，袜子二百三十五双，单衣一百一十五套，棉衣三套，手巾十三条。

己、推行土地改革：推行土地改革仅获初步成绩，首先动员地主成分的三名干部（李华章、苟祥霭、常连德）自动献出土地共二百三十四亩，分给群众。小宁海、坨家庄已有土地二千亩，合理给群众进行了分配。

二、财经工作

甲、推行合理负担，减轻民负，改善人民生活。以后宋王庄为例，在战前国民党政府时期，全村一百五十户，七百五十口人，种地二千三百八十亩，全年收入三十六万四千二百斤（副业生产在内），负担正税、杂支、村公所公费全年支出折合粮食为九万二千七百斤，占全年总收入的25%；敌伪时期，全村一百八十五户，七百八十口人，耕地二千三百八十亩，全年收入合粮二十八万零四百斤（副业在内），负担粮食、村公费、捐税款、额外花费等，全年支出粮二十五万八千四百斤，占全年收入的93%强；解放后我们实行合理负担，全村二百零六户，八百零八口人，耕地二千四百八十八亩二分，全年收入三十万七千六百二十斤（副业在内），公粮田赋折合粮食四万八千七百二十六斤，占全年收入的15%强。因此群众反映：“民主政府领导咱大生产，还叫少拿东西，日子真好过。”老先生也反映：“民主政府不但教民稼穑，还减轻人民负担。”群众缴纳公粮，田赋完全出于自觉，迅速而真诚。同时把过去对国民党政府及敌伪时期匿报的土地完全自动呈报出来了。例如：坨家庄刚解放时全村呈报八千六百四十亩，竟自动地把过去匿报的土地全部呈报了，增至一万七千二百八十亩，自动报告，恰为匿报土地之一倍。因而全县三十三年度征收的亩数为五十万零一百五十七亩，三十四年度经群众自报增至五十六万一千八百七十六亩，今年征收亩数则增至五十六万八千九百三十二亩。

乙、生产。在首长负责，亲自动手下，只一周年内即种地七百一十八亩三分。收入粗粮七万八千六百八十二斤，麦子六千九百三十斤，花生二千二百九十五斤，棉花二百九十斤，养猪三十八头，鸡一百二十只，羊四十五只，开粉坊一座，油坊五座，共收入纯利十一万八千元，贸易运输得到十万零二千元。

丙、节约衣服、鞋、袜等折洋二千零八十六元。丁、赎奖、支援前线。粗粮一百六十六万七千二百七十三斤，土布二千八百八十尺，本币十八万一千零七十九元，鞋、袜九千六百五十三双，其他物品折价六千零六十元。

三、实业工作

1. 发展农业。发放贷粮贷款，计贷款六十七万九千九百元。贷麦种一十六万三千九百九十一斤。组织插伙组一千零一个，共计四千二百九十八户，扩大组员一万零五百七十五人。

2. 发展纺织业。发放纺织贷款三十三万二千八百元，组织纺织组三百二十六个，约扩大组员一千六百七十五人。并发动群众大量养鸡、养猪，增强了副业生产。

3. 扶持工商业。组织消费合作社、运销合作社、卫生合作社等，共计五十四处，扩大社员一万六千六百五十九人，基金四十七万三千一百四十二元，私人商业七百余处，发放商业贷款二百二十万元。

4. 交通建设。一年来迅速恢复建设交通事业，共架电线杆九百三十六根，计一百三十三华里。修筑公路九十华里，共整理三次，用民工一万九千八百八十七个。建设黄河桥一处，总计支洋一十一万三千六百五十三元，共用民工三万九千三百二十三名，铁木工二千五百零二名，大车一百二十六辆，大小船二十一只。

5. 修复黄堤一百二十七华里，整理险工二十一处，用民夫三十五万个。

6. 植树造林。苗圃三十一亩，共树二千七百六十二棵，发动群众自动植树九万一千三百 八十六棵。

7. 联合国救济总署救济之面粉五十万斤，已分发给复堤民工。

四、司法工作

紧密地结合群众工作，忠实于人民意见和要求，保障了人民权利，保证了社会秩序的安定。自一月四日至九月二十日，八个半月内共处理刑事案件（包括汉奸匪特、恶霸、贪污、吸毒及伪军、勾奸，通敌等案件）一百七十七件。枪决罪大恶极的杀人犯两名，判徒刑的十人，争取和教育改过自新的一百八十七人，处理民事案件（包括婚姻、土地、债务等）一百件，给群众要回土地一百五十三亩（大亩），粮食十五万八千九百四十斤（市斤），本币三万六千元，房子十二间，大车一辆，牛一头，给群众要回被霸占的妻女十人，解放童养媳二人，合法离婚五人，解除婚约4人。刑、民案件总计处理二百七十七件。（群众运动中未经政府处理的不在内）

五、教育建设

解放前只有师范一处，学生四十人；高小三处，二百人；初小一百八十五处（多半是私塾），学生二千七百七十五名。

解放后，又经过群众翻身运动，群众也要求文化翻身，即开展县学一处，学生八十人，高小四处，初小三百三十五处。男生九千九百九十名，女生三千三百四十六名，共计男女学生一万三千三百三十六名。

此外，另有午校二百三十四处（妇女识字班），学生一万零二十五人，夜校二百九十五处，学生一万二千一百八十一名，学习组五百一十五个，三千五百四十人，大众黑板报二千二百一十九处，街道报六十四处，文化岗一百六十一处。在新教育方针的贯彻中培养了村教育模范五百九十三个；区模范教育工作者二十四人，模范教师二十六人，模范学员四十二人，模范小先生四十五人，县模范工作者一人，模范教师一人，模范学员四人，模范小先生一人，并创造了典型村校三处——孟家坦、西张村、王家庄。

文化娱乐活动，组织宣传组二十个，共二百零九人（学生和教员），秧歌队二百五十九队，共队员五千四百七十四名（大部是儿童），农村剧团三十九处，演员四百六十九人（除儿童外还有部分成年、老年参加），同时掀起群众创作新剧及新歌曲的热情。在社会卫生方面，建立了庄户医院两处服务于群众。自一月成立后，迄今十个月内治愈患病群众男一千七百二十四人，女五百七十五人，计二千二百九十几人（仅县立一处庄户医院统计）。救济防疫药品注射一千余人，解除了群众疾病之痛苦。在治疗病时，并随时向群众进行卫生教育。

（原载一九四六年《渤海日报》）

利津县长亲身挑砖抬土

本报讯（张立报道）我区二期治黄计划，经六月二十六日刁石李治黄会议检查业已大部完成。利津段，阳信应出民夫四千，实到五千多，沾化应到二千，实到四千。利津县长王雪亭同志，亲身挑砖抬土，与民夫同甘共苦，而大大地刺激与感动了沾、阳、棣、惠、利等五个县市的二万五千多民夫。沾化三合村的郭小根，是一个十六岁，身材矮小瘦弱的孩子，在反蒋治黄中，积极努力，竟以每日平均完成七方土的成绩荣获特等功。利津大、小白家村，亦以小车推土，创造了日推土七方半的新纪录，利津全段计划六十七万一千九百九十八方土，一个月完成，仅十二天，已在层土层硪中完成土方六十七万八千余方，并在小街、王家庄等几处险工上，新修与补修了砖扫，秸扫及护堤，计用砖石一万一千八百二十七点九公方，秸料五十九万零二百五十斤，木桩一千二百八十一根，麻绳三百五十四根，苇缆九百余根。各县差不多都以总动员的方式，动用一切大小车辆，男女老幼把料物送到黄河上，因而黄河两岸到处发现无数典型人物与模范事迹。

（原载一九四七年七月二十二日《渤海日报》）

后记

HOUJI

《红色印记》一书，由利津县政协文史委和中共利津县委党史研究中心共同组织编写，2023年3月正式启动，2024年2月通过评审，2024年6月付梓。

为做好这项工作，成立了由县政协主要领导为主任的编委会，组成了编委会办公室，聘请了编辑人员，组成了编辑部。经过反复酝酿修改论证，确立了本书的框架和篇目，为编辑工作顺利进行奠定了坚实的基础。

县政协主席王乃全同志对本书编辑高度重视，多次组织召开推进会议，对涉及的原则性问题把关定向，提出指导意见；县政协党组成员毕宜军同志靠上抓，亲自组织了书稿审定，帮助解决编辑过程中遇到的具体问题；县委党史研究中心主任薛山同志从业务工作角度，对本书的编写给予支持和帮助。

县政协六级职员郭忠瑞同志、县委党史研究中心副主任刘明霞同志具体主持了本书的组织、编写与统稿工作。

主要编辑分工是：张林渠同志具体负责本书第一、二、三、四、五章的编辑工作；魏金国同志具体负责第六、七、八、九章及附录的编辑工作。郭忠瑞、刘明霞同志对全书进行了统稿，并对有关章节做了修改。

本书初稿完成后，特邀东营市党史研究院原业务科长、党史专家王振伟同志对全书进行了审核把关，提出了许多指导性意见，对相关章节进行重新编写；成书后，又提交市委党史研究院，组织专家进行严格评审，并出具评审意见；中国文史出版社责任编辑也从专业的角度和政治高度，提出了一些具体的意见建议；飞燕文化传媒有限公司组织专业人员对书稿进行了详细的审读，对文稿中的具体错讹之处进行了校正。以上措施，进一步增强了本书的真实性、学术性、理论性、科学性和权威性。

主要参考资料：《中国共产党简史》《中国共产党山东历史》《中共山东百年历史大事记》《中国共产党东营历史》《中共东营市历史大事记》《中共利津地方史》《中共利津县历史大事记》《中国共产党利津县历史专题资料》《利津县志》《利津县史》《利津县军事志》《垦区》《峥嵘岁月——利津党史资料集萃》《红色渤海》《沧桑》《中共东营地方画史》《利津商业史话》《利津县战争与政治经济社会生活资料（1884—1958）》等书籍。

本书的出版，必将成为全县各界学习利津县近代革命史的一部权威读本，也成为中华人民共和国成立75周年、利津解放80周年的献礼之作。

本书出版之际，对为本书编修付出辛勤努力的编审人员，为本书出版鼎力支持的市委党史研究院、出版社和排版设计印刷公司等有关部门单位，一并表示衷心感谢。

由于受条件和水平所限，书中难免存在疏漏和不足之处，敬请各位读者批评指正，以便再版时予以修订。

编　者

2024年8月